Royal Commission on
Electoral Reform and
Party Financing

CANADA

Commission royale sur
la réforme électorale et
le financement des partis

FINAL REPORT

RAPPORT FINAL

VOLUME 3

This is Volume 3 of the *Final Report* of the Royal Commission on Electoral Reform and Party Financing. The Report is published in four volumes:

Volumes 1 and 2	*Reforming Electoral Democracy*
Volume 3	*Proposed Legislation*
Volume 4	*What Canadians Told Us*

Le présent volume est le troisième volume du *Rapport final* de la Commission royale sur la réforme électorale et le financement des partis. Le Rapport comprend quatre volumes :

Volumes 1 et 2	*Pour une démocratie électorale renouvelée*
Volume 3	*Proposition de loi*
Volume 4	*Ce que les Canadiens et Canadiennes nous ont dit*

Royal Commission on Electoral Reform and Party Financing

Commission royale sur la réforme électorale et le financement des partis

CANADA

REFORMING ELECTORAL DEMOCRACY

POUR UNE DÉMOCRATIE ÉLECTORALE RENOUVELÉE

VOLUME 3

PROPOSED LEGISLATION

PROPOSITION DE LOI

FINAL REPORT

RAPPORT FINAL

The Report is available in both official languages as a set or as individual volumes.

Available in Canada through
Associated Bookstores
and other booksellers

or by mail from
Canada Communication Group – Publishing
Ottawa, Canada K1A 0S9

Catalogue No. Z1-1989/2-3-1991E
ISBN 0-660-14247-3 (vol. 3)
      0-660-14244-9 (set)

Canadian Cataloguing in Publication Data

Canada. Royal Commission on Electoral Reform and Party Financing

  Reforming electoral democracy :
  final report

  Chairman: Pierre Lortie
  Partial contents: vol. 3: Proposed legislation; –
  v. 4: What Canadians told us.
  ISBN 0-660-14244-9 (set);
  0-660-14245-7 (vol. 1); 0-660-14246-5 (v. 2);
  0-660-14247-3 (v. 3); 0-660-14248-1 (v. 4)
  DSS cat. nos. Z1-1989/2-1991E (set);
  Z1-1989/2-1-1991E (vol. 1); Z1-1989/
  2-2-1991E (v. 2); Z1-1989/2-3-1991E (v. 3);
  Z1-1989/2-4-1991E (v. 4)

  1. Elections – Canada. 2. Election law – Canada.
  3. Advertising, Political – Canada. 4. Campaign
  funds – Canada. 5. Voter registration – Canada.
  I. Title.

JL193.C35 1991   324.6'0971   C91-098741-6

Les quatre volumes du Rapport sont disponibles ensemble ou séparément, dans l'une ou l'autre des deux langues officielles.

En vente au Canada par l'entremise de nos agents libraires agréés et autres librairies ou par la poste auprès du :
Groupe Communication Canada
Ottawa (Canada) K1A 0S9

N° de catalogue No. Z1-1989/2-3-1991F
ISBN 0-660-93535-X (vol. 3)
      0-660-93532-9 (série)

Données de catalogage avant publication (Canada)

Canada. Commission royale sur la réforme électorale et le financement des partis

  Pour une démocratie électorale renouvelée :
  rapport final

  Président : Pierre Lortie
  Publié aussi en anglais sous le titre : Reforming
  electoral democracy.
  Sommaire partiel : vol. 3 : Proposition de
  loi; – v. 4 : Ce que les Canadiens et les
  Canadiennes nous ont dit.
  ISBN 0-660-93532-9 (série);
  0-660-93533-3 (vol. 1); 0-660-93534-1 (v. 2);
  0-660-93535-X (v. 3); 0-660-93536-8 (v. 4);
  Nos de cat. MAS Z1-1989/2-1991F (série);
  Z1-1989/2-1-1991F (vol. 1); Z1-1989/
  2-2-1991F (v. 2); Z1-1989/2-3-1991F (v. 3);
  Z1-1989/2-4-1991F (v. 4)

  1. Élections – Canada. 2. Élections – Droit –
  Canada. 3. Publicité politique – Canada. 4.
  Caisses électorales – Canada. 5. Électeurs –
  Inscription – Canada. I. Titre.

JL193.C3514 1991   324.6'0971   C92-099514-4

TO HIS EXCELLENCY
THE GOVERNOR GENERAL IN COUNCIL

MAY IT PLEASE YOUR EXCELLENCY

We, the Commissioners, appointed by Order in Council dated 15th November 1989, as revised and amended on 3rd October 1990, to inquire into and report on the appropriate principles and process that should govern the election of members of the House of Commons and the financing of political parties and of candidates' campaigns

BEG TO SUBMIT TO YOUR EXCELLENCY THIS REPORT.

Pierre Lortie, Chairman

Pierre Wilfrid Fortier

William Knight

Robert Thomas Gabor

Lucie Pépin

November 1991

Royal Commission on
Electoral Reform and
Party Financing

CANADA

Commission royale sur
la réforme électorale et
le financement des partis

À SON EXCELLENCE
LE GOUVERNEUR GÉNÉRAL EN CONSEIL

QU'IL PLAISE À VOTRE EXCELLENCE

Nous, les Commissaires, constitués en commission royale d'après les
dispositions du décret du conseil du 15 novembre 1989, révisé et modifié le 3 octobre
1990, pour enquêter et présenter un rapport sur les principes et procédures qui devraient
régir l'élection des députés et le financement des partis politiques et des campagnes des
candidats,

AVONS L'HONNEUR DE PRÉSENTER
À VOTRE EXCELLENCE LE RAPPORT QUE VOICI.

Le président,

Pierre Lortie

Pierre Wilfrid Fortier

William Knight

Robert Thomas Gabor

Lucie Pépin

novembre 1991

171, rue Slater St., Suite 1120
P.O. Box/C.P. 1718, Stn./Succ. ''B''
Ottawa, Canada   K1P 6R1

(613) 990-4353   FAX: (613) 990-3311

500 Place D'Armes
Suite 1930
Montreal, Canada   H2Y 2W2

(514) 496-1212   FAX: (514) 496-1832

INTRODUCTION

~

OUR MANDATE REQUIRED us to examine the legislation that governs the electoral process and election and party finance. This dimension of our mandate is crucial to electoral reform. The *Canada Elections Act* and other legislation encompass fundamental democratic rights, the obligations and duties of election officers and officials, and the basic rules of electoral competition and access to elected office. Legislation affecting these matters goes to the very heart of the democratic process.

Unlike legislation governing most areas of public policy and public administration, election law sets forth rights, responsibilities and procedures in ways that leave little or no discretion for the executive branch of government, given that the prime minister and other members of cabinet are election participants themselves. This is why legislation affecting the electoral process must be comprehensive and detailed.

Given this character of election law, the vast majority of recommendations concerning electoral reform require statutory change. Although we had no intention of seeking to usurp the role of the government or Members of Parliament in the process of electoral reform, we decided that the greatest possible clarity and precision in our recommendations would be realized only if we took the additional step of preparing a legislative proposal as an integral part of our report. We also recognized that by presenting our recommendations in this form we would impose upon ourselves an important measure of quality control: the discipline and rigour required by legislative drafting forced us to consider our recommendations and explanations to ensure that they covered all practical eventualities and led to an efficient electoral system from the perspective of both citizens and election administrators.

In preparing this legislative proposal we were also mindful of the fact that the *Canada Elections Act* is one of the few Acts of Parliament that is read and used by large numbers of Canadians. At elections, thousands of temporary election officials and volunteers must be able to understand this law as it affects what they do in the context of registering voters, administering the vote and conducting political campaigns.

UNE DES PRINCIPALES TÂCHES confiées à notre Commission était d'examiner la législation relative au processus électoral et au financement des partis. La *Loi électorale du Canada* et certaines autres lois définissent les droits démocratiques fondamentaux des citoyens et citoyennes, les devoirs des responsables électoraux et les règles de base régissant la compétition électorale et l'accession aux fonctions électives. Elles touchent, de ce fait, au cœur même du processus démocratique.

Par rapport à la majorité des autres textes législatifs, ces lois laissent moins de marge de discrétion au gouvernement, car le premier ministre et les autres membres du Cabinet sont eux-mêmes engagés activement dans le processus électoral. C'est ce qui explique le caractère exhaustif et détaillé de la législation électorale.

La grande majorité des propositions de réforme électorale entraînent inévitablement des modifications d'ordre législatif. Sans chercher aucunement à nous substituer au gouvernement ou aux parlementaires, nous avons jugé essentiel d'intégrer une proposition de loi à notre rapport afin d'atteindre à une clarté et à une précision optimales dans nos recommandations. Cette démarche assurait par ailleurs un important contrôle de qualité : la discipline et la rigueur propres à la rédaction législative nous ont contraints de nous assurer que toutes les éventualités étaient prises en considération dans nos recommandations, de manière à proposer un système électoral efficace du point de vue des citoyens et citoyennes autant que des personnes qui ont la charge d'administrer les élections.

La *Loi électorale du Canada* est un des rares textes de loi qui soient lus et utilisés par un grand nombre de Canadiens et Canadiennes. Périodiquement, des milliers de bénévoles et de membres temporaires du personnel électoral sont appelés à prendre connaissance des dispositions relatives au recensement de l'électorat, à l'administration du scrutin et à la conduite des campagnes. Nous nous sommes donc employés à rédiger notre proposition de loi dans une langue claire, simple et explicite afin que chacun puisse comprendre et appliquer la Loi

It is imperative that the law be written in a manner that can be understood and adhered to without recourse to expert legal advice. We have therefore sought to write the law in language that is clear, explicit and as easily comprehended as possible by these Canadians.

The proposal consolidates three major Acts and incorporates the elements of the rules that are now found in schedules to the *Canada Elections Act*. This has resulted in a legislative text with more sections than are found in the current Act.

Furthermore, some of the changes in the electoral process that we recommend require amendments to a number of other statutes; they include the *Parliament of Canada Act*, the *Income Tax Act*, the *Public Service Employment Act* and other federal Acts. These proposed consequential and related amendments are contained in Part XI of our proposed legislation.

The changes we recommend in the rules for the decennial readjustment of the number of House of Commons seats assigned to each province require an amendment to section 51 of the *Constitution Act, 1867*, which Parliament can amend under section 44 of the *Constitution Act, 1982*. Given the nature of these provisions, we have drafted a separate legislative proposal with the required amendments to the *Constitution Act, 1867*. This proposal follows the proposed text for the *Canada Elections Act* in this volume.

This volume constitutes part of our report; it is not simply an appendix to it. Many of our recommendations are not contained in the proposed legislation. Some are made to give greater certainty to the spirit of electoral reform, which inspires our recommendations as contained in the proposed legislation. Other recommendations, also not contained in the legislative proposal, are directed to participants in our electoral democracy, including especially political parties and the media. Some aspects of the electoral process should not be regulated by legislation but nonetheless require reform by way of self-regulation or other initiatives to meet the objectives of a genuine reform of the Canadian electoral process.

sans avoir à solliciter constamment l'avis de conseillers juridiques.

Le texte regroupe trois lois importantes et incorpore des éléments de règles actuellement prévues par l'annexe II à la *Loi électorale du Canada*. C'est pourquoi il compte un plus grand nombre d'articles que la loi actuelle.

Par ailleurs les recommandations entraînent certaines modifications à des lois fédérales qui n'ont pas à être incorporées à la *Loi électorale du Canada* – notamment la *Loi sur le Parlement du Canada*, la *Loi de l'impôt sur le revenu* et la *Loi sur l'emploi dans la fonction publique*. Ces modifications corrélatives figurent à la partie XI de notre proposition de loi.

Dans notre rapport, nous avons été soucieux d'assurer la féminisation des termes afin qu'il soit clair que les femmes ne sont exclues d'aucune fonction au sein du système électoral. Dans la préparation de notre projet de loi, cependant, nous étions tenus de nous conformer aux règles actuelles concernant la rédaction des lois au Canada.

Les changements que nous recommandons dans la redistribution décennale des sièges de la Chambre des communes exigent la modification de l'article 51 de la *Loi constitutionnelle de 1867*, que le Parlement peut modifier seul en vertu de l'article 44 de la *Loi constitutionnelle de 1982*. Compte tenu de la nature des dispositions en cause, nous soumettons séparément les modifications requises dans une proposition de loi distincte présentée à la suite de notre proposition principale.

Le présent volume n'est pas une simple annexe : il constitue une partie intégrante de notre rapport. Un certain nombre des recommandations figurant dans les deux premiers volumes n'y sont cependant pas reprises. Certaines visent à préciser les principes et l'esprit qui sous-tendent notre proposition de loi. D'autres s'adressent aux participants du système électoral, notamment aux partis politiques et aux médias. Elles concernent des aspects du processus électoral sur lesquels il serait inopportun de légiférer mais qu'il importe néanmoins d'améliorer par voie d'auto-réglementation ou autrement afin de réaliser une réforme authentique du processus électoral canadien.

CONTENTS

TABLE DES MATIÈRES

Royal Commission on
Electoral Reform and
Party Financing

CANADA

Commission royale sur
la réforme électorale et
le financement des partis

PROPOSED LEGISLATION

PROPOSITION DE LOI

An Act to revise and consolidate the Canada Elections Act, the Electoral Boundaries Readjustment Act and related Acts and to amend and repeal certain other Acts as a consequence

Loi remaniant et codifiant la Loi électorale du Canada, la Loi sur la révision des circonscriptions électorales et d'autres lois s'y rapportant et modifiant ou abrogeant certaines lois en conséquence

Her Majesty, by and with the advice and consent of the Senate and House of Commons, enacts as follows:

Sa Majesté, sur l'avis et avec le consentement du Sénat et de la Chambre des communes du Canada, édicte :

Short Title

Titre abrégé

Short title

1. This Act may be cited as the *Canada Elections Act.*

1. *Loi électorale du Canada.*

Titre abrégé

PART I

PARTIE I

GENERAL PROVISIONS

DISPOSITIONS GÉNÉRALES

Purpose of this Act

Objet

Purpose

2. (1) The purpose of this Act is to establish a system for the election of the members of the House of Commons that promotes the effective exercise of the democratic rights and freedoms of Canadian citizens and the equality of their opportunity to influence the outcome of elections and the formation of governments.

2. (1) La présente loi établit pour l'élection des députés à la Chambre des communes un régime électoral favorisant le plein exercice par les citoyens canadiens de leurs droits démocratiques dans le respect de leurs libertés et leur donnant chances égales d'influencer le résultat des élections et la formation de leur gouvernement.

Objet

Fundamental principles

(2) To achieve its purpose, this Act revises and consolidates the legislation respecting elections on the basis of the following principles:

(*a*) every voter should have reasonable and equitable access to the electoral process;

(2) À cette fin, la présente loi remanie et codifie la législation en matière électorale sur la base des principes suivants :

a) le droit pour tout électeur d'avoir un accès facile et équitable au processus électoral;

Principes de base

(*b*) constituency boundaries should respect the equal value of each citizen's vote and reflect communities of interest;

(*c*) fairness should be the central democratic value in the regulation of the electoral process, including election advertising and finance;

(*d*) elections should be conducted under conditions that will preserve the integrity of the electoral process; and

(*e*) political parties are the primary political organizations for electoral democracy and, as such, should be formed on the basis of a shared set of ideas and principles primarily to

(i) allow citizen participation in electoral democracy,

(ii) mobilize electoral support for their candidates,

(iii) engage their members in the discussion of democratic governance and public policy,

(iv) provide forums for the development of policies and programs,

(v) prepare their elected members for their parliamentary responsibilities, and

(vi) participate in the processes that ensure the proper functioning of our system of representative and responsible government.

b) la nécessité de délimiter les circonscriptions électorales de manière à respecter la valeur égale de chaque vote et à tenir compte des communautés d'intérêts;

c) l'équité dans la réglementation du processus électoral, y compris la propagande électorale et le financement des élections;

d) le devoir d'assurer le déroulement des élections selon des modalités propres à en préserver la probité;

e) les partis politiques constituent le fondement d'un système électoral démocratique et, à ce titre, il leur incombe particulièrement, dans la poursuite des idéaux et des principes communs qu'ils adoptent :

(i) de faciliter la participation des citoyens à ce système,

(ii) de mobiliser l'appui à leurs candidats,

(iii) d'amener leurs membres à débattre de modes de gouvernement démocratiques et de politiques d'intérêt public,

(iv) de fournir des tribunes pour l'élaboration de politiques et de programmes,

(v) de former leurs membres élus à l'exercice de leurs fonctions au Parlement,

(vi) de participer à la mise en œuvre des processus assurant le bon fonctionnement d'un système de gouvernement représentatif et responsable.

Interpretation

Interprétation

Definitions

3. (1) In this Act,

"aboriginal constituency"
«circonscription autochtone»

"aboriginal constituency" means a constituency that may be established under Part IV within which aboriginal voters have the right to elect a member of the House of Commons;

"aboriginal voter"
«électeur autochtone»

"aboriginal voter" means a voter who self-identifies as aboriginal and who is of aboriginal ancestry or is accepted by the community as aboriginal;

"ballot"
«bulletin de vote»

"ballot" means a ballot in Form 2 or a special ballot in Form 3 of Schedule I;

3. (1) Les définitions qui suivent s'appliquent à la présente loi.

Définitions

« association locale enregistrée » L'association locale d'un parti enregistré ou d'un député indépendant, enregistrée conformément à la partie III.

« association locale enregistrée »
"registered constituency association"

« bulletin de vote » Le bulletin figurant comme formule 2 ou le bulletin de vote spécial figurant comme formule 3 de l'annexe I.

« bulletin de vote »
"ballot"

« bureau de vote » L'endroit où voter établi en vertu de l'article 204.

« bureau de vote »
"polling station"

"candidate"
«candidat»

"candidate" means a person who is considered to be a candidate under section 193;

"Chief Electoral Officer"
«directeur général des élections»

"Chief Electoral Officer" means the Chief Electoral Officer appointed under section 426;

"Commission"
«Commission»

"Commission" means the Canada Elections Commission established under section 425;

"constituency"
«circonscription»

"constituency" means the geographic area within which voters have the right to elect one member of the House of Commons;

"election expense"
«dépense électorale»

"election expense" means the value of any property or services used during the election period that are considered to be an election expense by section 353;

"election officer"
«fonctionnaire d'élection»

"election officer" means the Chief Electoral Officer, the Deputy Chief Electoral Officer, the Director of Enforcement, a returning officer and an assistant returning officer;

"election official"
«membre du personnel électoral»

"election official" means a supervisory deputy returning officer, a deputy returning officer, a scrutineer, a poll clerk, a supervisory enumerator, an enumerator, a revising officer, a revising agent, a special revising officer and a constable;

"election period"
«période électorale»

"election period" means the period commencing on the date of a writ for an election and ending at the close of polling stations on election day or the day the writ is withdrawn;

"leader"
«chef de parti»

"leader" means, in respect of a political party, the leader or designated head of the political party;

"Minister"
«Ministre»

"Minister" means such member of the Queen's Privy Council for Canada as is designated by the Governor in Council for the purposes of this Act;

"non-resident voter"
«électeur non-résident»

"non-resident voter" means a voter who does not reside in Canada;

"periodical publication"
«publication périodique»

"periodical publication" means any newspaper, magazine or periodical that contains public news, intelligence, report of events or advertisement and is published periodically for distribution to the public;

"person"
«personne»

"person" includes a political party, constituency association or any unincorporated association;

« candidat » La personne dont la mise en candidature a été certifiée conformément à l'article 193.

« candidat »
"candidate"

« chef de parti » Y est assimilée la personne désignée pour diriger un parti.

« chef de parti »
"leader"

« circonscription » La division géographique où les électeurs ont le droit d'élire un député.

« circonscription »
"constituency"

« circonscription autochtone » La circonscription pouvant être établie en vertu de la partie IV et où les électeurs autochtones ont le droit d'élire un député.

« circonscription autochtone »
"aboriginal constituency"

« Commission » La Commission électorale du Canada constituée en vertu de l'article 425.

« Commission »
"Commission"

« décret d'élection » Le décret pris par le directeur général des élections selon la formule 1 par l'annexe I.

« décret d'élection »
"writ"

« dépense électorale » La valeur de biens ou services utilisés durant la période électorale et considérée comme dépense électorale en vertu de l'article 353.

« dépense électorale »
"election expense"

« directeur général des élections » Le directeur général des élections nommé en vertu de l'article 426.

« directeur général des élections ».
"Chief Electoral Officer"

« électeur » La personne habile à voter à une élection en vertu de l'article 12.

« électeur »
"voter"

« électeur autochtone » La personne qui se présente comme autochtone et qui est d'origine autochtone ou qui est acceptée comme autochtone par la collectivité.

« électeur autochtone »
"aboriginal voter"

« électeur non-résident » L'électeur qui ne réside pas au Canada.

« électeur non-résident »
"non-resident voter"

« fonctionnaire d'élection » Le directeur général des élections, le sous-directeur général des élections, le directeur des enquêtes et poursuites, le directeur du scrutin et le directeur adjoint du scrutin.

« fonctionnaire d'élection »
"election officer"

« membre du personnel électoral » Le scrutateur principal, le scrutateur, le scrutateur central, le greffier du scrutin, le recenseur principal, le recenseur, le réviseur spécial, l'agent réviseur, le réviseur et le préposé à l'information et au maintien de l'ordre.

« membre du personnel électoral »
"election official"

« Ministre » Le membre du Conseil privé de la Reine pour le Canada désigné par le gouverneur en conseil pour l'application de la présente loi.

« Ministre »
"Minister"

"polling division"
«section de vote»
"polling division" means a division of a constituency established by the returning officer under section 106;

"polling station"
«bureau de vote»
"polling station" means the place for voting under section 204;

"registered constituency association"
«association locale enregistrée»
"registered constituency association" means a constituency association of a registered party or an independent member of the House of Commons that is registered under Part III;

"registered party"
«parti enregistré»
"registered party" means a political party that is registered under Part III;

"Speaker"
(English version only)
"Speaker" means the Speaker of the House of Commons;

"territory"
«territoire»
"territory" means the Yukon Territory or the Northwest Territories;

"voter"
«électeur»
"voter" means a person who has the right to vote in an election under section 12;

"writ"
«décret d'élection»
"writ" means a writ of election in Form 1 of Schedule I.

« parti enregistré » Le parti enregistré en vertu de la partie III.
« parti enregistré »
"registered party"

« période électorale » La période entre la date du décret d'élection et, soit la fermeture des bureaux de vote le jour du scrutin, soit la date du retrait du décret d'élection.
« période électorale »
"election period"

« personne » Y sont assimilés un parti politique, une association locale ou toute autre association qui n'est pas dotée de la personnalité morale.
« personne »
"person"

« publication périodique » Tout journal, magazine ou périodique contenant des nouvelles, des renseignements, des reportages ou des annonces, publié périodiquement pour distribution au public.
« publication périodique »
"periodical publication"

« section de vote » La division d'une circonscription établie par le directeur du scrutin en vertu de l'article 106.
« section de vote »
"polling division"

« territoire » Le territoire du Yukon ou les Territoires du Nord-Ouest.
« territoire »
"territory"

Oath
(2) Any person of whom an oath is required under this Act may make a solemn declaration or affirmation instead of an oath.

(2) Quiconque est tenu de prêter serment en vertu de la présente loi peut y substituer une déclaration solennelle.
Serment

Application

Application
4. This Act is binding on Her Majesty in right of Canada and the provinces.

Application

4. La présente loi lie Sa Majesté du chef du Canada ou d'une province.
Obligation de Sa Majesté

Isolated Areas

Constituencies with isolated areas
5. (1) For the purposes of this Act, the constituencies that are set out in Schedule II shall be considered to be constituencies that contain isolated areas.

Régions éloignées

5. (1) Pour l'application de la présente loi, les circonscriptions comportant des localités éloignées ou difficiles d'accès sont celles dont les noms figurent à l'annexe II.
Éloignement ou difficulté d'accès

Aboriginal constituency
(2) Any provision of this Act that applies expressly to a constituency containing isolated areas shall also apply to an aboriginal constituency.

(2) Toute disposition de la présente loi expressément applicable aux circonscriptions comportant des localités éloignées ou difficiles d'accès, s'applique également aux circonscriptions autochtones.
Circonscriptions autochtones

Time

Local time
6. (1) All references to time in this Act shall be interpreted as a reference to local time, unless otherwise provided.

Heure

6. (1) Toute mention de l'heure dans la présente loi s'entend de l'heure locale, sauf indication contraire.
Heure locale

Overlapping time zones

(2) Where a constituency overlaps more than one time zone, the returning officer shall, with the approval of the Chief Electoral Officer, determine a uniform local time for the whole constituency for all operations under this Act and shall publicize the hour in the election notice published under section 115.

(2) Dans une circonscription qui chevauche plusieurs fuseaux horaires, le directeur du scrutin détermine, avec l'approbation du directeur général des élections, une heure du jour uniforme dans la circonscription pour les diverses opérations prévues par la présente loi. Il en fait l'annonce dans l'avis d'élection publié en vertu de l'article 115.

Chevauchement de fuseaux horaires

Determining Residence

Détermination du lieu de résidence

Place of home or dwelling

7. (1) The residence of a voter is the place of the voter's home or dwelling to which, when absent, the voter intends to return.

7. (1) Le lieu de résidence d'un électeur est l'endroit où il a son foyer ou son habitation et où il entend revenir après une absence.

Lieu de résidence

Temporary absence

(2) A voter does not lose residence in the place of the voter's home or dwelling by leaving it for a temporary purpose, including the pursuit of temporary employment.

(2) Le lieu de résidence d'un électeur demeure inchangé même s'il s'en absente temporairement, notamment pour occuper un emploi temporaire.

Absence temporaire

Intention

(3) If a voter leaves the voter's place of residence with the intention of residing elsewhere, the voter loses residence in that place for the purposes of voting at an election.

(3) L'électeur qui quitte son lieu de résidence avec l'intention de résider ailleurs perd sa résidence à cet endroit aux fins de voter à une élection.

Intention

Homeless voters

(4) The residence of a voter who has no home or dwelling is any place offering food or lodging where the voter usually sleeps or takes meals and, in the case of an aboriginal voter who has no home or dwelling, may also be the office of an aboriginal organization selected by the voter.

(4) La résidence d'un électeur sans-abri est l'endroit offrant le gîte ou le couvert où il prend habituellement ses repas ou cherche refuge et, dans le cas d'un électeur autochtone sans-abri, peut aussi être le bureau d'un organisme autochtone qu'il choisit.

Sans-abri

Residence rules

(5) The place of residence of a voter shall be determined by reference to all the facts of the case and by the provisions of this Part, as far as they are applicable.

(5) Le lieu de résidence d'un électeur est déterminé compte tenu de tous les faits en cause et des dispositions pertinentes de la présente partie.

Règle d'interprétation

Single residence

8. For the purposes of this Act, a voter shall have a residence in only one place and a voter who maintains a residence in more than one place shall select one of them for the purpose of voting at an election.

8. Pour l'application de la présente loi, un électeur ne peut avoir qu'un seul lieu de résidence et tout électeur qui en possède plusieurs est tenu de faire un choix en vue de voter à une élection.

Une seule résidence

Residence of former MPs and others

9. (1) A candidate who was a member of the House of Commons when Parliament was dissolved, and any spouse or dependant of the candidate, shall select one of the following places of residence for the purpose of voting at the election:

(*a*) the person's actual place of residence;

9. (1) Le candidat qui était député lors de la dissolution du Parlement, son conjoint et les personnes à sa charge, choisissent comme lieu de résidence, en vue de voter à l'élection qui s'ensuit :

a) soit leur lieu de résidence;

Résidence des députés sortants

(b) any place of temporary residence in the constituency in which the candidate seeks election; or

(c) the place where the office of the returning officer for the constituency in which the candidate seeks election is located.

Students and persons on training

(2) A voter who temporarily leaves the voter's place of residence to pursue education or occupational training elsewhere in Canada shall select one of the following places of residence for the purpose of voting at an election:

(a) the place where the voter is currently residing;

(b) the place of the voter's home or dwelling to which the voter intends to return; or

(c) the place where the voter's immediate family lives.

Non-resident voters

(3) A non-resident voter shall select one of the following places of residence for the purpose of voting at an election:

(a) the voter's place of residence before leaving Canada;

(b) the place where the voter's immediate family lives; or

(c) the place where the voter has a dwelling in which the voter intends to reside upon returning to Canada.

Prisoners

(4) A voter who is confined to a penal or correctional institution shall select one of the following places of residence for the purpose of voting at an election:

(a) the voter's place of residence before being confined; or

(b) the place where the voter's immediate family lives.

Deemed residence

10. A place of residence selected by a voter under this Part shall be the place in which the voter resides for the purposes of this Act.

b) soit la résidence temporaire que le candidat occupe dans la circonscription où il se présente;

c) soit l'endroit dans la circonscription du candidat où le directeur du scrutin a son bureau.

(2) L'électeur qui a quitté temporairement son lieu de résidence pour poursuivre ailleurs au Canada des études ou une formation professionnelle, choisit comme lieu de résidence en vue de voter à une élection l'un des suivants :

a) le lieu où il réside;

b) le lieu où il entend retourner;

c) le lieu où vit sa famille immédiate.

Études et formation professionnelle

(3) L'électeur non-résident choisit comme lieu de résidence en vue de voter à une élection l'un des endroits suivants :

a) l'endroit où il résidait avant son départ du Canada;

b) l'endroit où vit sa famille immédiate;

c) l'endroit où il a une habitation dans laquelle il entend résider à son retour au Canada.

Électeur non-résident

(4) L'électeur détenu dans un établissement pénitentiaire ou correctionnel choisit comme lieu de résidence en vue de voter à une élection soit l'endroit où il résidait avant sa détention, soit le lieu où vit sa famille immédiate.

Détenus

10. Le lieu de résidence choisi par un électeur en vertu de la présente partie constitue son lieu de résidence pour l'application de la présente loi.

Résidence présumée

Signature or mark

11. (1) A voter who must sign a document under this Act but is unable to write may place a distinctive mark on the document instead of a signature, if an attesting witness also signs the document.

Proof of identity

(2) Where a voter is required to give proof of identity under this Act, any proof of identity determined by the Commission is a sufficient proof of identity.

PART II

RIGHTS OF VOTERS

Voting Rights

Right to vote

12. Every person has a right to vote in an election if, on election day, the person is a citizen of Canada and is at least 18 years of age, unless on that day the person

(*a*) is imprisoned in a penal institution as a result of a conviction for an offence punishable by a maximum of life imprisonment and is serving a sentence of 10 years or more;

(*b*) is subject to a regime established to protect the person or the person's property, pursuant to the law of a province or territory, because the person is incapable of understanding the nature and appreciating the consequences of the person's acts;

(*c*) is involuntarily confined to a psychiatric or other institution as a result of being acquitted of an offence under the *Criminal Code* on account of insanity; or

(*d*) is a non-resident who has voted in a foreign national election since becoming a non-resident.

Secret ballot

13. A voter has a right to vote by a secret ballot.

Single vote and constituency of residence

14. A voter may vote only once in an election and only in the constituency in which the voter resides.

Signature ou marque

11. (1) L'électeur qui est tenu de signer un document en vertu de la présente loi mais qui ne peut pas écrire peut y apposer une marque ou un signe à la place d'une signature si un témoin signe le document.

Preuve d'identité

(2) L'électeur peut faire la preuve de son identité en vertu de la présente loi au moyen d'une pièce d'identité jugée satisfaisante par la Commission.

PARTIE II

DROITS ÉLECTORAUX

Droit de vote

Qualité d'électeur

12. Toute personne de citoyenneté canadienne et âgée d'au moins dix-huit ans le jour du scrutin a droit de voter sauf si ce jour-là :

a) elle est détenue dans un établissement pénitentiaire et y purge une peine d'au moins dix ans à la suite d'une condamnation pour un crime punissable de la peine maximale d'emprisonnement à perpétuité;

b) sa personne et ses biens sont protégés par un régime mis en place en application d'une loi d'une province ou d'un territoire parce qu'elle est incapable d'apprécier la nature et la portée de ses actes;

c) elle est confinée, contre son gré, dans une institution psychiatrique ou autre institution après avoir été acquittée, en raison d'aliénation mentale, d'une infraction prévue par le *Code criminel*;

d) elle est non-résidente et a voté à une élection nationale à l'étranger depuis son départ du pays.

Secret du vote

13. L'électeur a droit au secret de son vote.

Un seul vote

14. L'électeur ne peut voter qu'une seule fois à une élection et seulement dans la circonscription électorale de son lieu de résidence.

Aboriginal constituency

15. An aboriginal voter has the right to have an aboriginal constituency in which to vote established in any province where the number of aboriginal voters who have chosen to have one established by registering is sufficient under Part IV.

Right to time to vote

16. (1) A voter has a right to be given such time off work, on election day, by the voter's employer as may be necessary to allow the voter four consecutive hours, during the hours the polling stations are open, in order to vote.

Convenience of employer

(2) The time off work for voting shall be granted at the convenience of the employer and no employer shall penalize the voter for not working during that time.

Time off with pay

(3) A voter who has been given time off work for voting has a right to be paid for up to two hours of that time at the voter's regular rate of pay.

Hourly and piece-work workers

(4) A voter who is paid on an hourly, piece-work or other basis and who normally works during the period of time off work that an employer would be required to grant under this section has a right to be paid for up to two hours of that time at the voter's average rate of pay for equivalent time.

Exempted voters

(5) This section does not apply to election officers, election officials, or members of the staff of the Commission or to any employee who, by reason of employment, is so far away from the polling station that the employee would be unable to reach the polling station during the hours it is open.

Rights of Candidacy

Right to be a candidate

17. A person who is a voter has a right to be a candidate unless the voter

(*a*) is a judge of any court in Canada, other than a citizenship judge;

(*b*) is a member of the Commission, a member of its managerial or professional staff, an election officer or an election official;

15. L'électeur autochtone a droit de vote dans une circonscription électorale autochtone dans toute province où un nombre suffisant d'électeurs autochtones ont choisi de s'inscrire en vue de la création de cette circonscription conformément à la partie IV.

Circonscription autochtone

16. (1) L'employé qui a qualité d'électeur a droit de disposer de quatre heures consécutives pour aller voter pendant les heures d'ouverture des bureaux de vote le jour du scrutin.

Droit à un congé pour voter

(2) L'employeur accorde les heures de congé qu'il est tenu d'accorder, selon l'horaire qu'il détermine. Aucune sanction ne peut être infligée à l'employé en raison de ce congé.

Convenance de l'employeur

(3) L'employé à qui est accordé le congé a droit à, au plus, deux heures de sa rémunération habituelle.

Rémunération

(4) L'électeur qui est rémunéré à la pièce, à l'heure ou selon une autre méthode et qui normalement travaillerait durant la période de congé que l'employeur est tenu d'accorder en vertu du présent article a droit d'être rémunéré pour deux heures de cette période au taux moyen de sa rémunération habituelle pour une période de travail équivalente.

Travail horaire

(5) Le présent article ne s'applique pas au personnel électoral, aux fonctionnaires d'élection, au personnel de la Commission, ni aux employés qui, en raison du lieu de leur travail, seraient incapables de se rendre au bureau de vote durant les heures d'ouverture de celui-ci.

Exceptions

Droit de candidature

17. Toute personne ayant qualité d'électeur a droit de se porter candidat sauf :

Éligibilité

a) les juges des tribunaux judiciaires;

b) les membres de la Commission, ses cadres, son personnel autre que le personnel de soutien administratif, les fonctionnaires d'élection ou les membres du personnel électoral;

(*c*) is not resident in Canada on the day nominations close, unless the person is a member of the Canadian Forces on active service as a consequence of an armed conflict;

(*d*) is deprived, pursuant to the law of Canada, a province or territory, of the power to manage the person's own property;

(*e*) is deprived of the right to be a candidate by a court on conviction for an offence under this Act; or

(*f*) is confined to a penal or correctional institution at the close of nominations and is serving a sentence of confinement that extends to at least election day.

c) les personnes qui ne résident pas au Canada à la date de clôture des mises en candidature, sauf les membres des Forces armées canadiennes en service actif par suite d'un conflit armé;

d) les incapables;

e) les personnes privées du droit de candidature par un tribunal pour infraction à la présente loi;

f) les personnes qui, à la clôture des mises en candidature, ont encore une peine d'emprisonnement à purger au moins jusqu'au jour du scrutin.

Single candidacy **18.** A person may be a candidate in only one constituency at the same time.

18. Une personne ne peut briguer les suffrages que dans une circonscription à la fois. **Limitation**

Prohibited agreements **19.** A person forfeits the right to be a candidate if the person

(*a*) was a candidate in a previous election and a return for the candidate under section 396 in respect of that election is not filed at the close of nominations, although the time and any extension for filing the return have expired; or

(*b*) signs any document that could require the person to resign as a member of the House of Commons, if elected, or would require the person to follow any course of action that would prevent the person from exercising freedom of action in Parliament.

19. Une personne est déchue de son droit d'être candidat : **Perte du droit d'être candidat**

a) si elle s'est portée candidate à une élection antérieure et si, le jour de la clôture des mises en candidature, le rapport financier visé à l'article 396 n'a pas été produit relativement à cette élection, dans les délais ou les délais additionnels impartis pour sa production;

b) si elle signe un document, dont l'effet pourrait être, advenant qu'elle soit élue, de l'obliger à démissionner ou à suivre au Parlement une ligne de conduite susceptible de restreindre sa liberté d'action.

Right to leave of absence **20.** (1) A person who is an employee and who has the right to be a candidate has a right to be given a leave of absence by the person's employer for the purpose of being a candidate.

20. (1) L'employé qui peut se porter candidat à une élection a droit à cette fin à un congé de son employeur. **Droit à un congé**

Nature of leave (2) A person who is granted a leave of absence for the purpose of being a candidate is entitled to all the benefits, other than pay, associated with the person's employment.

(2) Pendant la durée de ce congé, l'employé a droit à tous les avantages reliés à son emploi, sauf la rémunération. **Maintien des avantages**

Period of leave

(3) The leave of absence under subsection (1) is for the period from the date of the writ until the earlier of the seventh day after the date of the return of the writ or the seventh day after the day the person fails to be nominated as a candidate.

Right not exclusive

(4) The right to a leave of absence under this section does not preclude any other rights to leave that a person may have or acquire.

PART III

POLITICAL PARTIES, CONSTITUENCY ASSOCIATIONS AND PARTY FOUNDATIONS

Registration Requirements

Registration conditions for political parties

21. (1) A political party, whether incorporated or not, may be registered under this Act only on condition that

(*a*) the party is governed by a constitution that complies with the requirements of section 24 and is adopted at a general meeting of its members called for this purpose;

(*b*) the leader of the party is a voter;

(*c*) the party meets one of the following three conditions:

(i) it has at least 5,000 members who are voters and it undertakes to endorse candidates in at least 50 constituencies by the close of nominations in the next general election,

(ii) it had endorsed at least 50 candidates in the previous general election, or

(iii) it is a party with a recognized membership in the House of Commons of such number as would entitle its leader, House Leader and Whip to be paid allowances under the *Parliament of Canada Act*;

(*d*) the party has a financial agent and an auditor; and

Durée du congé

(3) Le droit à un congé s'applique à la période comprise entre la date du décret d'élection et la plus rapprochée des dates suivantes : le septième jour après la date où l'employé échoue dans sa tentative d'être mis en candidature ou le septième jour après la date du rapport d'élection.

Autres droits

(4) Le présent article ne porte pas atteinte à tout autre droit à un congé que l'électeur peut posséder ou acquérir.

PARTIE III

PARTIS POLITIQUES, ASSOCIATIONS LOCALES ET FONDATIONS DE PARTI

Conditions d'enregistrement

Conditions d'enregistrement d'un parti

21. (1) Un parti politique – doté ou non de la personnalité morale – peut être enregistré aux termes de la présente loi s'il remplit les conditions suivantes :

a) il est régi par des statuts et règlements satisfaisant aux exigences de l'article 24 et adoptés à une assemblée générale de ses membres convoquée à cette fin;

b) son chef a qualité d'électeur;

c) il satisfait à l'une ou l'autre des conditions suivantes :

(i) il compte au moins cinq mille membres qui ont qualité d'électeur et s'engage à avoir appuyé, à la clôture des mises en candidature pour la prochaine élection générale, des candidats dans au moins cinquante circonscriptions,

(ii) il a appuyé au moins cinquante candidats lors de l'élection générale la plus récente,

(iii) il compte suffisamment de députés à la Chambre des communes pour rendre son chef, son leader parlementaire et son whip éligibles aux indemnités prévues par la *Loi sur le Parlement*;

d) il a un agent financier et un vérificateur;

(*e*) the party files the application documents required by section 26.

Federated parties

(2) In addition to the conditions in subsection (1), a political party that is a federation composed of provincial or territorial party associations may be registered only on condition that

(*a*) the constitution of each of the party associations complies with section 24 and is filed under section 26; and

(*b*) the names and addresses of the president and other officers and the address of the main office are filed under section 26 in respect of each of the party associations.

Registration conditions for constituency associations

22. (1) A constituency association, whether incorporated or not, may be registered only on condition that

(*a*) it is formed as the local organization of a registered party in a constituency or formed to support an independent member of the House of Commons in the member's constituency;

(*b*) it is endorsed by the registered party or the independent member of the House of Commons;

(*c*) it is governed by a constitution that complies with the requirements of section 24 and was adopted at a general meeting of its members called for this purpose;

(*d*) it files the application documents required by section 26; and

(*e*) it has a financial agent and an auditor.

Deadline for registration

(2) A constituency association of a registered party must apply for registration within

(*a*) one year after the day this Act comes into force, if the constituency association existed on that day;

(*b*) 90 days after the day its political party is registered, if the constituency association existed on that day; or

e) il produit à la Commission les documents prévus par l'article 26.

(2) Le parti politique formé en fédération composée d'associations provinciales ou territoriales peut être enregistré s'il remplit, outre les conditions requises par le paragraphe (1), celles qui suivent :

a) les statuts et règlements de chacune de ces associations sont conformes à l'article 24 et sont produits conformément à l'article 26;

b) les nom et adresse du président et des autres dirigeants et l'adresse du bureau principal de chacune de ces associations sont produits conformément à l'article 26.

Parti formé en fédération

22. (1) L'association locale – dotée ou non de la personnalité morale – peut être enregistrée si elle remplit les conditions suivantes :

a) elle est constituée à titre d'organisme local d'un parti enregistré ou d'un député indépendant dans la circonscription qu'il représente;

b) elle est appuyée par le parti enregistré ou par le député indépendant;

c) elle est régie par des statuts et règlements satisfaisant aux exigences de l'article 24 et adoptés à une assemblée générale de ses membres convoquée à cette fin;

d) elle produit à la Commission les documents requis par l'article 26;

e) elle a un agent financier et un vérificateur.

Conditions d'enregistrement d'une association locale

(2) L'association locale d'un parti enregistré est tenue de demander son enregistrement dans l'un ou l'autre des délais suivants :

a) un an après l'entrée en vigueur de la présente loi, si l'association existait à cette date;

b) quatre-vingt-dix jours après la date de l'enregistrement de son parti politique, si l'association locale existait à cette date;

Délais d'enregistrement

(*c*) 90 days after the day the constituency association is constituted, if the constituency association did not exist on the day its political party was registered, or on the day this Act comes into force.

c) quatre-vingt-dix jours après sa formation si elle n'existait pas à la date de l'enregistrement de son parti politique, ou à la date de l'entrée en vigueur de la présente loi.

23. The Commission may extend the deadline under subsection 22(2) for up to a further 180 days if a general election is called before the expiry of the deadline.

23. La Commission peut prolonger pour une période n'excédant pas cent quatre-vingts jours les délais prévus par le paragraphe 22(2) si une élection générale est déclenchée avant l'expiration de ce délai.

24. (1) The constitution of each registered party and of each registered constituency association of a registered party shall

(*a*) promote democratic values and practices in a manner consistent with the spirit and intent of the *Canadian Charter of Rights and Freedoms*;

(*b*) provide clear and consistent rules on the selection of candidates, leaders, delegates, if any, and officers;

(*c*) provide that members of the party who select the party's candidates, select delegates to a leadership convention or select the party leader must be voters;

(*d*) provide that the members referred to in paragraph (*c*) must have been members for at least 30 days prior to the day they make the selection or, in the case of members who are selecting a candidate or delegate to represent a constituency in which they do not reside, at least 180 days prior to the day they make the selection;

(*e*) provide that a member of the party shall not have more than a single right to vote to select the party's candidates, to select delegates to a leadership convention or to select the party leader;

(*f*) require all its officers to be voters;

(*g*) provide for rules of procedure for the conduct of all its meetings and proceedings;

(*h*) provide for remedies and processes to fairly resolve disputes;

24. (1) Les statuts et règlements d'un parti enregistré et ceux d'une association locale enregistrée doivent remplir les conditions suivantes :

a) ils visent à mettre en œuvre des valeurs et pratiques démocratiques de manière conforme à l'esprit et aux buts de la *Charte canadienne des droits et libertés*;

b) ils prévoient des règles claires et cohérentes concernant le choix de candidats, du chef du parti, de délégués, le cas échéant, et de ses dirigeants;

c) ils prévoient que seuls les membres du parti sont habilités à en choisir les candidats et les délégués au congrès d'investiture du chef du parti ou de choisir celui-ci directement;

d) ils prévoient que ses membres doivent avoir été membres du parti au moins trente jours avant le choix d'un candidat, de délégués ou du chef du parti, et au moins cent quatre-vingts jours, dans les cas où les membres qui choisissent un candidat ou un délégué pour représenter une circonscription n'y résident pas;

e) ils prévoient qu'un membre du parti ne peut exercer plus d'un droit de vote pour le choix d'un candidat, de délégués à un congrès d'investiture ou du chef du parti;

f) ils requièrent que ses dirigeants aient qualité d'électeur;

g) ils prévoient des règles de procédure pour la conduite de ses réunions et de ses travaux;

h) ils prévoient les mécanismes nécessaires à la résolution équitable des conflits internes;

(*i*) in the case of a political party, require its governing body, before the selection of a leader, to make rules that

(i) prohibit any member seeking to be the leader from incurring, during the leadership campaign period set out in section 376, expenses that exceed the amount in that section or such lower amount as may be fixed by the governing body, and

(ii) require any member seeking to be the leader to submit, on the day before the leader is selected, a preliminary statement disclosing to the party at least the same information respecting contributions received and leadership campaign expenses incurred by the member as required under section 397;

(*j*) in the case of a constituency association,

(i) establish a nomination period for persons seeking nomination by the constituency association in accordance with subsection 373(2),

(ii) prohibit any member seeking nomination as the association's candidate in the constituency from incurring, during the nomination period, expenses that exceed the amount in subsection 373(1) or such lower amount as may be fixed by the constituency association or its political party, and

(iii) require any member seeking the nomination to submit, on the day of selection, a preliminary statement disclosing to the constituency association at least the same information respecting contributions received and nomination expenses incurred by the member as required under section 397; and

(*k*) provide sanctions for members who violate the provisions required by this subsection.

i) dans le cas d'un parti politique, ils exigent qu'une instance de direction établisse, avant le choix d'un chef, des règles visant à :

(i) interdire à tout aspirant à la direction du parti de dépenser durant la période prévue par l'article 376, un montant supérieur à celui prévu par cet article ou tout montant inférieur que l'instance de direction peut fixer,

(ii) exiger de tout aspirant à la direction du parti de produire à l'intention du parti, la veille du jour où le chef est choisi, un état préliminaire divulguant, à propos des contributions qu'il a reçues et des dépenses qu'il a engagées pour la campagne de direction du parti au moins les mêmes renseignements que ceux requis par l'article 397;

j) dans le cas d'une association locale :

(i) ils fixent une période de mise en candidature pour briguer l'investiture de l'association locale conformément au paragraphe 373(2),

(ii) ils interdisent à tout membre qui brigue l'investiture comme candidat dans la circonscription de dépenser un montant supérieur à celui prévu par le paragraphe 373(1) ou tout montant inférieur que l'association ou le parti peut fixer,

(iii) ils exigent de tout membre qui brigue l'investiture de produire à l'intention de l'association locale, le jour du choix d'un candidat, un état préliminaire divulguant, à propos des contributions qu'il a reçues et des dépenses qu'il a engagées pour la recherche de l'investiture, au moins les mêmes renseignements que ceux exigés d'un candidat sous le régime de l'article 397;

k) ils prévoient des peines pour les membres qui contreviennent aux dispositions du présent paragraphe.

Idem

(2) The constitution of the registered constituency association of an independent member of Parliament shall

(*a*) provide clear and consistent rules on the selection of its officers; and

(*b*) comply with the requirements of paragraphs (1)(*a*), (*f*), (*g*), (*h*) and (*k*).

By-laws

(3) For the purposes of this Act, the constitution of a political party or a constituency association shall be deemed to include any by-laws that it may have.

Registration conditions for party foundations

25. (1) A party foundation may be registered under this Act only on condition that

(*a*) it is established by a registered party as a distinct and permanent institution to

(i) develop and promote public policy options,

(ii) educate party members on matters of public policy, and

(iii) provide the party with research and advice on policy;

(*b*) it is incorporated under the *Canada Corporations Act*;

(*c*) its board of directors represents the different constituent elements of the party;

(*d*) it has an auditor; and

(*e*) it files the application documents required by section 26.

Directorship

(2) Subsection (1) does not preclude the leader or any officer of the registered party that established the party foundation from being directors of the party foundation.

Responsibility of party

(3) A registered party is responsible for filing the application documents for the registration of its party foundation.

Idem

(2) Les statuts et règlements de l'association locale enregistrée d'un député indépendant doivent réunir les conditions suivantes :

a*)* ils prévoient des règles claires et cohérentes concernant le choix de ses dirigeants;

b*)* ils sont conformes aux dispositions des alinéas (1)*a*), *f*), *g*), *h*) et *k*).

Règlements

(3) Pour l'application de la présente loi, les statuts et règlements d'un parti politique ou d'une association locale sont réputés comprendre son règlement intérieur.

Conditions d'enregistrement d'une fondation de parti

25. (1) Une fondation de parti peut être enregistrée aux fins de la présente loi, si elle remplit les conditions suivantes :

a*)* elle est établie par un parti enregistré à titre d'organisme distinct et permanent pour :

(i) l'élaboration et la promotion d'orientations politiques,

(ii) la formation des membres du parti en matière de politiques d'ordre public,

(iii) la conduite de recherche et la prestation d'avis au parti en matière de politiques;

b*)* elle est une personne morale en vertu de la *Loi sur les corporations canadiennes*;

c*)* son conseil d'administration est représentatif des diverses instances du parti;

d*)* elle a un vérificateur;

e*)* elle produit à la Commission les documents requis par l'article 26.

Dirigeants

(2) Le paragraphe (1) n'a pas pour effet d'empêcher le chef ou un des dirigeants d'un parti enregistré qui a créé une fondation de parti d'en être un des administrateurs.

Responsabilité du parti

(3) Il incombe au parti enregistré de produire la demande d'enregistrement de sa fondation.

Demandes d'enregistrement

List of documents

26. To register a political party, a constituency association or a party foundation, the following documents shall be filed with the Commission:

(*a*) an application in the form established by the Commission containing the information in section 27;

(*b*) a copy of its constitution or, in the case of a party foundation, a copy of its letters patent and by-laws;

(*c*) in the case of a party where 5,000 members are required under subparagraph 21(1)(*c*)(i), the names, addresses and signatures of those members;

(*d*) in the case of a constituency association only, a letter of endorsement from its registered party or independent member of the House of Commons, as the case may be;

(*e*) in the case of a party or a constituency association only, its balance sheet and statement of income as of a date not earlier than 90 days prior to the date of its application, attested to by its financial agent and audited;

(*f*) in the case of a party or a constituency association only, a written consent to act from its financial agent; and

(*g*) a written consent to act from its auditor.

Documentation

26. La demande d'enregistrement d'un parti politique, d'une association locale ou d'une fondation de parti est faite par la production, auprès de la Commission, des documents suivants :

a) la formule de demande établie par la Commission dans laquelle sont consignés les renseignements prévus par l'article 27;

b) le texte de ses statuts et règlements ou, s'il s'agit d'une fondation, de ses lettres patentes et de son règlement intérieur;

c) dans le cas d'un parti qui doit compter cinq mille membres conformément au sous-alinéa 21(1)*c*)i), les nom, adresse et signature de ses membres;

d) dans le cas d'une association locale, une lettre d'appui du parti enregistré ou, selon le cas, du député indépendant;

e) dans le cas d'un parti ou d'une association locale, son bilan et l'état de ses résultats à une date qui n'est pas antérieure au quatre-vingt-dixième jour avant la date de la demande d'enregistrement, attestés par son agent financier et vérifiés;

f) dans le cas d'un parti ou d'une association locale, la déclaration écrite de l'agent financier attestant qu'il accepte d'agir à ce titre;

g) la déclaration écrite du vérificateur attestant qu'il accepte d'agir à ce titre.

Application form for political party

27. (1) An application form for registration of a political party shall contain

(*a*) its full name;

(*b*) the short form of identifying the party for use on election material;

(*c*) any party logo, or set of letters instead of a logo, it wishes to also use on election material;

(*d*) the address of its main office and any other place in Canada to which communications may be addressed;

(*e*) the names and addresses of its leader, president, other officers, financial agent and auditor;

Formule de demande d'un parti politique

27. (1) La formule de demande d'enregistrement d'un parti politique contient les renseignements suivants :

a) le nom intégral du parti;

b) la forme abrégée de son nom à utiliser dans les documents d'élection;

c) son logo ou, s'il le préfère, l'acronyme qu'il souhaite utiliser dans les documents d'élection;

d) l'adresse de son bureau principal et toute autre adresse au Canada où les communications peuvent lui être adressées;

e) les nom et adresse de son chef, de son président, des autres dirigeants, de son agent financier et de son vérificateur;

(*f*) the address of the place in Canada where its accounting records are maintained; and

(*g*) the name and address of every financial institution where an account is maintained.

Application form for constituency association

(2) An application form for registration of a constituency association shall contain

(*a*) its full name;

(*b*) the address of its main office and any other place in Canada to which communications may be addressed;

(*c*) the names and addresses of its president, financial agent and auditor;

(*d*) the address of the place in Canada where its accounting records are maintained; and

(*e*) the name and address of every financial institution where an account is maintained.

Application form for party foundation

(3) An application form for registration of a party foundation shall contain

(*a*) its full name;

(*b*) the address of its main office and any other place in Canada to which communications may be addressed;

(*c*) the names and addresses of its chairperson, directors and auditor;

(*d*) the name and address of its chief executive officer; and

(*e*) the address of the place in Canada where its accounting records are maintained.

Registration Process

Decision on application

28. (1) The Commission shall decide whether to register a political party, constituency association or party foundation within 90 days of receiving its application.

f) l'endroit et l'adresse au Canada où ses archives et registres comptables sont conservés;

g) le nom et l'adresse de toute institution financière où le parti politique a un compte.

Formule de demande d'une association locale

(2) La formule de demande d'enregistrement d'une association locale contient les renseignements suivants :

a) le nom intégral de l'association;

b) l'adresse de son bureau principal et toute adresse au Canada où les communications peuvent lui être adressées;

c) les nom et adresse de son président, de son agent financier et de son vérificateur;

d) l'endroit et l'adresse au Canada où ses archives et registres comptables sont conservés;

e) le nom et l'adresse de toute institution financière où elle a un compte.

Formule de demande d'une fondation de parti

(3) La formule de demande d'enregistrement d'une fondation de parti contient les renseignements suivants :

a) le nom intégral de la fondation;

b) l'adresse de son bureau principal et toute autre adresse au Canada où les communications peuvent lui être adressées;

c) les nom et adresse de son président, de ses autres dirigeants et de son vérificateur;

d) les nom et adresse de son premier dirigeant;

e) l'endroit et l'adresse au Canada où ses archives et registres comptables sont conservés.

Processus décisionnel

Délai de considération

28. (1) La Commission a quatre-vingt-dix jours suivant la date où a été produite une demande d'enregistrement pour décider si elle va enregistrer le parti politique, l'association locale ou la fondation de parti ayant fait cette demande.

Application prior to general election

(2) Where an application to register a political party, a constituency association or a party foundation is submitted within 75 days prior to the date of the writs for a general election, the Commission may defer making a decision on the application until the 90th day after election day.

(2) Dans le cas où une demande d'enregistrement a été produite dans les soixante-quinze jours avant la date des décrets d'élection générale, la Commission peut reporter sa décision jusqu'au quatre-vingt-dixième jour après le jour du scrutin.

Demande antérieure à une élection générale

Extension of deadlines

(3) Where the registration of a political party, a constituency association or a party foundation is postponed under subsection (2), the deadlines in subsection (1) and section 23 in respect of the application are extended accordingly.

(3) Le report de la décision de la Commission en vertu du paragraphe (2) entraîne une prolongation correspondante des délais prévus par le paragraphe (1) et l'article 23.

Prolongation des délais

No applications during a general election

(4) The Commission shall not, during a general election,

(a) accept any application to register a political party, a constituency association or a party foundation during the election period; or

(b) register a political party, a constituency association or a party foundation during the period commencing on the day of the close of nominations and ending on election day.

(4) Durant une élection générale, la Commission n'est pas habile à :

a) recevoir une demande d'enregistrement d'un parti politique, d'une association locale ou d'une fondation de parti durant la période électorale;

b) enregistrer un parti politique, une association locale ou une fondation de parti pendant la période comprise entre la clôture des mises en candidature et le jour du scrutin.

Demandes pendant une élection générale

Registration by Commission

29. If a political party, constituency association or party foundation meets all the conditions for registration, the Commission shall register it and notify the applicant accordingly.

29. La Commission enregistre le parti politique, l'association locale ou la fondation de parti qui remplit toutes les conditions d'enregistrement et en avise l'auteur de la demande.

Enregistrement par la Commission

Notification of defect

30. (1) If an application for registration is defective, the Commission shall, within 30 days of receiving the application,

(a) notify in writing the applicant and, in the case of a constituency association, its registered party, of the deficiency or defect; and

(b) allow the applicant an opportunity to make representations during the period commencing on the day the notice is sent and ending 30 days later.

30. (1) Lorsqu'une demande d'enregistrement est défectueuse, la Commission :

a) en avise par écrit l'auteur au plus tard le trentième jour après avoir reçu la demande d'enregistrement et, dans le cas d'une association locale, le parti politique qui l'appuie;

b) donne à son auteur l'occasion de faire des représentations durant la période commençant à la date de l'envoi de l'avis et se terminant trente jours après.

Demande défectueuse

Rejection of incorrect application

(2) Where the deficiency or defect in the application is not corrected within the period referred to in paragraph (1)(b) and no representation is made by the applicant, the Commission shall reject the application.

(2) La Commission rejette la demande qui n'a pas été corrigée durant la période prévue par l'alinéa (1)b) et pour laquelle l'auteur n'a pas fait de représentations auprès de la Commission.

Rejet

Prohibition regarding names

31. The Commission shall not register a political party if the full name, the short form of identification, the party logo or the set of initials to be used on election material

(*a*) includes the word "independent"; or

(*b*) is, in its opinion, likely to be confused with those of

(i) any other registered party,

(ii) any other political party that was previously registered, identified on a ballot or represented in the House of Commons, or

(iii) any other political party whose application for registration is still awaiting a decision of the Commission.

Power regarding identity

32. The Commission may, for the purposes of this Act, determine whether a political party, constituency association or party foundation applying for registration is the same as one that was previously registered, is a successor to one that was previously registered or is new.

Maintenance of a register

33. (1) The Commission shall maintain a register in respect of all political parties, constituency associations and party foundations registered under this Act, containing the information submitted in accordance with this Act and any relevant decisions of the Commission.

Public access to register

(2) Members of the public may examine the information in the register during office hours.

Rights and Obligations of Registered Parties

Rights of a registered party

34. Where a political party is registered under this Act,

(*a*) the party may be identified as a political party with the name of its candidate on a ballot;

(*b*) the party may register its party foundation;

Contraintes quant aux noms

31. La Commission n'enregistre pas le parti politique dont le nom, en sa forme intégrale ou abrégée, le logo ou l'acronyme :

a) comprend « indépendant »;

b) peut porter à confusion avec, selon le cas, le nom, en sa forme intégrale ou abrégée, le logo ou l'acronyme :

(i) d'un autre parti enregistré,

(ii) d'un parti qui a déjà été enregistré ou représenté à la Chambre des communes ou dont le nom a déjà figuré sur le bulletin de vote,

(iii) d'un parti dont la demande d'enregistrement attend la décision de la Commission.

Pouvoir de la Commission

32. Pour l'application de la présente loi, la Commission peut déterminer si le parti politique, l'association locale ou la fondation de parti en cause a déjà été enregistré, est le successeur d'un parti autrefois enregistré ou est un nouveau parti.

Tenue d'un registre

33. (1) La Commission tient à jour un registre des partis politiques, des associations locales et des fondations de parti enregistrées aux termes de la présente loi contenant les renseignements produits conformément à la présente loi de même que les décisions pertinentes de la Commission en vertu de la présente loi.

Accès au registre

(2) Le registre est ouvert à l'inspection du public durant les heures d'ouverture des bureaux de la Commission.

Droits et obligations des partis enregistrés

Droits d'un parti enregistré

34. Le parti enregistré aux termes de la présente loi jouit des droits suivants :

a) son nom figure sur le bulletin de vote en regard de celui du candidat qu'il appuie;

b) il peut enregistrer sa fondation;

(*c*) the party's financial agent may issue official receipts under the *Income Tax Act* for contributions to the party and to persons seeking to be the leader of the party;

(*d*) the party is entitled to accept surplus funds from a candidate and a person who sought to be leader of the party;

(*e*) the party may incur expenses in support of a registered constituency association or a candidate to the extent permitted in Part VIII;

(*f*) the party is entitled to acquire broadcasting time available to registered parties under Part VII;

(*g*) the party is entitled to reimbursement under Part VIII; and

(*h*) the party is entitled, under section 127 of the *Income Tax Act*, to receive predetermined amounts from the Receiver General as donated by taxpayers in their income tax returns.

Duty to enforce constitution

35. Every registered party shall enforce the provisions of its constitution that are required by subsection 24(1).

Change in information

36. Each registered party shall notify the Commission in writing within 30 days of any change to the information it submitted under section 26.

Name change

37. Any change in the name of a registered party notified to the Commission during the election period shall not be effective earlier than 90 days after election day.

Annual report for registered parties

38. (1) Every registered party shall, in addition to the disclosure requirements of Part VIII, publish an annual report on its activities no later than April 30th of each year.

Contents of annual report

(2) The annual report of a registered party shall include

(*a*) the names and addresses of its executive members;

(*b*) a summary of its activities during the year;

c) son agent financier peut délivrer les reçus officiels prévus par la *Loi de l'impôt sur le revenu* aux personnes qui font des contributions au parti ou aux aspirants à la direction du parti;

d) il peut recevoir tout excédent de fonds d'un candidat ou d'un aspirant à la direction du parti;

e) il peut engager des frais à l'appui d'une association locale enregistrée ou d'un candidat dans la mesure permise par la partie VIII;

f) il peut acquérir le temps d'antenne prévu pour les partis enregistrés par la partie VII;

g) il a droit au remboursement prévu par la partie VIII;

h) il a droit de recevoir du receveur général, en vertu de la *Loi de l'impôt sur le revenu*, les montants qu'un contribuable lui destine à titre de contribution dans sa déclaration de revenu en vertu de l'article 127 de cette loi.

35. Le parti enregistré veille au respect des dispositions de ses statuts et règlements requises en vertu du paragraphe 24(1).

Obligation de mise en œuvre

36. Le parti enregistré avise la Commission par écrit de tout changement aux renseignements qu'il a produits en vertu de l'article 26, dans les trente jours de ce changement.

Changements

37. Tout changement au nom d'un parti enregistré notifié à la Commission durant la période électorale ne peut prendre effet avant l'expiration de quatre-vingt-dix jours après le jour du scrutin.

Changement de nom

38. (1) Tout parti enregistré publie au plus tard le 30 avril de chaque année un rapport de ses activités pour l'année, en sus des renseignements requis en vertu de la partie VIII.

Rapport annuel des partis enregistrés

(2) Le rapport inclut :

Teneur

a) les nom et adresse de ses dirigeants;

b) le sommaire de ses activités au cours de l'année;

(*c*) the number of its members as of December 31st; and

(*d*) an audited balance sheet and statement of income as of December 31st.

c) le nombre de membres au 31 décembre;

d) son bilan et l'état de ses résultats datés du 31 décembre et vérifiés.

Duty to register constituency associations

39. (1) Each registered party shall ensure that its constituency associations become registered within the deadline set out in subsection 22(2).

39. (1) Tout parti enregistré veille à ce que les associations locales qu'il appuie soient enregistrées dans les délais impartis par le paragraphe 22(2).

Obligation

One constituency association

(2) No registered party shall endorse more than one constituency association in a constituency.

(2) Un parti enregistré ne peut avoir qu'une seule association locale par circonscription.

Une association par circonscription

Rights and Obligations of Registered Constituency Associations

Droits et obligations des associations locales enregistrées

Rights of registered constituency associations

40. Where a constituency association is registered under this Act,

40. L'association locale enregistrée aux termes de la présente loi jouit des droits suivants :

Droits des associations locales enregistrées

(*a*) the financial agent of the constituency association may issue official receipts under the *Income Tax Act* for contributions to the constituency association and to persons seeking nomination by the association as a candidate;

a) son agent financier peut délivrer les reçus officiels prévus par la *Loi de l'impôt sur le revenu* aux personnes qui font des contributions à l'association ou aux personnes briguant l'investiture de l'association;

(*b*) the constituency association is entitled to accept surplus funds from a candidate, a person who sought nomination as a candidate and a person who sought to be leader of the registered party; and

b) elle peut recevoir tout excédent de fonds d'un candidat ou d'une personne qui a brigué l'investiture de l'association ou d'une personne qui aspirait à la direction du parti enregistré concerné;

(*c*) the constituency association may incur expenses in support of a candidate to the extent permitted in Part VIII.

c) elle peut, dans la mesure prévue par la partie VIII, engager des frais à l'appui d'un candidat.

Duty to enforce constitution

41. Every registered constituency association shall enforce the provisions in its constitution that are required by subsection 24(1) or (2).

41. L'association locale enregistrée veille au respect des dispositions de ses statuts et règlements qui sont requises en vertu des paragraphes 24(1) ou 24(2).

Obligation de mise en œuvre

Change in information

42. Each registered constituency association shall notify the Commission in writing within 30 days of any change to the information it submitted under section 26.

42. L'association locale enregistrée avise la Commission par écrit de tout changement aux renseignements qu'elle a produits en vertu de l'article 26, dans les trente jours de ce changement.

Changements

Rights and Obligations of Registered Party Foundations

Inconsistent objects

43. (1) It is inconsistent with the objects of a registered party foundation to participate in the conduct of an election campaign or to incur election expenses.

Prohibited activities

(2) No member of the staff of a party foundation shall participate in the conduct of an election campaign, unless on an unpaid leave of absence.

Transfer of assets

(3) No registered party foundation shall transfer any of its assets to a political party, constituency association or candidate.

Registered party foundation

44. (1) A registered party foundation is entitled to receive an annual grant equal to 25 cents for each vote received by the candidates endorsed by its registered party at the previous general election, if those candidates received at least five per cent of all the votes cast at that election.

Responsibility of the Commission

(2) The Commission shall calculate the amount of the annual grant to be paid under subsection (1) and certify the amount for the Receiver General.

Receipt of surplus funds

(3) A registered party foundation is entitled to accept surplus funds from a person who sought to be leader of the registered party.

Charitable activities

45. (1) For the purposes of the *Income Tax Act*, the activities set out in paragraph 25(1)(*a*) carried on by a registered party foundation shall be deemed to be charitable activities.

Determination of charitable activities

(2) For the purpose of determining whether the activities carried on by a registered party foundation are those described in paragraph 25(1)(*a*), the Minister of National Revenue shall rely on the advice of the Commission whose advice shall be final and conclusive.

Change in information

46. Each registered party foundation shall notify the Commission in writing within 30 days of any change to the information submitted under section 26.

Droits et obligations des fondations de parti enregistrées

Incompatibilité

43. (1) Le fait pour une fondation de parti enregistrée de prendre part à la conduite d'une élection ou d'engager des dépenses électorales est incompatible avec ses objets.

Activités interdites

(2) Il est interdit au personnel d'une fondation de parti enregistrée de prendre part à la conduite d'une élection à moins d'être en congé sans solde.

Idem

(3) Il est interdit à une fondation de parti enregistrée d'effectuer des transferts de fonds à un parti politique, à une association locale ou à un candidat.

Fondation de parti enregistrée

44. (1) La fondation de parti enregistrée a droit de recevoir une subvention annuelle de vingt-cinq cents par vote recueilli lors de l'élection générale précédente par les candidats du parti qui l'a créée, si ceux-ci ont recueilli au moins cinq pour cent des votes lors de cette élection.

Rôle de la Commission

(2) La Commission établit le montant de la subvention annuelle prévue par le paragraphe (1) et certifie ce montant au receveur général du Canada.

Transfert d'excédents

(3) La fondation de parti enregistrée peut recevoir l'excédent des fonds d'un aspirant à la direction d'un parti enregistré.

Œuvre de bienfaisance

45. (1) Les activités mentionnées à l'alinéa 25(1)*a*) sont réputées de bienfaisance pour l'application de la *Loi de l'impôt sur le revenu* si elles sont exercées par une fondation de parti enregistrée.

Détermination de ce qui constitue une activité de bienfaisance

(2) Le ministre du Revenu national se fie à la Commission, dont l'avis est définitif et concluant, pour déterminer si les activités d'une fondation de parti enregistrée constituent des activités au sens de l'alinéa 25(1)*a*).

Changements

46. La fondation de parti enregistrée avise la Commission par écrit de tout changement aux renseignements produits en vertu de l'article 26, dans les trente jours de ce changement.

Party foundation annual report	**47.** (1) Each registered party foundation shall publish an annual report on its activities no later than April 30th of each year.

Contents of annual report	(2) The annual report of a registered party foundation shall include

(*a*) the names and addresses of its directors;

(*b*) a summary of its activities during the year;

(*c*) disclosure of the contributions received by the foundation during the fiscal year, in the same manner as required for a registered party under section 392; and

(*d*) an audited balance sheet and statement of income of the foundation as of the end of the year.

Suspension

Power to suspend	**48.** (1) The Commission may suspend the registration of any political party, constituency association or party foundation that fails to comply with this Act and may specify the terms and conditions for its reinstatement.

Period of suspension	(2) A suspension shall be for such period as the Commission may specify.

Suspension of a party without a hearing	**49.** (1) The Commission shall suspend, without a hearing, the registration of

(*a*) any party that has not endorsed candidates in at least 50 constituencies at the close of nominations in a general election; and

(*b*) any party or constituency association whose financial agent fails to file a return under Part VIII within the period required under that Part or any extension that may have been granted.

Period of suspension	(2) The period of suspension under paragraph (1)(*a*) shall be for at least the period from the close of nominations until election day.

47. (1) La fondation de parti enregistrée publie au plus tard le 30 avril de chaque année un rapport de ses activités pour l'année.	Rapport annuel des fondations de parti

(2) Le rapport inclut :	Contenu

a) les nom et adresse des dirigeants de la fondation;

b) le sommaire de ses activités au cours de l'année;

c) les contributions reçues au cours de l'année rapportées de la même façon que l'article 392 le requiert d'un parti enregistré;

d) son bilan et l'état de ses résultats datés du 31 décembre et vérifiés.

Suspension

48. (1) La Commission peut suspendre l'enregistrement de tout parti politique, de toute association locale ou de toute fondation de parti qui ne se conforme pas aux dispositions de la présente loi et peut imposer des conditions de réintégration.	Suspension

(2) La Commission fixe la durée de la suspension.	Durée de la suspension

49. (1) La Commission suspend sans audience l'enregistrement :	Suspension sans audience

a) de tout parti qui, à la clôture des mises en candidature pour une élection générale, n'a pas appuyé un candidat dans au moins cinquante circonscriptions;

b) de tout parti ou de toute association locale dont l'agent financier néglige de produire un rapport dans le délai prévu par la partie VIII et toute période de grâce qui a pu lui être accordée.

(2) La durée de la suspension visée à l'alinéa (1)*a*) ne peut être inférieure à la durée de la période entre la clôture des mises en candidature et le jour du scrutin.	Durée de la suspension

Effect of suspension

50. (1) A party, constituency association or party foundation that is suspended is deprived of such rights and benefits of registration during the period of suspension as the Commission may specify.

50. (1) La Commission détermine lors de la suspension de l'enregistrement la perte des droits et avantages qu'elle entraîne.

Conséquences de la suspension

Idem

(2) A party suspended under paragraph 49(1)(*a*) shall be deprived of all rights and benefits enumerated in paragraphs 34(*b*), (*c*), (*d*), (*e*), (*f*), (*g*) and (*h*) during the period of suspension.

(2) La suspension de l'enregistrement d'un parti en vertu de l'alinéa 49(1)*a*) entraîne durant la période de suspension la perte des droits et avantages prévus par les alinéas 34*b*), *c*), *d*), *e*), *f*), *g*) et *h*).

Idem

Deregistration

Radiation

Mandatory deregistration of a party

51. The Commission shall deregister a political party where the party requests it in writing, or the party no longer meets the conditions of its registration under section 21.

51. La Commission radie de son registre l'enregistrement d'un parti politique qui lui en fait la demande par écrit ou qui ne remplit plus les conditions de son enregistrement sous le régime de l'article 21.

Radiation obligatoire d'un parti

Mandatory deregistration of a constituency association

52. The Commission shall deregister a constituency association where

52. La Commission radie de son registre une association locale dans l'un ou l'autre des cas suivants :

Radiation obligatoire d'une association locale

(*a*) its registered party or independent member of the House of Commons, as the case may be, requests it in writing;

(*b*) it was endorsed by a registered party that is deregistered;

(*c*) it was endorsed by an independent member of the House of Commons who resigns, does not stand as a candidate in an election or is not re-elected;

(*d*) the constituency is abolished by a representation order under Part IV; or

(*e*) it no longer meets the conditions of its registration under section 22.

a) le parti enregistré ou le député indépendant auquel elle est liée lui en fait la demande par écrit;

b) le parti enregistré qui l'appuie a été radié du registre;

c) elle est liée à un député indépendant qui a démissionné, qui n'est pas candidat à une élection ou qui n'a pas été réélu;

d) la circonscription est abolie à la suite d'un décret de représentation pris sous le régime de la partie IV;

e) l'association ne remplit plus les conditions de son enregistrement sous le régime de l'article 22.

Mandatory deregistration of a party foundation

53. The Commission shall deregister a party foundation where

53. La Commission radie de son registre une fondation de parti dans l'un ou l'autre des cas suivants :

Radiation obligatoire d'une fondation de parti

(*a*) its registered party requests it in writing;

(*b*) its registered party is deregistered; or

(*c*) the party foundation no longer meets the conditions of its registration under section 25.

a) le parti qui l'a créée en fait la demande par écrit;

b) le parti qui l'a créée a été radié du registre;

c) la fondation ne remplit plus les conditions de son enregistrement sous le régime de l'article 25.

Discretionary deregistration

54. The Commission may deregister a political party, constituency association or party foundation where

(*a*) it fails to comply with any provision of this Act and, in the opinion of the Commission, the failure is sufficiently serious to warrant deregistration; or

(*b*) it is suspended and fails to comply with the terms or conditions for its reinstatement.

Date of deregistration

55. The effective date of the deregistration of a political party, constituency association or party foundation shall be specified by the Commission.

Identification of a deregistered party

56. A political party that is suspended or deregistered is still entitled to be identified as a political party with the name of its candidate on a ballot in a general election and any election that follows until the next general election, if it endorses a candidate in at least 15 constituencies by the close of nominations.

Hearing on Suspension or Deregistration

Notice

57. (1) The Commission shall, where it intends to suspend or deregister a political party, a constituency association or a party foundation,

(*a*) send it written notice of the intended action and the grounds for the action; and

(*b*) subject to subsection 49(1), allow it an opportunity to make representations during the period commencing on the day the notice is sent and ending 60 days later or, in the case of mandatory deregistration, 10 days later.

Radiation discrétionnaire

54. La Commission peut radier de son registre un parti politique, une association locale ou une fondation de parti dans l'un ou l'autre des cas suivants :

a) le parti, l'association ou la fondation n'observe pas les dispositions de la présente loi et cette non-observation est suffisamment sérieuse, de l'avis de la Commission, pour justifier la radiation;

b) le parti, l'association ou la fondation a déjà fait l'objet d'une suspension mais n'observe pas les conditions de réintégration.

Date de radiation

55. La date de radiation de l'enregistrement d'un parti politique, d'une association locale ou d'une fondation de parti est celle que spécifie la Commission.

Inscription sur le bulletin de vote d'un parti radié

56. Le parti politique dont l'enregistrement a été suspendu ou radié a néanmoins le droit d'être identifié sur le bulletin de vote pour une élection générale ou pour toute élection tenue avant l'élection générale qui suit, en regard du nom de son candidat si, à la clôture des mises en candidature pour l'élection générale, ce parti appuie un candidat dans au moins quinze circonscriptions.

Audience de suspension ou de radiation

Avis d'audience

57. (1) Dans les cas où la Commission se propose de suspendre ou de radier l'enregistrement d'un parti politique, d'une association locale ou d'une fondation de parti, elle est tenue :

a) d'aviser par écrit, motifs à l'appui, le parti, l'association ou la fondation, de ses intentions;

b) de donner au parti, à l'association ou à la fondation la possibilité de faire des représentations dans les soixante jours ou, s'il s'agit d'une radiation obligatoire, dans les dix jours suivant l'envoi de l'avis, sauf dans le cas d'une suspension visée au paragraphe 49(1).

Notice to party

(2) Where a constituency association or a party foundation is being suspended or deregistered, its registered party is entitled to receive a copy of all notices given to the constituency association or party foundation and to make representations during the period referred to in paragraph (1)(*b*).

Procedure for hearing

(3) The procedure for the hearing shall be in accordance with such rules as the Commission may make for this purpose.

Final decision

(4) The Commission shall, after considering any representations submitted under this section, issue a written decision to the political party, constituency association or party foundation, as the case may be, setting out

(*a*) whether it is suspended or deregistered;

(*b*) in the case of suspension, the terms and conditions for its reinstatement; and

(*c*) the reasons for the decision.

Dispensing with hearing

58. (1) During the election period, the Commission may dispense with the hearing required for a suspension, where it appears to the Commission that the delay resulting from holding a hearing would be prejudicial to the public interest.

Temporary nature of suspension

(2) A suspension made without a hearing pursuant to subsection (1) is valid for a maximum of 15 days after its effective date unless a hearing is commenced within that time and the Commission extends the suspension for the duration of the hearing.

Notice

59. Where the Commission registers, suspends or deregisters a political party, constituency association or party foundation, it shall

(*a*) publish a notice in the *Canada Gazette*; and

(*b*) immediately notify the Minister of National Revenue.

Avis au parti

(2) Dans les cas de suspension ou de radiation de l'enregistrement d'une association locale ou d'une fondation de parti, le parti enregistré concerné a droit de recevoir copie des avis envoyés à l'association ou à la fondation et dispose des délais visés à l'alinéa (1)*b*) pour faire ses représentations.

Procédure

(3) Les audiences sont conduites selon les règles de procédure que la Commission peut établir.

Décision finale

(4) Après avoir entendu les représentations qui ont pu lui être faites, la Commission rend sa décision et en avise par écrit le parti, l'association locale ou la fondation. La décision indique :

a) s'il y a suspension ou radiation;

b) dans le cas d'une suspension, les conditions de réintégration;

c) les motifs de la décision.

Absence d'audience

58. (1) La Commission peut, durant une période électorale, ne pas tenir d'audience avant de suspendre un enregistrement si elle estime que le délai qu'entraînerait la tenue d'une audience irait à l'encontre de l'intérêt public.

Suspension temporaire

(2) La suspension imposée sans la tenue d'une audience, en vertu du paragraphe (1), est valide pour une période maximale de quinze jours après sa prise d'effet à moins qu'entre temps une audience ne soit commencée et que la Commission prolonge la suspension pour la durée de celle-ci.

Avis public

59. Lorsque la Commission enregistre, suspend ou radie l'enregistrement d'un parti politique, d'une association locale ou d'une fondation de parti

a) elle fait publier un avis à cet effet dans la *Gazette du Canada*;

b) elle en informe dans les meilleurs délais le ministre du Revenu national.

Filing financial information

60. (1) Where a political party or constituency association is deregistered, other than on request, the financial agent shall file with the Commission

(*a*) a return under section 392 and any auditor's report on the return required by section 403; or

(*b*) such other return as the Commission may require.

Period for financial information

(2) The return under subsection (1) shall cover the period commencing on the day after the end of the last period for which financial statements were filed under section 392 and ending on the last day of any financial activity of the political party or constituency association, as the case may be.

New registration

(3) A political party or a constituency association that was deregistered, or any successor political party or constituency association, may not apply for registration until the requirements of this section have been satisfied.

Report before re-registration

61. Where a political party or a constituency association that was deregistered at its own request applies again for registration, the Commission may require it to furnish a report on its financial activities since it was deregistered.

Disposition of Funds on Deregistration

Deregistration of party

62. (1) All the funds of a deregistered political party shall be paid over to the Commission and held in trust.

Funds to be paid or forfeited

(2) The funds held in trust under subsection (1) shall, together with any accumulated interest, be disposed of as follows:

(*a*) if the political party or a successor political party is registered before the date of the writs at the next general election, the funds shall be paid to the registered party; and

(*b*) in all other cases the funds shall be forfeited to the Receiver General.

Deregistration of constituency association

63. (1) All the funds of a deregistered constituency association shall be paid over to its registered party and held in trust.

---

60. (1) L'agent financier d'un parti politique ou d'une association locale dont l'enregistrement a été radié est tenu de produire à la Commission :

a) soit le rapport prévu par l'article 392 et le rapport du vérificateur sur ce rapport prévu par l'article 403;

b) soit tout autre rapport qu'exige la Commission.

Production de rapports financiers

(2) Le rapport requis par le paragraphe (1) couvre la période commençant immédiatement après la fin de la période pour laquelle les rapports financiers prévus par l'article 392 ont été produits et se terminant la dernière journée de toute activité financière du parti politique ou de l'association locale.

Période du rapport

(3) Le parti politique ou l'association locale dont l'enregistrement a été radié, ou son successeur, ne peut faire une demande d'enregistrement s'il n'a pas satisfait aux exigences du présent article.

Nouvel enregistrement

61. La Commission peut exiger d'un parti politique ou d'une association locale dont l'enregistrement a été radié à son initiative et qui souhaite être de nouveau enregistré, de fournir un rapport de son activité financière depuis la radiation.

Rapport

Remise de fonds après la radiation

62. (1) Les fonds d'un parti dont l'enregistrement est radié sont remis à la Commission pour être gardés en fidéicommis.

Radiation d'un parti

(2) Ces fonds, de même que les intérêts qu'ils ont accumulés, sont remis comme suit :

a) au parti politique, s'il est enregistré de nouveau, ou à son successeur s'il est enregistré avant la date des décrets d'élection générale qui suit;

b) au receveur général, dans les autres cas.

Remise ultérieure

63. (1) Les fonds d'une association locale dont l'enregistrement est radié sont remis au parti concerné pour être gardés en fidéicommis par celui-ci.

Radiation d'une association locale

Disposition of funds on deregistration of party

(2) Where a constituency association is deregistered because its registered party is deregistered, all the funds of the constituency association shall be paid over to the Commission and held in trust.

(2) Dans le cas où la radiation de l'enregistrement de l'association locale est le résultat de la radiation de celui du parti auquel elle est liée, les fonds sont remis à la Commission pour être gardés en fidéicommis.

Fonds remis à la Commission

Funds to be paid or forfeited

(3) The funds held in trust under subsection (1) or (2) shall, together with any accumulated interest, be disposed of as follows:

(*a*) if the constituency association or a successor constituency association is registered before the date of the writs at the next general election, the funds shall be paid to the registered constituency association;

(*b*) if the constituency association or a successor constituency association is not registered before the date of the writs at the next general election but its political party has remained registered or has re-registered by that date, the funds shall be paid to the registered party; and

(*c*) in all other cases, the funds shall be forfeited to the Receiver General.

(3) Les fonds gardés en fidéicommis en vertu des paragraphes (1) et (2) sont remis comme suit :

a) à l'association locale si elle est enregistrée de nouveau ou à l'association qui lui succède si celle-ci est enregistrée avant la date des décrets de la prochaine élection générale qui suit;

b) au parti enregistré, si l'association locale n'est pas enregistrée de nouveau ou une association lui succédant n'est pas enregistrée avant la date des décrets d'élection de l'élection générale qui suit, à la condition que ce parti soit toujours enregistré ou soit de nouveau enregistré à cette date;

c) dans les autres cas, au receveur général.

Paiement ou confiscation

Disposition of funds on abolition of constituency

(4) Where a constituency association is deregistered because the constituency is abolished, all the funds of the constituency association shall be paid as directed by its registered party.

(4) Les fonds d'une association locale dont l'enregistrement est radié à la suite de l'abolition d'une circonscription sont versés selon ce que décide le parti enregistré concerné.

Abolition d'une circonscription

Constituency association for independent MP

(5) Where a constituency association endorsed by an independent member of the House of Commons is deregistered, all the funds of the constituency association shall be paid over to the Commission and held in trust.

(5) Les fonds d'une association locale d'un député indépendant dont l'enregistrement a été radié sont remis à la Commission pour être gardés en fidéicommis.

Association locale d'un député indépendant

Funds to be paid or forfeited

(6) The funds held in trust under subsection (5), together with any accumulated interest, shall be disposed of as follows:

(*a*) if the constituency association or a successor constituency association is registered before the date of the writ at the next election, the funds shall be paid to the registered constituency association;

(*b*) if the former member is nominated as a candidate at the next election, the funds shall be paid to the financial agent of the member; or

(6) Les fonds gardés en fidéicommis en vertu du paragraphe (5), de même que les intérêts qu'ils ont accumulés, sont remis comme suit :

a) à l'association locale si elle est enregistrée de nouveau, ou à l'association qui lui a succédé si l'une ou l'autre est enregistrée avant la date du décret de l'élection suivante;

b) à l'agent financier de l'ancien député, si celui-ci est mis en candidature à l'élection suivante;

Paiement ou confiscation

(_c_) if the former member is not nominated as a candidate at the next election, the funds shall be forfeited to the Receiver General.

_c_) au receveur général, si l'ancien député n'est pas mis en candidature à l'élection suivante.

Deregistration of party foundation

64. All the funds of a deregistered party foundation shall continue to be held by the party foundation if it meets the definition of a charitable organization in the _Income Tax Act_ and, if not, the funds shall be paid, held and disposed of in the same manner as the funds of a deregistered constituency association endorsed by a political party.

64. Les fonds d'une fondation de parti dont l'enregistrement a été radié demeurent en sa possession si la définition d'œuvre de bienfaisance au sens de la _Loi de l'impôt sur le revenu_ lui demeure applicable. À défaut, les fonds sont traités comme ceux d'une association locale de parti dont l'enregistrement a été radié.

Radiation d'une fondation de parti

Trust liabilities

65. The funds held in trust under sections 62 to 64 are subject to the following liabilities:

(_a_) the funds of a deregistered party are subject to its liabilities and the liabilities of any deregistered constituency association of that party;

(_b_) the funds of a deregistered constituency association are subject to its liabilities and the liabilities of its political party if that party is also deregistered; and

(_c_) the funds of a deregistered party foundation are subject to its liabilities only.

65. Les fonds gardés en fidéicommis en vertu des articles 62 à 64 sont grevés des obligations suivantes :

_a_) dans le cas d'un parti, les obligations de celui-ci et celles de ses associations locales dont l'enregistrement a été radié;

_b_) dans le cas d'une association locale, les obligations de celle-ci et celles de son parti si l'enregistrement de celui-ci est également radié;

_c_) dans le cas d'une fondation de parti, de ses propres obligations seulement.

Dettes

Trustee of funds

66. The Commission and a registered party may each designate a trustee to hold the funds that are required to be held in trust under sections 62 to 64.

66. La Commission et un parti enregistré peuvent chacun nommer un fiduciaire pour garder les fonds en fidéicommis en vertu des articles 62 à 64.

Fiduciaire des fonds

Identification of Unregistered Political Parties on the Ballot

Inscription sur le bulletin de vote d'un parti non enregistré

Entitlement to identification

67. A political party that is not registered is entitled to be identified on the ballot in a general election, and any election that follows until the next general election, if

(_a_) it files an application in the form established by the Commission no later than the close of nominations;

(_b_) the leader of the party is a voter;

(_c_) in the opinion of the Commission, the name of the political party complies with section 31; and

67. Le parti politique a droit même s'il n'est pas enregistré de figurer sur le bulletin de vote en regard d'un candidat qu'il appuie, lors d'une élection générale ou de toute élection subséquente jusqu'à l'élection générale suivante, si les conditions suivantes sont remplies :

_a_) il produit à la Commission une demande en la forme établie par celle-ci au plus tard le jour de la clôture des mises en candidature;

_b_) le chef du parti a qualité d'électeur;

_c_) la Commission est d'avis que le nom du parti est en conformité avec les dispositions de l'article 31;

Droit d'inscription

(*d*) it endorses candidates in at least 15 constituencies in the general election.

d) il appuie un candidat dans au moins quinze circonscriptions à l'élection générale.

PART IV

CONSTITUENCIES AND POLLING DIVISIONS

DIVISION I

CONSTITUENCIES

Number of Constituencies

Report after decennial census

68. (1) The Chief Statistician shall, as soon as possible after the completion of each decennial census, send a report to the Commission certifying the population of Canada and each province or territory.

Calculation of number of MPs

(2) After receiving the report of the Chief Statistician, the Commission shall calculate and certify the number of members of the House of Commons that are to be assigned to each province pursuant to sections 51 and 51A of the *Constitution Act, 1867*.

Publication in *Canada Gazette*

(3) The Commission shall publish the certified number of members assigned to each province under subsection (2) in the *Canada Gazette*.

Northwest Territories

69. (1) In the Northwest Territories there shall be two constituencies.

Yukon

(2) The Yukon Territory shall be one constituency named "Yukon".

Data for Determining Boundaries of Constituencies

Calculation of electoral quotient

70. (1) After each general election, and after each decennial census when the number of members assigned to each province has been established under section 68, the Commission shall calculate and certify the electoral quotient for each province.

PARTIE IV

CIRCONSCRIPTIONS ET SECTIONS DE VOTE

SECTION I

CIRCONSCRIPTIONS

Nombre de circonscriptions

68. (1) Dans les meilleurs délais après chaque recensement décennal, le statisticien en chef établit et envoie à la Commission un état certifié de la population du Canada, de chacune des provinces et de chacun des territoires.

Rapports à l'issue d'un recensement décennal

(2) Dès réception de l'état du statisticien en chef, la Commission procède au calcul du nombre de sièges de députés à attribuer à chacune des provinces compte tenu des règles des articles 51 et 51A de la *Loi constitutionnelle de 1867*.

Calcul du nombre de sièges de députés

(3) La Commission fait publier dans la *Gazette du Canada* un avis par lequel elle certifie le nombre de sièges de députés attribués à chaque province en vertu du paragraphe (2).

Publication dans la *Gazette du Canada*

69. (1) Les Territoires du Nord-Ouest comptent deux circonscriptions.

Territoires du Nord-Ouest

(2) Le territoire du Yukon constitue une circonscription sous le nom de Yukon.

Yukon

Données nécessaires à la délimitation

70. (1) Après chaque élection générale et après chaque recensement décennal lorsque le nombre de sièges de députés à attribuer à chaque province a été établi en vertu de l'article 68, la Commission procède au calcul du quotient électoral de chaque province et en certifie les résultats.

Quotient électoral

Definition

(2) The electoral quotient for a province is the number obtained by dividing the total number of registered voters in the province for the most recent general election, as certified for each constituency under section 178, by the number of members of the House of Commons assigned to the province.

Publication in *Canada Gazette*

(3) The Commission shall, without delay, publish in the *Canada Gazette* the electoral quotient for each province.

Determination of boundaries required

71. (1) A determination of the boundaries of constituencies is required

(*a*) after each decennial census, in all provinces and the Northwest Territories;

(*b*) after each general election, in each province where, in at least 25 per cent of the constituencies, the number of registered voters certified under section 178 deviates from the electoral quotient by more than 15 per cent.

Time of determination

(2) The Commission shall, no later than the 60th day after the date fixed for the return of the writs after each general election, establish in which provinces a determination of the boundaries of constituencies is required under paragraph (1)(*b*).

Notice to the Minister

(3) The Commission shall send a notice certifying the matters under subsection (2) to the Minister and publish the notice in the *Canada Gazette*.

Aboriginal Representation

Establishment of aboriginal constituencies

72. (1) The right of aboriginal voters to have an aboriginal constituency established in a province arises where a determination of the boundaries of the constituencies in the province is required under subsection 71(1).

Number of aboriginal constituencies

(2) The number of aboriginal constituencies that may be established in a province is equal to such whole number as is obtained by dividing the number of registered aboriginal voters in the province by the number that is 85 per cent of the electoral quotient for the province.

Définition

(2) Le quotient électoral d'une province est le résultat de la division du nombre d'électeurs inscrits lors de l'élection générale la plus récente – certifié pour chaque circonscription conformément à l'article 178 – par le nombre de sièges de députés à la Chambre des communes attribués à la province.

Publication dans la *Gazette du Canada*

(3) La Commission fait publier sans délai dans la *Gazette du Canada* un avis indiquant le quotient électoral de chaque province.

Nécessité de délimiter

71. (1) Une délimitation des circonscriptions est nécessaire :

a) après chaque recensement décennal, dans toutes les provinces et dans les Territoires du Nord-Ouest;

b) après chaque élection générale, dans toute province où, dans vingt-cinq pour cent au moins des circonscriptions, l'écart entre le nombre d'électeurs inscrits tel que certifié selon l'article 178 et le quotient électoral est supérieur à quinze pour cent.

Délai d'examen

(2) La Commission détermine, à l'issue de chaque élection générale, dans les soixante jours suivant la date fixée pour les rapports d'élection quelles sont les provinces où une délimitation de circonscriptions est nécessaire en vertu de l'alinéa (1)*b*).

Avis

(3) La Commission donne au ministre un avis écrit par lequel elle certifie la détermination qu'elle a faite en vertu du paragraphe (2) et le fait publier dans la *Gazette du Canada*.

Représentation des électeurs autochtones

Établissement de circonscriptions autochtones

72. (1) Le droit des électeurs autochtones à l'établissement d'une circonscription autochtone dans une province s'exerce lorsqu'une délimitation de circonscriptions est nécessaire dans la province aux termes du paragraphe 71(1).

Nombre de circonscriptions autochtones

(2) Le nombre de circonscriptions autochtones dans une province est le nombre entier résultant du rapport entre le nombre d'électeurs autochtones inscrits dans cette province et quatre-vingt-cinq pour cent du quotient électoral de celle-ci.

Registration for aboriginal constituencies

(3) The number of registered aboriginal voters referred to in subsection (2) is the total number of aboriginal voters

(*a*) who have registered to exercise their right to vote in an aboriginal constituency in the province on an initial list of aboriginal voters under section 74; or

(*b*) whose names are on the final voters list of an aboriginal constituency, where one has already been established in the province.

Determination by the Commission

73. (1) The Commission shall, where a determination of the boundaries of constituencies is required under section 71,

(*a*) after each general election, no later than the 60th day from the date fixed for the return of the writs or, in the case of a decennial census, upon receiving the report of the Chief Statistician referred to in subsection 68(1), as the case may be, determine

(i) in which province an initial list of aboriginal voters must be compiled, or

(ii) in a province where an aboriginal constituency has already been established, the number of aboriginal constituencies in the province; and

(*b*) upon completion of the initial list of aboriginal voters in a province, determine the number of aboriginal constituencies, if any, for the province.

Notices

(2) Where, as a result of the calculation under subsection 72(2), aboriginal voters are entitled to have more than one aboriginal constituency established in a province, the Commission shall send notices to the Minister and to the Speaker of the need to appoint persons to an aboriginal boundaries commission pursuant to section 78.

Publication of notice

(3) The Commission shall publish in the *Canada Gazette* a notice of the determinations made under paragraphs 1(*a*) and (*b*).

(3) Le nombre d'électeurs autochtones inscrits visé au paragraphe (2) est le nombre d'électeurs autochtones qui, selon le cas :

a) se sont inscrits pour l'exercice de leur droit de vote dans une circonscription autochtone, sur une liste originale des électeurs autochtones dressée en vertu de l'article 74;

b) sont inscrits sur la liste électorale définitive d'une circonscription autochtone lorsque telle circonscription a déjà été établie dans la province.

Inscriptions pour l'établissement d'une circonscription autochtone

73. (1) Lorsqu'une délimitation des circonscriptions est requise en vertu de l'article 71, la Commission est tenue :

a) après une élection générale, dans les soixante jours suivant la date fixée pour les rapports d'élection, ou après un recensement décennal, sur réception de l'état certifié du statisticien en chef prévu par le paragraphe 68(1) :

(i) soit d'identifier les provinces où une liste originale des électeurs autochtones doit être dressée;

(ii) soit de déterminer, dans chaque province où une circonscription autochtone existe déjà, le nombre de circonscriptions autochtones;

b) de déterminer, s'il y a lieu, après qu'une liste originale des électeurs autochtones a été complétée, le nombre de circonscriptions autochtones dans chaque province.

Décision de la Commission

(2) La Commission est tenue d'aviser le ministre et le président de la Chambre des communes de la nécessité de procéder à la nomination des membres d'une commission autochtone de délimitation conformément à l'article 78 lorsqu'en raison des résultats du calcul prévu par le paragraphe 72(2), plus d'une circonscription autochtone doit être établie.

Avis

(3) La Commission fait publier dans la *Gazette du Canada* un avis des décisions qu'elle a prises en vertu des alinéas 1*a*) et *b*).

Publication d'un avis

Change in the numbers
(4) Where a determination under subsection (1) is made in the year of the report of the decennial census, the Commission shall, upon completion of the calculations required for that determination,

(*a*) calculate and certify the number of members of the House of Commons assigned to each province pursuant to sections 51 and 51A of the *Constitution Act, 1867* and the electoral quotient; and

(*b*) if as a result of the calculation made under paragraph (*a*) the number of members for each province or the electoral quotient differs from the numbers published under subsections 68(3) and 70(3), publish a notice of the certified numbers in the *Canada Gazette*.

Initial list of aboriginal voters
74. (1) The Commission shall, if it is of the opinion that there could be a sufficient number of aboriginal voters to establish an aboriginal constituency, compile in accordance with Part V an initial list of all aboriginal voters who wish to register for the exercise of their right to vote in an aboriginal constituency.

Time of compilation
(2) The Commission shall complete the initial list of aboriginal voters no later than 120 days after the publication of the notice in subsection 73(3).

Nature of aboriginal constituency
75. (1) An aboriginal constituency is like any other constituency under this Act, unless otherwise expressly provided.

Other rights preserved
(2) The establishment of an aboriginal constituency in a province shall not abrogate any aboriginal or treaty rights of the aboriginal people involved.

---

(4) Lorsque la Commission procède à l'application du paragraphe (1) à la suite d'un recensement décennal, elle est tenue, après avoir complété les calculs requis pour cette application :

a) de déterminer et de certifier, pour chaque province, le nombre de sièges de députés à attribuer en vertu des articles 51 et 51A de la *Loi constitutionnelle de 1867* et le quotient électoral;

b) si, par suite du calcul prévu à l'alinéa *a*) le nombre de sièges à attribuer et le quotient électoral diffèrent de ceux déjà publiés en vertu des paragraphes 68(3) et 70(3) respectivement, de publier un nouvel avis dans la *Gazette du Canada* certifiant le nombre de sièges à attribuer et le quotient électoral.

74. (1) La Commission dresse, conformément aux dispositions pertinentes de la partie V, la liste originale des électeurs autochtones, d'une province qui souhaitent s'inscrire pour exercer leur droit de vote dans une circonscription autochtone si elle estime qu'il y a un nombre suffisant d'électeurs autochtones dans la province pour établir une circonscription autochtone.

(2) La Commission est tenue de terminer la préparation de la liste originale au plus tard le cent vingtième jour après la publication de l'avis visé au paragraphe 73(3).

75. (1) Sauf disposition expresse contraire de la présente loi, une circonscription autochtone est considérée au même titre que toute autre circonscription.

(2) L'établissement d'une circonscription autochtone dans une province n'a pour effet d'abroger aucun des droits – ancestraux ou issus de traités – des peuples autochtones du Canada.

Changement du nombre de sièges et du quotient

Liste originale des électeurs autochtones

Délai

Nature de la circonscription autochtone

Maintien des autres droits

Establishment of Boundaries Commissions

Establishment of commissions after census

76. (1) The Governor in Council shall, by proclamation, establish a boundaries commission for every province and the Northwest Territories by the end of September in any year in which there is a decennial census.

Exception

(2) No boundaries commission shall be established under subsection (1) for a province where a boundaries commission was established for the province after the most recent general election under subsection 77(1), unless the Commission certifies a change to the number of members of the House of Commons pursuant to section 68 and subsection 73(1) and the most recent boundaries commission has already submitted its report in accordance with section 101.

Establishment after general election

77. (1) After each general election, the Governor in Council shall, by proclamation, establish a boundaries commission for any province in which a determination of boundaries of constituencies is required under section 71.

Exception

(2) No boundaries commission shall be established for a province after a general election under subsection (1) during the period commencing on the first day of the year before the year of a decennial census and ending on the day the representation order is published in the *Canada Gazette* pursuant to subsection 103(4).

Aboriginal constituency

78. The Governor in Council shall, by proclamation, establish an aboriginal boundaries commission in any province in which the number of registered aboriginal voters is sufficient, in relation to the electoral quotient for the province, to create at least two aboriginal constituencies.

Constitution de commissions de délimitation

Constitution de commissions à l'issue d'un recensement

76. (1) Le gouverneur en conseil constitue par proclamation, au plus tard le trentième jour de septembre de l'année d'un recensement décennal, une commission de délimitation des circonscriptions électorales pour chaque province et pour les Territoires du Nord-Ouest.

Exception

(2) Il n'est pas constitué de commission de délimitation pour une province en vertu du paragraphe (1) si une commission a été constituée pour la province, en vertu du paragraphe 77(1), à l'issue de la dernière élection générale. Toutefois il en est constituée une si la Commission certifie qu'il y a un changement au nombre de députés en vertu de l'article 68 et du paragraphe 73(1) et si la commission de délimitation la plus récemment créée a déjà produit son rapport définitif conformément à l'article 101.

Constitution de la commission à l'issue d'une élection générale

77. (1) À l'issue d'une élection générale, le gouverneur en conseil constitue, par proclamation, une commission de délimitation pour toute province où une délimitation des circonscriptions est requise en vertu de l'article 71.

Exception

(2) Il n'est pas constitué de commission pour une province, à l'issue d'une élection générale, en vertu du paragraphe (1), pendant la période commençant le premier de l'an précédant l'année d'un recensement décennal et se terminant à la date où le décret de représentation électorale est publié dans la *Gazette du Canada* en vertu du paragraphe 103(4).

Circonscriptions autochtones

78. Le gouverneur en conseil constitue par proclamation une commission de délimitation de circonscriptions autochtones dans toute province où le nombre d'électeurs autochtones inscrits sur la liste des électeurs autochtones est suffisant, par rapport au quotient électoral de celle-ci, pour y établir au moins deux circonscriptions autochtones.

Date of
establishment

79. Each boundaries commission established under subsections 76(1) and 77(1) and section 78 shall be established within 60 days of the publication by the Commission in the *Canada Gazette* of a notice under subsection 68(3), 71(3), 73(3) or 73(4).

79. Chaque commission de délimitation visée aux paragraphes 76(1) et 77(1) et à l'article 78 est constituée au plus tard le soixantième jour après la publication dans la *Gazette du Canada* de l'avis de la Commission en vertu des paragraphes 68(3), 71(3), 73(3) ou 73(4).

Date de
constitution

Composition of Boundaries Commissions

Composition des commissions de délimitation

Membership

80. (1) Each boundaries commission shall consist of three members.

80. (1) Chaque commission de délimitation est composée de trois membres.

Composition

Presiding
member for
provincial
commissions

(2) The Chief Justice of the province shall appoint a judge of the province's superior court or court of appeal to be the presiding member of the boundaries commission for the province.

(2) Le juge en chef de chaque province nomme à titre de président de la commission de délimitation de la province, un juge de la Cour supérieure de la province ou de sa Cour d'appel.

Nomination du
président

Presiding
member for
NWT
commission

(3) The Chief Justice of the Court of Appeal for the Northwest Territories shall appoint a judge of the Supreme Court or Court of Appeal of the Northwest Territories to be the presiding member of the boundaries commission for the Northwest Territories.

(3) Le juge en chef des Territoires du Nord-Ouest nomme à titre de président de la commission de délimitation des Territoires du Nord-Ouest un juge de la Cour suprême ou de la Cour d'appel des Territoires du Nord-Ouest.

Idem

Alternate
appointment

(4) Where a presiding member is not appointed under subsection (2) or (3), the Chief Justice of Canada shall appoint a judge in the province or the Northwest Territories, as the case may be, as the presiding member of the boundaries commission.

(4) À défaut de nominations en vertu des paragraphes (2) ou (3), le juge en chef du Canada nomme, selon le cas, un juge dans la province ou dans les Territoires du Nord-Ouest à titre de président de la commission de délimitation.

Nomination par
le juge en chef
du Canada

Two other
members

(5) The Speaker shall appoint two suitable voters in the province or the Northwest Territories, as the case may be, as the other two members of each boundaries commission.

(5) Les deux autres commissaires sont nommés par le président de la Chambre des communes parmi les électeurs qui lui semblent compétents dans la province ou dans les Territoires du Nord-Ouest, selon le cas.

Nomination des
deux autres
commissaires

Presiding
member for
aboriginal
commission

(6) The presiding member of the boundaries commission for a province shall act as the presiding member of any aboriginal boundaries commission in that province.

(6) Le président de la commission de délimitation de la province agit à titre de président de la commission de délimitation de circonscriptions autochtones lorsqu'une telle commission est constituée.

Président de la
commission
autochtone

Two other
members of
aboriginal
commission

(7) The Speaker shall appoint two suitable aboriginal voters in the province as the other two members of any aboriginal boundaries commission established.

(7) Les deux autres commissaires de la commission de délimitation de circonscriptions autochtones sont nommés par le président de la Chambre des communes parmi les électeurs autochtones de la province qui lui semblent compétents.

Nomination des
deux autres
membres de la
commission
autochtone

Notification of appointment	**81.** (1) The person appointing a member of a boundaries commission shall notify the Minister in writing of the appointment.
Proclamation	(2) The proclamation establishing the boundaries commission shall set out the names of members appointed.
Successor in office	(3) The power to appoint a member of a boundaries commission may be exercised by such person as may be performing the duties of the Chief Justices or Speaker, as the case may be.
Termination of office	(4) The term of office for each member of a boundaries commission ends when the final report of the boundaries commission is completed.
Not agent of Her Majesty	**82.** A boundaries commission is not an agent of Her Majesty and its members are not members of the public service of Canada by virtue of their appointment.
Ineligibility of members	**83.** (1) A member of Parliament or a member of the legislature of a province or territory is not eligible to be appointed as a member of a boundaries commission.
Notification of vacancy	(2) Where there is a vacancy in the membership of a boundaries commission, the Commission shall notify the Speaker or the Chief Justice of the province or the Northwest Territories, as the case may be, and a new member shall be appointed to fill the vacancy no later than the 30th day after the day of notification.
Effect of vacancy	(3) A vacancy in the membership of a boundaries commission shall not impair its powers.
Remuneration of members	**84.** A member of a boundaries commission is entitled to be paid

    (*a*) such remuneration as may be fixed by the Governor in Council, unless the member receives a salary under the *Judges Act*; and

    (*b*) such reasonable living and travelling expenses as may be incurred by the member while performing the member's duties away from home.

81. (1) L'autorité qui procède à la nomination d'un membre d'une commission de délimitation en notifie le ministre par écrit.	Avis de nomination
(2) La proclamation constituant une commission de délimitation indique le nom de chacun de ses membres.	Proclamation
(3) Le pouvoir de nomination d'un membre d'une commission de délimitation peut être exercé, selon le cas, par le suppléant du juge en chef ou du président de la Chambre des communes.	Suppléants
(4) Le mandat de chacun des membres d'une commission de délimitation expire lorsque le rapport définitif de la commission est terminé.	Fin du mandat
82. Les commissions de délimitation ne sont pas mandataires de Sa Majesté et leurs membres ne font pas, à ce titre, partie de l'administration publique fédérale.	Statut des commissions
83. (1) La charge de commissaire est incompatible avec celle de sénateur, de député à la Chambre des communes ou de député à la législature d'une province ou d'un territoire.	Incompatibilité
(2) La Commission notifie, selon le cas, le président de la Chambre des communes ou le juge en chef de la province ou des Territoires du Nord-Ouest d'une vacance au sein d'une commission de délimitation. La vacance est comblée au plus tard le trentième jour après la notification.	Vacances
(3) Une vacance au sein d'une commission de délimitation n'affecte pas sa capacité.	Effet de la vacance
84. Les membres d'une commission de délimitation ont droit :	Rémunération

    a) à l'indemnité fixée par le gouverneur en conseil sauf s'ils touchent un traitement prévu par la *Loi sur les juges*;

    b) aux frais de déplacement et de séjour entraînés par l'accomplissement de leurs fonctions hors du lieu de leur résidence habituelle.

Quorum **85.** (1) The quorum of a boundaries commission is two members.

Presiding member (2) The presiding member shall convene and preside over meetings of the boundaries commission and shall have a deciding vote in case of an equality of votes at any of its meetings.

Deputy presiding member (3) A boundaries commission may designate one of its members to act as a deputy presiding member where the presiding member is unable to act or where the office of presiding member is vacant.

Idem (4) Where the presiding member is unable to act or where the office of presiding member is vacant, the deputy presiding member of the boundaries commission for a province shall preside over any aboriginal boundaries commission established for the province.

Powers **86.** (1) A boundaries commission has all the powers of a commissioner under Part II of the *Inquiries Act*.

Staff (2) A boundaries commission may employ such staff as it considers necessary and their remuneration and terms of employment shall be as fixed by the Commission.

Mapping services (3) For the purposes of this Part, the Commission shall provide such maps, mapping services and data as are required by any boundaries commission.

Rules of conduct **87.** A boundaries commission may make rules for the conduct of its affairs under this Part, including the conduct of its public hearings.

Notice of calculation **88.** The Commission shall send to each boundaries commission a notice certifying the results of the calculations made pursuant to sections 68 and 70 and subsection 73(4).

Quorum **85.** (1) Le quorum d'une commission de délimitation est de deux membres.

Voix prépondérante (2) Le président convoque et préside les réunions et a voix prépondérante en cas de partage des voix.

Président suppléant (3) Chaque commission de délimitation peut nommer un de ses membres président suppléant pour exercer la présidence en cas d'absence ou d'empêchement du président, ou de vacance de son poste.

Idem (4) Le président suppléant d'une commission de délimitation d'une province exerce également la suppléance pour la commission de délimitation de circonscriptions autochtones de la province, le cas échéant.

Pouvoirs **86.** (1) Dans l'exercice de ses fonctions toute commission de délimitation a les pouvoirs d'un commissaire nommé aux termes de la partie II de la *Loi sur les enquêtes*.

Personnel (2) La commission peut employer le personnel qu'elle estime nécessaire, les conditions de travail de ce personnel étant fixées par la Commission.

Cartes et services (3) Pour l'application de la présente partie, la Commission fournit à chacune des commissions de délimitation les cartes, services cartographiques et données dont celle-ci peut avoir besoin.

Règlement intérieur **87.** La commission de délimitation peut édicter des règles pour la conduite de ses travaux et pour la tenue de ses audiences publiques.

Avis de calcul **88.** La Commission avise chaque commission de délimitation des résultats des calculs effectués en vertu des articles 68 et 70 et du paragraphe 73(4) et certifie ces résultats.

Principles for the Determination of the Boundaries of Constituencies

Règles pour la délimitation des circonscriptions

Principles for constituencies in provinces

89. (1) The boundaries commission for each province shall determine the boundaries of the constituencies in its province in accordance with the following two principles:

(*a*) the vote of each voter is of equal weight; and

(*b*) each constituency shall reflect communities of interest.

Equality of the vote in the provinces

(2) In respect of every constituency in a province other than an aboriginal constituency, the deviation between the number of voters in the constituency and the electoral quotient for the province shall not exceed 15 per cent.

Communities of interest

(3) When determining the boundaries of a constituency, each boundaries commission shall consider the sociological, demographic and geographic aspects of the area, taking into account its accessibility, its shape, its ecology and the boundaries of any local governments, treaty areas or administrative units, in order that the constituency reflects communities of interest.

Single areas

(4) The boundaries of the constituencies in a province or the Northwest Territories shall be determined so that

(*a*) each constituency is a single area and not composed of isolated areas that are separated from one another by another constituency; and

(*b*) no area of the province or territory lies outside the boundaries of a constituency.

Principle for constituencies in the NWT

(5) The boundaries commission for the Northwest Territories shall determine the boundaries of the constituencies in the Territories on the principle that each constituency shall reflect communities of interest.

Aboriginal constituencies

90. (1) When determining the boundaries of an aboriginal constituency, each aboriginal boundaries commission shall ensure that the number of voters in each aboriginal constituency in the province is at least 85 per cent of the electoral quotient for the province.

89. (1) La commission de délimitation des circonscriptions d'une province s'appuie, dans sa détermination des limites de ces circonscriptions, sur les deux principes suivants : **Principes**

a) le vote de chaque électeur a une égale valeur;

b) chaque circonscription doit refléter les communautés d'intérêts.

(2) Dans chacune des circonscriptions d'une province autre qu'une circonscription autochtone, l'écart entre le nombre d'électeurs dans une circonscription et le quotient électoral pour la province ne peut pas dépasser quinze pour cent. **Égalité du vote**

(3) Pour que la délimitation d'une circonscription reflète le principe des communautés d'intérêts, la Commission doit tenir compte des facteurs d'ordre sociologique, démographique et géographique du territoire de la circonscription, de l'accessibilité, de la configuration et de l'écologie de ce territoire créé par traité ou de toute unité administrative. **Communautés d'intérêts**

(4) Les limites des circonscriptions électorales dans une province ou dans les Territoires du Nord-Ouest sont déterminées de façon à ce que : **Unicité**

a) chaque circonscription soit d'un seul tenant;

b) les circonscriptions couvrent entièrement la province ou le territoire.

(5) La commission de délimitation des circonscriptions des Territoires du Nord-Ouest s'appuie, dans sa détermination des limites des circonscriptions, sur le principe des communautés d'intérêts. **Principe à l'égard des Territoires du Nord-Ouest**

90. (1) Lorsqu'une commission de délimitation autochtone procède à une délimitation, elle est tenue de s'assurer que le nombre d'électeurs dans chaque circonscription autochtone est d'au moins quatre-vingt-cinq pour cent du quotient électoral de la province. **Circonscriptions autochtones**

Criteria	(2) Each aboriginal boundaries commission shall determine the boundaries of the aboriginal constituencies on the principle that each aboriginal constituency shall, in addition to the criteria in section 89, take into account the composition of the aboriginal population, local aboriginal history and the aboriginal relationship to the land.

Single aboriginal constituency

(3) Where, as a result of the calculation under section 73, aboriginal voters are entitled to only one constituency in a province, the aboriginal constituency shall extend throughout the province and overlay all other constituencies.

Multiple aboriginal constituency

(4) Where there is more than one aboriginal constituency in a province, each one may extend throughout the province and overlay all other constituencies or extend through only part of the province and overlap some other constituencies.

Names of Constituencies

Authority to assign names

91. (1) Only a boundaries commission may assign a name to a constituency.

Request for names

(2) Before proposing a name for a constituency, a boundaries commission shall request the Canadian Permanent Committee on Geographical Names to suggest one or more appropriate names for the constituency.

Preliminary Report of a Boundaries Commission

Preparation of preliminary report

92. (1) A boundaries commission shall, without delay, prepare a preliminary report on the proposed boundaries of the constituencies in its province or territory after it receives a notice from the Commission under section 88.

Content of preliminary report

(2) The preliminary report of a boundaries commission shall set out

(*a*) the proposed division of its province or territory into constituencies;

(*b*) a map showing the proposed boundaries of each constituency;

Critères

(2) Chaque commission de délimitation de circonscriptions autochtones s'appuie, dans sa détermination des limites de ces circonscriptions, sur le principe que chaque circonscription autochtone reflète, en sus des facteurs énoncés à l'article 89, la composition de la population autochtone, son histoire et son identification avec le territoire.

Circonscription autochtone unique

(3) Lorsque, suite aux résultats des calculs effectués en vertu de l'article 73, les électeurs autochtones d'une province ont droit à une seule circonscription autochtone, celle-ci couvre l'ensemble de la province.

Circonscriptions autochtones multiples

(4) S'il y a plus d'une circonscription autochtone dans une province, chacune d'entre elles peut couvrir toute la province et toutes les autres circonscriptions ou couvrir seulement une partie de la province et chevaucher quelques-unes des autres circonscriptions.

Noms des circonscriptions

Autorité

91. (1) Seule une commission de délimitation peut attribuer un nom à une circonscription.

Consultation

(2) Avant d'attribuer un nom, la commission prend l'avis du Comité permanent des noms géographiques et lui demande de suggérer un ou plusieurs noms appropriés pour la circonscription.

Rapport préliminaire de la commission de délimitation

Rapport préliminaire de la commission

92. (1) La commission de délimitation prépare, dans les meilleurs délais, un rapport préliminaire sur les limites qu'elle propose pour les circonscriptions dans sa province ou son territoire, après qu'elle a reçu l'avis de la Commission prévu par l'article 88.

Teneur du rapport préliminaire

(2) Le rapport préliminaire mentionne

a) le partage proposé, en circonscriptions, de la province ou du territoire;

b) la carte des limites proposées pour chacune des circonscriptions;

(*c*) a description of the proposed boundaries of each proposed constituency;

(*d*) the number of voters in each proposed constituency, based on the number of registered voters at the previous general election or on the number of voters in an initial list of aboriginal voters compiled under section 74, as the case may be;

(*e*) the reasons justifying the proposed boundaries in the light of the criteria upon which the boundaries are to be based; and

(*f*) the proposed name of each constituency and the reasons for any change to the name of a constituency.

Free copies of report

93. Any person may obtain free of charge from a boundaries commission a copy of any of its reports.

Public Hearing on Preliminary Report

Public hearing

94. A boundaries commission shall, as soon as possible, hold at least one public hearing to receive representations from interested persons on its preliminary report.

Publication of preliminary report and notice of hearing

95. (1) The Chief Electoral Officer shall, on behalf of each boundaries commission, publish in the *Canada Gazette* a copy of the preliminary report and a notice of the public hearing on the report containing

(*a*) a statement advising the public of where and how to obtain a copy of the boundary commission's preliminary report;

(*b*) the date, time and place of the public hearing;

(*c*) an invitation to interested persons to make representations at the public hearing and to make written submissions on the preliminary report;

(*d*) the deadline for submitting written submissions; and

(*e*) the mailing address of the boundaries commission and a telephone number to call for information.

c) la description des limites proposées pour chacune des circonscriptions;

d) le nombre d'électeurs dans chacune des circonscriptions proposées fondé sur le nombre inscrit lors de la dernière élection générale ou, le cas échéant, sur le nombre d'électeurs inscrits sur une liste originale d'électeurs autochtones dressée en vertu de l'article 74;

e) les raisons à l'appui des limites proposées à la lumière des critères sur lesquels la délimitation doit être fondée;

f) le nom proposé pour chacune des circonscriptions et les raisons à l'appui de tout changement de nom proposé.

Exemplaires à titre gratuit

93. Toute personne peut se procurer à titre gratuit d'une commission de délimitation un exemplaire de tout rapport qu'elle publie.

Séances publiques concernant le rapport préliminaire

Séance publique

94. Chaque commission de délimitation tient, dans les meilleurs délais, au moins une séance publique pour entendre des observations de personnes intéressées sur son rapport préliminaire.

Avis public

95. (1) Au nom de chacune des commissions de délimitation, le directeur général des élections fait publier dans la *Gazette du Canada* le texte du rapport préliminaire et l'avis de toute séance publique, lequel mentionne :

a) où et comment le public peut se procurer un exemplaire du rapport préliminaire;

b) les date, heure et lieu de la séance;

c) que les personnes intéressées sont invitées à venir présenter leurs observations sur le rapport préliminaire et à produire celles-ci par écrit;

d) le délai pour la production d'observations par écrit;

e) l'adresse de la commission de délimitation et un numéro de téléphone où appeler pour renseignements.

Notice in newspaper

(2) The Chief Electoral Officer shall, on behalf of each boundaries commission, also publish in at least one newspaper of general circulation in the province or the Northwest Territories, as the case may be,

(*a*) all the elements of the preliminary report, except the description of the boundaries of the constituencies; and

(*b*) a notice of the public hearing on the report, containing the information referred to in paragraphs (1)(*a*) to (*e*).

Time of publication

(3) The publication shall be published at least 30 days in advance of the public hearing.

Conduct of Public Hearings

Place of hearings

96. (1) A boundaries commission may conduct its public hearings in such place or places in the province or Northwest Territories as it considers appropriate.

Conduct of public hearings

(2) The public hearings shall be conducted in accordance with such rules as may be made by the boundaries commission.

Hearing by one or more members

(3) A boundaries commission may conduct a public hearing by one or more members of the boundaries commission.

Appearance notice

97. (1) Any person, including any member of Parliament, may make representations at a public hearing if the person first submits a written appearance notice to the boundaries commission at least 10 days in advance of the hearing.

Contents of appearance notice

(2) An appearance notice shall contain

(*a*) the name, address and telephone number of the person who wishes to make representations at the public hearing; and

(*b*) a brief summary of the interest of the person and the representations proposed to be made.

Avis dans les journaux

(2) Au nom de chacune des commissions de délimitation, le directeur général des élections fait aussi publier dans au moins un journal à grand tirage de la province ou des Territoires du Nord-Ouest, selon le cas :

a) les éléments constituants du rapport préliminaire à l'exception de la description des limites des circonscriptions;

b) l'avis de toute séance publique contenant les renseignements visés aux alinéas (1)*a*) à *e*).

Date de publication

(3) La publication est faite au moins trente jours avant le début de la séance.

Conduite des séances publiques

Lieu

96. (1) Les commissions de délimitation tiennent leurs séances publiques aux endroits qu'elles jugent appropriés dans la province ou dans les Territoires du Nord-Ouest.

Procédure

(2) Les séances publiques ont lieu selon les règles de procédure qu'édicte la commission de délimitation pour la conduite de ses travaux.

Un ou plusieurs membres

(3) Une séance publique peut être tenue par un ou plusieurs des membres de la commission de délimitation.

Avis de présentation

97. (1) Sujet à préavis donné par écrit à la commission de délimitation au plus tard le dixième jour avant la séance publique, toute personne, y compris un député fédéral, peut présenter des observations.

Teneur du préavis

(2) Le préavis mentionne :

a) les nom, adresse et numéro de téléphone de la personne qui souhaite présenter des observations à la séance publique ;

b) une brève indication de son intérêt et des observations qu'elle entend présenter.

Revised Report and Public Hearings

Rapport révisé et séances publiques

Revised report **98.** (1) After considering the representations made at the public hearing on its preliminary report, a boundaries commission may prepare a revised report on the constituencies in the province or Northwest Territories.

98. (1) Après considération des observations reçues lors de la séance publique, la commission de délimitation peut préparer un rapport révisé concernant les circonscriptions dans sa province ou son territoire. Rapport révisé

Deadline for completion (2) The revised report of a boundaries commission shall be completed within eight months of the receipt by the boundaries commission of the notice of the Commission under section 88.

(2) La commission de délimitation dispose de huit mois à compter de la réception de l'avis de la Commission visé à l'article 88 pour préparer un rapport révisé. Délai imparti

Public notice of revisions **99.** (1) The Chief Electoral Officer shall, on behalf of each boundaries commission, publish in the *Canada Gazette* and in at least one newspaper of general circulation in the province or the Northwest Territories and one circulating in the area of the voters affected public notice of any revision to

99. (1) Le directeur général des élections fait publier, au nom de chacune des commissions de délimitation, dans la *Gazette du Canada* et dans au moins un journal à grand tirage de la province ou des Territoires du Nord-Ouest, de même que dans un journal local publié dans une région où des électeurs sont affectés, un avis de tout changement : Avis public des révisions

(*a*) the proposed name of a constituency as set out in its preliminary report; and

(*b*) the boundaries of any constituency where the gross number of registered voters affected by the change in boundaries since the preliminary report is 25 per cent or more of the total number of registered voters in the constituency.

a) au nom qu'elle a proposé pour une circonscription dans son rapport préliminaire;

b) aux limites de toute circonscription dans laquelle le nombre brut d'électeurs inscrits touchés par le changement apporté aux limites depuis le rapport préliminaire représente au moins vingt-cinq pour cent du nombre total d'électeurs inscrits dans la circonscription.

Contents of public notice (2) The public notice referred to in subsection (1) shall contain, where appropriate,

(*a*) any change in the proposed name for a constituency;

(*b*) a map showing any change in the boundaries of a constituency referred to in paragraph (1)(*b*);

(*c*) the percentage of the total voters in the constituency affected by the change in boundaries;

(*d*) a statement advising the public of where and how to get a copy of the revised report;

(*e*) an invitation to interested persons to make written submissions to the boundaries commission on the changes;

(2) L'avis public visé au paragraphe (1) contient, le cas échéant, les éléments suivants : Teneur de l'avis

a) tout changement au nom proposé pour la circonscription;

b) une carte où est indiqué tout changement aux limites d'une circonscription visée à l'alinéa (1)*b*);

c) le pourcentage du nombre total d'électeurs touchés par le changement aux limites;

d) une note informant le public où et comment se procurer un exemplaire du rapport révisé;

e) une invitation aux personnes intéressées à présenter par écrit leurs observations à la commission de délimitation sur les changements proposés;

(*f*) the deadline for submitting written submissions to the boundaries commission;

(*g*) the date, time and place of a public hearing;

(*h*) an invitation to interested persons to make representations at a public hearing on the proposed changes to the boundaries of a constituency referred to in paragraph (1)(*b*);

(*i*) a statement that no public hearing will be held if no written submissions are submitted; and

(*j*) the mailing address of the boundaries commission and a telephone number to call for information.

Optional invitation and public hearing

(3) Where a boundaries commission considers it appropriate, it may invite submissions on any revision to its preliminary report, other than those set out in subsection (1), and may hold a public hearing accordingly.

Public hearing on submissions

100. (1) A boundaries commission shall hold a public hearing to consider any written submissions received from interested persons respecting any change to the boundaries of a constituency referred to in paragraph 99(1)(*b*).

Time and place of public hearing

(2) The public hearing shall be held no earlier than the 30th day after the last day of the publication of the public notice under subsection 99(1) in a place in the area of the voters affected.

Cancellation notice

(3) Where no public hearing on the changes will be held, the Chief Electoral Officer shall, on behalf of a boundaries commission, publish a cancellation notice in the same manner as the public notice under section 95.

Final Report of a Boundaries Commission

Commission's final report

101. (1) After considering any submissions and representations made to it, a boundaries commission shall prepare a final report.

---

f) le délai imparti pour présenter des observations écrites à la commission de délimitation;

g) la date, l'heure et l'endroit de la séance publique;

h) une invitation aux personnes intéressées à venir présenter à l'audience des observations sur les changements mentionnés à l'alinéa (1)*b*);

i) une note qu'il n'y aura pas de séance publique en l'absence d'observations écrites;

j) l'adresse de la commission de délimitation et le numéro de téléphone où appeler pour renseignements.

Séance portant sur les observations

(3) Si elle le juge indiqué, la commission de délimitation peut solliciter la présentation d'observations au sujet de toute révision à son rapport préliminaire sur des points autres que ceux visés au paragraphe (1) et peut tenir une séance publique à cet égard.

Séance publique sur les observations

100. (1) La commission de délimitation tient une séance publique pour examiner les observations présentées par écrit par des personnes intéressées au sujet de tout changement aux limites d'une circonscription visé à l'alinéa 99(1)*b*).

Heure et lieu de la séance

(2) La séance publique a lieu au moins trente jours après le dernier jour de publication de l'avis public prévu par le paragraphe 99(1) à un endroit dans la région où des électeurs sont affectés par le changement.

Avis d'annulation

(3) Dans les cas où aucune séance publique n'est tenue, le directeur général des élections publie, au nom de la commission de délimitation concernée, un avis public d'annulation de la même façon que pour l'avis public prévu par l'article 95.

Rapport définitif d'une commission de délimitation

Rapport définitif

101. (1) Après considération des observations qu'elle a reçues et entendues, chaque commission de délimitation prépare son rapport définitif.

Final report of aboriginal commission

(2) The final report of an aboriginal boundaries commission shall be published as part of the final report of the other boundaries commission in the province.

Forwarding copies of the final report

(3) A boundaries commission shall forward two certified copies of its final report to the Commission.

Deadline for final report

(4) The final report shall be completed within eight months of the day the boundaries commission received the Commission's notice under section 88 or, where a public hearing was held under section 100, within 12 months of that day.

Extension of deadline

(5) The Commission may grant an extension to the deadline for completion of the final report, not exceeding six months, where a general election is held before the final report is completed.

Representation Order

Preparation of draft order

102. (1) Upon receiving the final report of a boundaries commission, the Commission shall prepare a draft representation order and forward it to the Minister for issuance by the Governor in Council.

Nature of order

(2) The representation order shall be drafted in respect of all the provinces and the Northwest Territories, in the case of the determination of boundaries following a decennial census, and separately for each province, in the case of a determination of boundaries following a general election.

Contents of order

(3) A draft representation order shall, in accordance with the final report of each boundaries commission,

(*a*) in the case of a province, specify the number of constituencies in the province;

(*b*) divide the province or the Northwest Territories, as the case may be, into constituencies;

(*c*) describe the boundaries of each constituency;

(*d*) specify the name of each constituency; and

---

(2) Le rapport définitif d'une commission de délimitation autochtone est publié dans le cadre du rapport définitif de l'autre commission de délimitation dans la province.

Rapport définitif d'une commission autochtone

(3) Chaque commission de délimitation transmet deux exemplaires certifiés de son rapport définitif à la Commission.

Transmission du rapport définitif

(4) Chaque commission de délimitation dispose, pour terminer son rapport, de huit mois, après avoir reçu de la Commission l'avis visé à l'article 88. Si une séance publique a eu lieu en vertu de l'article 100, ce délai est de douze mois après la date de la réception de l'avis.

Délai imparti pour le rapport définitif

(5) La Commission peut prolonger ce délai d'au plus six mois si une élection générale doit avoir lieu avant que le rapport ne soit terminé.

Prolongation de délai

Décret de représentation électorale

102. (1) Dès qu'elle reçoit le rapport définitif d'une commission de délimitation, la Commission prépare et adresse au ministre un projet de décret de représentation électorale pour proclamation par le gouverneur en conseil.

Projet de décret

(2) Dans le cas d'une délimitation à l'issue d'un recensement décennal, le décret est rédigé pour l'ensemble des provinces de même que pour les Territoires du Nord-Ouest et dans le cas d'une délimitation suivant une élection générale, séparément pour chaque province.

Nature du décret

(3) Le projet de décret de représentation électorale, conformément au rapport définitif de chacune des commissions de délimitation :

Teneur du décret

a) indique, le nombre de circonscriptions dans la province;

b) partage la province ou, selon le cas, les Territoires du Nord-Ouest, en circonscriptions;

c) décrit les limites de chacune des circonscriptions;

d) en précise le nom;

(*e*) specify the number of voters in each constituency, based on the number of registered voters at the previous general election or on the initial list of aboriginal voters compiled under section 74, as the case may be.

e) précise le nombre d'électeurs dans chacune des circonscriptions, basé sur le nombre d'électeurs inscrits lors de l'élection générale précédente ou, le cas échéant, sur le nombre d'électeurs inscrits sur la liste originale d'électeurs autochtones dressée en vertu de l'article 74.

Issuance of order

103. (1) The Governor in Council shall issue the representation order no later than the fifth day after the day the Minister received the draft representation order.

103. (1) Le gouverneur en conseil prend le décret de représentation électorale dans les cinq jours qui suivent la réception du projet de décret par le ministre.

Prise du décret

Commencement of order

(2) A representation order shall come into force on the first day that Parliament dissolves, but no earlier than six months after the day the order was issued.

(2) Le décret de représentation électorale entre en vigueur à la première dissolution du Parlement qui suit d'au moins six mois la date du décret.

Entrée en vigueur

Effect for returning officers

(3) Returning officers may be appointed under a representation order once the order is issued.

(3) Les directeurs du scrutin peuvent être nommés à compter de la date où le décret de représentation est pris.

Exception pour les directeurs du scrutin

Publication of order

(4) The representation order shall be published in the *Canada Gazette* no later than the 15th day after the day it was issued.

(4) Le décret est publié dans la *Gazette du Canada* au plus tard le quinzième jour après sa prise.

Publication du décret

Construction of order

104. (1) The representation order shall be construed so that

104. (1) Pour l'application d'un décret de représentation électorale

Interprétation du décret

(*a*) no part of a province or territory lies outside a constituency;

a) aucune partie d'une province ou d'un territoire ne peut se trouver à l'extérieur de ses circonscriptions;

(*b*) words used to denote the name of a place or area are the same as those specified in the final report of the boundaries commission as of the date specified in that report, unless the context otherwise requires; and

b) sauf indication contraire du contexte, tout terme qui renvoie au nom d'une division territoriale désigne celle-ci en son état à la date précisée au rapport définitif de la commission de délimitation;

(*c*) any inaccurate reference to the status of a place as a city, town or village does not invalidate the reference.

c) toute mention erronée du statut d'une localité à titre de ville ou de village n'a pas pour effet d'invalider cette mention.

Doubtful cases

(2) Where there is any doubt about the location of the boundary of a constituency, the Commission shall finally determine the location of the boundary and shall report the determination and the reasons for it to the Minister.

(2) En cas de doute sur la démarcation d'une limite d'une circonscription, la Commission tranche et fait rapport au ministre de sa décision, motifs à l'appui.

Cas douteux

Amended representation order

(3) Where the representation order requires correction or clarification to reflect the report under subsection (2), the Commission shall prepare an amendment to the representation order, which shall be issued and published in the *Canada Gazette* in the same manner as the representation order.

Preparation of maps

105. The Commission shall, in accordance with the representation order, cause to be prepared and printed

(*a*) individual maps of each constituency showing its boundaries;

(*b*) individual maps of each province and the Northwest Territories showing the boundaries of each constituency in the province or territory; and

(*c*) individual maps of each city and metropolitan municipality that lies in more than one constituency.

DIVISION II

ESTABLISHMENT OF POLLING DIVISIONS

Establishment of polling divisions

106. (1) Each returning officer shall, subject to the directives of the Chief Electoral Officer, divide the constituency into polling divisions and determine which addresses lie within their boundaries.

Aboriginal constituencies

(2) The returning officer for any aboriginal constituency and the returning officer for any other overlapping constituency shall co-operate when dividing their constituencies into polling divisions.

Number of voters

(3) Each returning officer shall ensure that each polling division contains at least 300 voters, unless having fewer voters in the polling division would facilitate the taking of the vote and the approval of the Chief Electoral Officer is obtained.

Décret modifié

(3) Si le rapport prévu par le paragraphe (2) entraîne la correction ou la clarification du décret de représentation électorale, la Commission prépare une modification au décret, laquelle est adoptée et publiée dans la *Gazette du Canada* selon la procédure suivie pour le décret initial.

Impression de cartes

105. La Commission, conformément au décret de représentation, fait préparer et imprimer des cartes distinctes :

a) pour chaque circonscription en sa nouvelle délimitation;

b) pour chaque province et pour les Territoires du Nord-Ouest avec la délimitation des circonscriptions qui les composent;

c) pour toute ville et autre agglomération urbaine qui déborde le cadre d'une seule circonscription.

SECTION II

ÉTABLISSEMENT DE SECTIONS DE VOTE

Établissement de sections de vote

106. (1) Chaque directeur de scrutin, sujet aux instructions du directeur général des élections, partage sa circonscription en sections de vote et détermine quelles sont les adresses que celles-ci comprennent.

Circonscriptions autochtones

(2) Le directeur du scrutin d'une circonscription autochtone et le directeur du scrutin d'une circonscription qui chevauche cette circonscription travaillent de concert dans la détermination de leurs sections de vote respectives.

Nombre d'électeurs

(3) Le directeur du scrutin veille à ce que chaque section de vote comprenne au moins trois cents électeurs à moins qu'un nombre inférieur ait pour effet de faciliter le scrutin et que le directeur général des élections ait donné son aval.

Basis of polling divisions

(4) When establishing the polling divisions, a returning officer shall consider

(*a*) the boundaries of the polling divisions previously determined for the constituency and whether they need to be changed;

(*b*) the boundaries of any polling divisions determined by municipal, provincial or territorial authorities; and

(*c*) any geographic or other factors that might affect the convenience of voters.

Polling divisions for mobile polling stations

107. A returning officer may establish one or more polling divisions in the constituency for voters who may require the use of a mobile polling station established under section 206 to vote, and these polling divisions may consist of groups of voters living in institutions, residences, work-camps or communities that are distant one from another.

Transmission to Chief Electoral Officer

108. After establishing the polling divisions, each returning officer shall forward to the Chief Electoral Officer

(*a*) a description of each polling division; and

(*b*) a map showing the division of the constituency into polling divisions and the number assigned to identify each polling division.

Critères

(4) Le directeur du scrutin tient compte des facteurs suivants lorsqu'il détermine les limites des sections de vote :

a) les limites existantes et l'à-propos de les modifier;

b) les limites de toute section de vote déjà établie par une autorité municipale, provinciale ou territoriale;

c) les considérations d'ordre géographique ou autre de nature à affecter la convenance des électeurs.

Sections de vote pour bureaux de vote mobiles

107. Le directeur du scrutin peut établir une ou plusieurs sections de vote distinctes dans la circonscription à l'intention d'électeurs qui pourraient avoir besoin de voter à un bureau de vote itinérant établi en vertu de l'article 206. Ces sections peuvent consister en plusieurs institutions, résidences, chantiers ou communautés éloignés les uns des autres.

Transmission au directeur général des élections

108. Le directeur du scrutin transmet au directeur général des élections une fois qu'il a déterminé les sections de vote :

a) la description de chacune d'entre elles;

b) une carte montrant le partage de la circonscription en sections de vote et le numéro attribué à chacune d'entre elles.

PART V

ISSUE OF WRIT AND VOTERS LISTS

DIVISION I

DECISION TO HOLD AN ELECTION

Proclamation

Proclamation

109. (1) The holding of an election in a constituency shall be instituted by proclamation of the Governor in Council.

PARTIE V

CONVOCATION ET INSCRIPTION DES ÉLECTEURS

SECTION I

DÉCISION DE TENIR UNE ÉLECTION

Proclamation

Proclamation

109. (1) La tenue d'une élection dans une circonscription est ordonnée par proclamation du gouverneur en conseil.

Contents of proclamation

(2) The proclamation shall

(*a*) specify the election day, the date of the writ and, in the case of a general election, the date fixed for the return of the writs; and

(*b*) direct the Chief Electoral Officer to issue a writ of election to the returning officer of each constituency where an election is to be held.

Consistency among constituencies

110. (1) In the case of a general election, every constituency shall have the same election day, the same date of the writs and the same date fixed for the return of the writs.

Election day

(2) Election day shall be a day that is not earlier than the 40th day and not later than the 47th day after the date of the writ.

Idem

(3) Election day shall be a Monday, whether it is a holiday or not.

Writs

Contents of the writ

111. Each writ shall bear the date set by the proclamation, specify the election day and, in the case of a general election, the date fixed for the return of the writs.

Writ for by-election

112. (1) The Chief Electoral Officer shall issue a writ, without a proclamation under subsection 109(1), where the Chief Electoral Officer has received a warrant, pursuant to the *Parliament of Canada Act*, ordering the holding of an election and the Governor in Council has not issued the proclamation by the 140th day after the day the Chief Electoral Officer receives the warrant.

Exception

(2) No writ shall be issued to fill a vacancy in the House of Commons where the vacancy occurs within 180 days of the expiration of the House of Commons.

Teneur de la proclamation

(2) La proclamation fixe la date du décret d'élection et le jour du scrutin et, dans le cas d'une élection générale, la date fixée pour les rapports d'élection; elle enjoint au directeur général des élections de prendre un décret d'élection pour chaque circonscription où l'élection doit avoir lieu et de l'adresser au directeur du scrutin.

Mêmes dates pour toutes les circonscriptions

110. (1) Dans le cas d'une élection générale, le jour du scrutin, la date des décrets d'élection et la date fixée pour les rapports d'élection sont les mêmes pour toutes les circonscriptions.

Date du scrutin

(2) La date du scrutin ne peut être antérieure au quarantième jour ni postérieure au quarante-septième jour après la date du décret d'élection.

Jour du scrutin

(3) Le jour du scrutin est toujours un lundi, même s'il est férié.

Décrets d'élection

Libellé

111. Le décret d'élection porte la date que fixe la proclamation, indique la date du scrutin et, dans le cas d'une élection générale, celle fixée pour les rapports d'élection.

Élection partielle

112. (1) Dans le cas où il reçoit, en vertu de la *Loi sur le Parlement*, un ordre officiel de prendre un décret d'élection pour combler une vacance à la Chambre des communes, le directeur général des élections prend ce décret sans autre formalité le cent quarantième jour suivant celui de la réception de l'ordre officiel, à moins que le gouverneur en conseil ne lui enjoigne de le faire par une proclamation prise avant cette date.

Exception

(2) Aucun décret d'élection n'est pris dans le cas où une vacance à la Chambre des communes survient dans les cent quatre-vingts jours avant l'expiration du mandat maximal de la Chambre des communes.

Withdrawal of a Writ

Withdrawal of the writ

113. (1) The Governor in Council may order the withdrawal of a writ for a constituency if, after consulting with the Commission, the Governor in Council is of the opinion that it is practically impossible to hold an election in the constituency because of a disaster or similar event.

Notice of withdrawal

(2) The Chief Electoral Officer shall immediately publish notice of any withdrawal of a writ in a special issue of the *Canada Gazette*.

New writ

(3) The Chief Electoral Officer shall, no later than the 90th day after the publication of the notice, issue a new writ to hold an election in the constituency.

Writ deemed withdrawn

114. (1) Where a proclamation ordering the holding of a general election is issued, any outstanding writ is deemed to be withdrawn.

Deemed end of election period

(2) Where a writ is withdrawn, the election period shall end on the day notice of the withdrawal is published in the *Canada Gazette* or, in the case of a general election, the date of the writs.

Notice of the Returning Officer

Public notice

115. The returning officer shall give public notice of

(*a*) the address of any returning officer's office opened for the election;

(*b*) the times during which any returning officer's office is open to the public;

(*c*) the day and time for the close of nomination of candidates;

(*d*) election day; and

(*e*) the day, time and place where the returning officer will conduct the official addition of the votes.

Form and manner of public notice

116. The public notice shall be given as soon as possible after the date of the writ in the form and manner established by the Chief Electoral Officer.

Retrait du décret

Retrait du décret

113. (1) Le gouverneur en conseil peut prescrire le retrait du décret d'élection dans une circonscription si, après avoir pris l'avis de la Commission, il estime que, par suite d'un sinistre ou autre événement de même nature, il est pratiquement impossible d'y tenir l'élection.

Avis

(2) En cas de retrait du décret, le directeur général des élections fait publier un avis à cet effet dans une édition spéciale de la *Gazette du Canada*.

Nouveau décret

(3) Le directeur général des élections prend un nouveau décret dans les quatre-vingt-dix jours suivant cette publication.

Présomption de retrait du décret

114. (1) Tout décret d'élection est réputé avoir été retiré si, avant le jour du scrutin, le gouverneur en conseil ordonne la tenue d'une élection générale.

Présomption

(2) Lorsqu'un décret d'élection est retiré, la période électorale est réputée s'être terminée à la date où l'avis du retrait est publié dans la *Gazette du Canada* ou, dans le cas d'une élection générale, à la date des décrets d'élection.

Avis du directeur du scrutin

Avis public

115. Le directeur du scrutin donne un avis qui contient les renseignements suivants :

a) l'adresse du bureau qu'il a ouvert pour l'élection;

b) les heures d'ouverture de ce bureau;

c) la date et l'heure de la clôture des mises en candidature;

d) le jour du scrutin;

e) l'endroit, la date et l'heure où il procédera à l'addition des votes.

Date et forme de l'avis

116. L'avis est donné dans les meilleurs délais après la prise du décret d'élection, en la forme et de la manière établies par le directeur général des élections.

DIVISION II

VOTERS LISTS

Collection of Information for Voters Lists

Methods available

117. (1) The Commission shall ensure that preliminary voters lists are prepared under this Part by

(*a*) having an enumeration of voters conducted under this Part;

(*b*) obtaining the information from such other sources as may be available, including lists of voters from the provinces and territories, where the Commission is of the opinion that the information from these other sources would be suitable and cost-effective; or

(*c*) any combination of the methods in paragraph (*a*) or (*b*).

Where enumeration not used

(2) Where the Commission decides to use another source of information instead of an enumeration conducted under this Part to prepare a preliminary voters list, section 118 and sections 120 to 133 do not apply except to the extent that the Commission considers necessary.

Enumeration period

118. (1) The Commission shall, immediately following the issue of a writ, designate for each province and territory the period during which the enumeration of voters shall take place.

Notifying returning officers

(2) The Chief Electoral Officer shall notify each returning officer of the enumeration period for the constituency.

Extension of enumeration period

(3) The Chief Electoral Officer may extend the enumeration period in respect of all or part of a constituency on the request of the returning officer.

SECTION II

LISTES DES ÉLECTEURS

Compilation des renseignements pour les listes des électeurs

Méthodes disponibles

117. (1) La Commission veille à ce que des listes préliminaires des électeurs soient dressées en vertu de la présente partie selon l'une ou l'autre des méthodes suivantes :

a) la conduite d'un recensement des électeurs;

b) la collecte de renseignements d'autres sources disponibles, notamment les listes des électeurs d'une province ou d'un territoire, dans les cas où la Commission estime que ces sources pourraient convenir et être avantageuses au plan des coûts;

c) toute combinaison de ces deux méthodes.

Absence de recensement

(2) Dans les cas où la Commission décide de ne pas avoir recours à la méthode du recensement, l'article 118 et les articles 120 à 133 ne sont pas applicables sauf dans la mesure où la Commission le juge nécessaire.

Période de recensement

118. (1) Dans les meilleurs délais après la date du décret d'élection, la Commission fixe pour chaque province et territoire la période pendant laquelle aura lieu le recensement.

Avis aux directeurs du scrutin

(2) Le directeur général des élections avise chacun des directeurs du scrutin de la période de recensement fixée pour sa circonscription.

Prolongation de la période de recensement

(3) Le directeur général des élections peut à la demande du directeur du scrutin d'une circonscription prolonger la période de recensement dans cette circonscription ou dans une partie de celle-ci.

Joint enumeration

119. (1) Where a polling division of an aboriginal constituency overlaps a polling division of another constituency with a high proportion of aboriginal voters, the returning officers of each constituency shall conduct a joint enumeration of the polling divisions.

Registration by other means

(2) Where a list of aboriginal voters is established under this Act, aboriginal voters may register by means other than enumeration as determined by the Commission, including registration by mailing a registration form published in a periodical publication.

Appointment of Enumerators

Appointment of enumerators

120. (1) Each returning officer shall appoint an enumerator for each polling division as soon as possible after the issue of the writ for the returning officer's constituency.

Pair of enumerators

(2) A returning officer may appoint two enumerators for a polling division where the returning officer is of the opinion that having two would be prudent or advisable.

Eligible persons

(3) Only a person who is a Canadian citizen and at least 16 years of age is eligible to be an enumerator.

Solicitation of names

(4) Before appointing enumerators, a returning officer shall solicit the names of suitable persons from the registered constituency associations in the constituency.

Use of names

(5) When appointing enumerators from among the names obtained under subsection (4), the returning officer shall have due regard for the results of the previous election and, when appointing a pair of enumerators, endeavour to have each pair represent different political interests.

Appointment of supervisory enumerators

121. (1) A returning officer may, with the approval of the Chief Electoral Officer, appoint one or more supervisory enumerators to assist in the enumeration of voters.

---

119. (1) Dans les cas où une section de vote d'une circonscription autochtone chevauche une section de vote d'une autre circonscription où se trouve un fort pourcentage d'électeurs autochtones, les deux directeurs du scrutin conduisent conjointement le recensement de ces sections de vote.

Recensement conjoint

(2) Les électeurs autochtones peuvent être inscrits sur une liste d'électeurs autochtones dressée en vertu de la présente loi par tout moyen autre que le recensement tel que déterminé par la Commission, notamment par transmission par la poste d'une formule publiée dans une publication périodique.

Inscription par d'autres moyens

Nomination des recenseurs

120. (1) Chaque directeur du scrutin nomme, dans les meilleurs délais après la prise du décret d'élection, un recenseur pour chacune des sections de vote dans sa circonscription.

Nomination des recenseurs

(2) Le directeur du scrutin peut nommer deux recenseurs par section de vote s'il l'estime sage et prudent.

Recensement à deux

(3) Seule une personne de citoyenneté canadienne et âgée de seize ans révolus peut être nommée recenseur.

Qualifications

(4) Avant de procéder à la nomination de recenseurs, le directeur du scrutin demande aux associations locales enregistrées de la circonscription de lui fournir le nom de personnes compétentes.

Recherche de candidats

(5) Le directeur du scrutin tient compte dans son choix de recenseurs parmi les noms qui lui ont été suggérés en vertu du paragraphe (4), du résultat de l'élection précédente et lorsqu'il les assigne par paires, il s'assure qu'ils représentent des intérêts politiques différents.

Choix

121. (1) Le directeur du scrutin peut, sujet à l'approbation du directeur général des élections, nommer un ou plusieurs recenseurs principaux pour l'aider au recensement.

Nomination de recenseurs principaux

Eligible persons

(2) Only a voter resident in the constituency is eligible to be appointed as a supervisory enumerator.

Replacement

122. A returning officer may replace a supervisory enumerator or an enumerator at any time by appointing another.

List of enumerators

123. Every returning officer shall, no later than the second day before the enumeration period begins, prepare a list of the names and addresses of the enumerators and the supervisory enumerators and the polling divisions for which they are responsible.

Responsibility of enumerators

124. (1) Each enumerator shall enumerate the voters in the polling division for which the enumerator is appointed under the direction of the returning officer.

Disagreement

(2) Where a pair of enumerators cannot make a decision because of a disagreement, they shall refer the matter to a supervisory enumerator or the returning officer for decision.

Decision binding

(3) The decision of a supervisory enumerator or returning officer on a matter of disagreement between a pair of enumerators is binding on them.

Enumeration of Voters

Enumeration process

125. (1) Each enumerator shall obtain voter information by visiting each residence in the polling division or by such other method as the returning officer may determine as being effective.

Collection of voter information

(2) Each enumerator shall, during the enumeration period, endeavour to obtain and record the following information:

(*a*) the address of the residence visited;

(*b*) the name and sex of every voter at the residence;

(*c*) whether any voter at the residence has any special needs relevant to voting;

(*d*) whether the residence is vacant; and

(*e*) whether an enumeration card was left at the residence pursuant to section 126 and the number of that card.

Personnes qualifiées

(2) Seul un électeur résident dans la circonscription peut être nommé recenseur principal.

Remplacement

122. Le directeur du scrutin peut remplacer un recenseur principal ou un recenseur en leur nommant un remplaçant.

Liste des recenseurs

123. Le directeur du scrutin prépare, au moins deux jours avant le début du recensement, la liste des nom et adresse des recenseurs et recenseurs principaux et des sections de vote pour lesquelles ils sont responsables.

Attributions des recenseurs

124. (1) Chaque recenseur recense, sous la direction du directeur du scrutin, les électeurs de la section de vote pour laquelle il a été nommé.

Désaccords

(2) Dans les cas où des recenseurs qui travaillent par paires ne peuvent en venir à une décision à cause d'une divergence d'opinion, ils s'adressent pour une décision, au recenseur principal ou au directeur du scrutin, qui tranche.

Décision

(3) La décision du recenseur principal ou du directeur du scrutin lie les deux recenseurs.

Recensement des électeurs

Méthode de recensement

125. (1) Le recenseur procède par visite à chaque habitation dans la section de vote ou par toute autre méthode que le directeur du scrutin estime plus avantageuse.

Recensement

(2) Les recenseurs s'emploient à recueillir et à noter durant la période de recensement, les renseignements suivants :

a) l'adresse de l'habitation visitée;

b) les nom et sexe de tout électeur qui y réside;

c) si un des électeurs qui y réside a besoin d'assistance pour voter;

d) si l'habitation est vacante;

e) si une carte d'inscription a été laissée à l'habitation en vertu de l'article 126, le numéro de cette carte.

Aboriginal voters

(3) An enumerator who is told by a voter during the enumeration that the voter is entitled to vote in an aboriginal constituency shall record that fact and advise the voter of the method of registration under section 127.

Aboriginal constituency

(4) An enumerator for an aboriginal constituency who is told by a voter during the enumeration that the voter wants to vote in another constituency shall record that fact and advise the voter of the method of registration under section 127.

Timing of visits

(5) Each enumerator shall visit the residences in the polling division at such reasonable times as the returning officer may determine.

Enumeration card

126. (1) An enumerator shall leave an enumeration card at a residence for any voter there to send to the returning officer if

(*a*) the enumerator is unable to obtain the names of the voters at a residence after at least two visits;

(*b*) the enumerator is advised by the voter that the voter wishes to be enumerated for an aboriginal constituency; or

(*c*) the enumerator for an aboriginal constituency is advised by the voter that the voter wishes to be enumerated in another constituency.

Content of enumeration card

(2) Each enumeration card shall

(*a*) be in the form established by the Commission;

(*b*) have a number unique to it; and

(*c*) have reply postage for return by mail to the returning officer.

Mail-in enumeration

127. (1) Any voter who is left an enumeration card by an enumerator may become enumerated by

(*a*) completing the information on the card in respect of each voter in the residence;

(*b*) signing the certification on the accuracy of the information set out on the card; and

Électeur autochtone

(3) Le recenseur à qui un électeur dit qu'il a droit de voter dans une circonscription autochtone note ce fait et informe cet électeur de la méthode d'inscription prévue par l'article 127.

Circonscription autochtone

(4) Le recenseur dans une circonscription autochtone à qui un électeur dit qu'il souhaite voter dans une autre circonscription note ce fait et informe cet électeur de la méthode d'inscription prévue par l'article 127.

Date des visites

(5) Chaque recenseur fait ses visites aux heures convenables que détermine le directeur du scrutin.

Demande d'inscription

126. (1) Le recenseur laisse à une habitation qu'il visite une carte d'inscription à retourner au directeur du scrutin dans l'un ou l'autre des cas suivants :

a) après au moins deux visites, il n'a pas réussi à obtenir le nom des électeurs;

b) le recenseur se fait dire par l'électeur qu'il souhaite être inscrit sur la liste des électeurs d'une circonscription autochtone;

c) le recenseur, dans une circonscription autochtone, se fait dire par l'électeur qu'il souhaite être inscrit sur la liste des électeurs d'une autre circonscription.

Teneur de la carte d'inscription

(2) La carte d'inscription est :

a) en la forme établie par la Commission;

b) porte son propre numéro;

c) est affranchie et adressée pour retour au directeur du scrutin.

Inscription par la poste

127. (1) Tout électeur qui reçoit une carte d'inscription d'un recenseur peut être inscrit sur la liste des électeurs s'il remplit les conditions suivantes :

a) il fournit les renseignements demandés à la carte d'inscription pour chacun des électeurs de son habitation;

b) il certifie l'exactitude des renseignements qui y sont fournis;

(*c*) returning the card to the returning officer at the address noted on the card or any other office of the returning officer.

c) il retourne la carte d'inscription au bureau du directeur du scrutin à l'adresse mentionnée sur la carte ou à tout autre bureau de celui-ci.

Deadline (2) A voter who wishes to register by means of an enumeration card must ensure that the card is received by the returning officer by 6:00 p.m. on the fifth day before election day.

(2) Il incombe à l'électeur, s'il veut être inscrit, de voir à ce que le directeur du scrutin reçoive sa carte d'inscription au plus tard à dix-huit heures le cinquième jour avant le jour du scrutin. **Délai**

Late card (3) Where an enumeration card is received after the deadline referred to in subsection (2), a voter may still register and vote on election day in accordance with section 175.

(3) L'électeur dont la carte d'inscription est reçue après l'échéance visée au paragraphe (2) peut quand même s'inscrire et voter le jour du scrutin conformément à l'article 175. **Envoi tardif**

Identification of enumerators **128.** Each enumerator shall, while conducting the enumeration, wear or carry such identification as the Chief Electoral Officer may supply and shall show it on request.

128. Le recenseur a en sa possession, pendant qu'il procède au recensement, les pièces d'identité que lui fournit le directeur général des élections et est tenu de les montrer sur demande. **Identité du recenseur**

Entry into apartment buildings **129.** An enumerator has authority to enter any apartment building or other multiple residence during reasonable hours for the purpose of conducting an enumeration of the voters in the building.

129. Le recenseur peut entrer à toute heure convenable dans tout immeuble d'habitations ou autre édifice à résidences multiples en vue d'y procéder au recensement des électeurs qui y habitent. **Accès**

Enumeration of homeless voters **130.** Each returning officer shall cause an enumeration of homeless voters to be conducted in the constituency in co-operation with social workers and the operators of any shelters, hostels and similar institutions that provide food, lodging or other social services to the homeless.

130. Le directeur du scrutin voit au recensement des électeurs sans-abri de sa circonscription en collaboration avec les travailleurs sociaux et exploitants de refuges, de centres d'accueil et d'autres institutions de même nature qui offrent gîte et nourriture ou autres services sociaux aux sans-abri. **Recensement des sans-abri**

Enumeration in correctional institutions **131.** The Commission, in co-operation with the solicitor general or other minister responsible for correctional institutions in the provinces and territories, shall make arrangements for the registration of voters confined in those institutions by enumeration or other means.

131. La Commission, en collaboration avec le solliciteur général ou tout autre ministre responsable des institutions correctionnelles provinciales ou territoriales, prend les mesures nécessaires pour l'inscription des électeurs détenus dans ces institutions, par recensement ou autrement. **Recensement dans les institutions correctionnelles**

Submission of information **132.** (1) Each enumerator shall submit the voter information gathered during the enumeration to the returning officer in such form, at such times and at such frequency as the returning officer may determine.

132. (1) Chaque recenseur transmet les renseignements recueillis durant le recensement au directeur du scrutin selon les modalités que détermine celui-ci. **Transmission des renseignements**

Certification of voter information (2) Each enumerator shall certify the voter information submitted to the returning officer.

(2) Chaque recenseur atteste que les renseignements qu'il transmet sont véridiques. **Certification**

Completion of enumeration

133. Each enumerator shall complete the enumeration by the end of the enumeration period.

Preliminary Lists of Voters

Preliminary lists of voters

134. (1) Each returning officer shall, during the enumeration period, compile a preliminary list of all the voters in each polling division based on the information obtained by the enumerators and from such other information as the returning officer may obtain.

Updating the lists

(2) Each returning officer shall ensure that the voter information submitted by an enumerator is accurate before incorporating it into a preliminary voters list.

Where no enumeration is conducted

135. The Chief Electoral Officer shall provide the returning officer with the preliminary voters list where that list is prepared from a source of information on voters, other than an enumeration, pursuant to paragraph 117(1)(*b*) or (*c*).

Form of list

136. The preliminary voters list for each polling division shall be in the form established by the Commission and shall be arranged by address of voter or by alphabetical order, where there is more than one voter at one address, or where alphabetical order is a more convenient arrangement.

Certification of list

137. (1) Each returning officer shall finalize the preliminary voters list for each polling division in the constituency and certify it no later than the second day after the end of the enumeration period.

Sending copies of list

(2) Each returning officer shall, by the deadline referred to in subsection (1), send copies of each certified list as follows:

(*a*) one copy to each candidate in the returning officer's constituency who requests it;

(*b*) one copy to each revising officer; and

(*c*) as many copies to the Chief Electoral Officer as that officer may require.

133. Chaque recenseur s'assure que son recensement est terminé à la fin de la période de recensement.

Fin du recensement

Liste préliminaire des électeurs

134. (1) Le directeur du scrutin dresse durant la période de recensement la liste préliminaire des électeurs dans chacune des sections de vote de sa circonscription, à partir des renseignements recueillis par les recenseurs ou des renseignements qu'il peut obtenir d'autres sources.

Liste préliminaire des électeurs

(2) Le directeur du scrutin s'assure de l'exactitude des renseignements reçus d'un recenseur avant de les incorporer à la liste préliminaire des électeurs.

Mise à jour des listes

135. Le directeur général des élections fournit au directeur du scrutin la liste préliminaire des électeurs si celle-ci est dressée à partir d'une source de renseignements autre qu'un recensement, conformément à l'alinéa 117(1)*b*) ou *c*).

Source en l'absence de recensement

136. La liste préliminaire des électeurs est dressée en la forme établie par la Commission, selon l'ordre numérique des rues ou selon l'ordre alphabétique des noms dans les cas d'une habitation à plusieurs électeurs ou dans les cas où cela est pratique.

Format de la liste préliminaire

137. (1) Le directeur du scrutin arrête la liste préliminaire des électeurs pour chaque section de vote dans sa circonscription et en certifie l'exactitude au plus tard le deuxième jour après la fin de la période de recensement.

Certificat d'exactitude de la liste

(2) Le directeur du scrutin transmet au plus tard le deuxième jour après la fin de la période de recensement une copie de chacune des listes dont il a certifié l'exactitude :

Transmission de la liste

a) à tout candidat de la circonscription qui en fait la demande;

b) à chacun des réviseurs;

c) au directeur général des élections qui peut requérir que plusieurs copies lui soient envoyées.

Additional copies

(3) Each returning officer shall make such additional copies of the certified list as are necessary to be used to revise the voters lists and operate the polling stations.

Voter Information Card

Duty of enumerator

138. (1) Each enumerator shall leave a voter information card at each residence visited by the enumerator where a voter was enumerated or where an enumeration card was left.

Duty of returning officer

(2) Each returning officer shall, no later than the fifth day before election day, send a voter information card to every voter included on a voters list who did not receive one from an enumerator or other election official and is not registered under section 139.

Contents of voter information card

(3) The voter information card shall be in the form established by the Commission and shall indicate

(*a*) the location of the advance polling station and the voter's polling station and whether they provide access in accordance with subsection 204(2);

(*b*) the times for voting; and

(*c*) a telephone number to call for more information.

Registration of Voters for Special Ballot

Method of registration

139. (1) Voters who wish to register for the purpose of voting by special ballot shall

(*a*) personally establish their identity, place of residence and right to vote before the returning officer or any other person authorized for this purpose under this Act; and

(*b*) complete and sign an application for registration in the form established by the Commission.

Copies supplémentaires

(3) Le directeur du scrutin prépare le nombre de copies nécessaires à la révision des listes et à la bonne marche des bureaux de vote.

Carte d'information

Obligation du recenseur

138. (1) Les recenseurs laissent à toute habitation qu'ils visitent une carte d'information à l'intention de l'électeur qu'ils ont inscrit. Ils laissent également cette carte s'ils ont, à cette habitation, laissé une carte d'inscription.

Obligation du directeur du scrutin

(2) Le directeur du scrutin envoie au plus tard le cinquième jour avant le jour du scrutin une carte d'information à tout électeur dont le nom a été inscrit sur une liste électorale autrement que selon la procédure prévue par l'article 139 et qui n'a pas reçu de carte d'information du recenseur ou d'un autre membre du personnel électoral.

Teneur de la carte

(3) La carte d'information, en la forme établie par la Commission, précise :

a) l'adresse des bureaux de vote appropriés tant pour le vote par anticipation que pour le vote le jour du scrutin et si ces bureaux sont accessibles conformément au paragraphe 204(2);

b) les heures d'ouverture des bureaux de vote;

c) un numéro de téléphone où appeler pour information.

Inscription des électeurs pour vote par bulletin de vote spécial

Procédure d'inscription

139. (1) L'électeur qui souhaite voter par bulletin de vote spécial peut s'inscrire selon la procédure suivante :

a) il justifie de son identité, de son lieu de résidence et de sa qualité d'électeur au directeur du scrutin ou à toute autre personne compétente;

b) il complète et signe la demande d'inscription établie par la Commission.

Voters who are
ill or disabled

(2) A returning officer may, where a voter is unable to visit the returning officer's office in person because of illness or disability,

(*a*) allow a member of the voter's immediate family to deliver the signed application and the evidence of the voter's identity, place of residence and right to vote; or

(*b*) arrange for an election official to visit the voter and receive the application.

Distribution of
application

140. The returning officer or authorized person receiving the application shall

(*a*) certify that the voter has provided sufficient evidence to establish the voter's identity, place of residence and right to vote;

(*b*) issue a special ballot for the use of the voter in accordance with Division III of Part VI; and

(*c*) where the voter is registering in Canada for another constituency or is outside Canada, transmit a copy of the application to the returning officer for the appropriate constituency by telephone facsimile or other expeditious method.

Deadline

141. (1) To be registered for the purpose of a special ballot, except for registration in a hospital under section 255, a voter must ensure that the returning officer receives the copy of the application no later than

(*a*) 6:00 p.m. on the day before election day if the voter is included on a voters list in the constituency and personally delivers the copy to the returning officer; or

(*b*) 6:00 p.m. on the fifth day before election day in other cases.

Maladie ou
déficience

(2) Dans les cas où l'électeur est incapable, pour cause de maladie ou de déficience physique, de se présenter au bureau du directeur du scrutin, celui-ci peut :

a) soit permettre à un membre de la famille immédiate de cet électeur de venir déposer pour celui-ci la demande d'inscription qu'il a signée, assortie de la preuve de son identité, de son lieu de résidence et de sa qualité d'électeur;

b) soit prendre les mesures nécessaires pour qu'un membre du personnel électoral aille rencontrer l'électeur chez lui pour recueillir la demande d'inscription.

Remise de la
demande
d'inscription

140. Le directeur du scrutin ou la personne compétente qui reçoit une demande d'inscription prend les mesures suivantes :

a) il atteste que l'électeur a justifié de son identité, de son lieu de résidence et de sa qualité d'électeur;

b) il remet à l'électeur un bulletin de vote spécial pour utilisation par celui-ci conformément à la section III de la partie VI;

c) si l'électeur s'inscrit au Canada dans une autre circonscription ou, s'il est à l'étranger, il transmet copie de la demande au directeur du scrutin de la circonscription pertinente par télécopieur ou par tout autre mode de transmission rapide.

Échéance

141. (1) Il incombe à l'électeur qui souhaite être inscrit pour voter par bulletin de vote spécial de s'assurer que sa demande parvienne au directeur du scrutin au plus tard à dix-huit heures :

a) le jour précédant celui du scrutin si un électeur dont le nom figure déjà sur une liste électorale de la circonscription où il entend voter remet lui-même la formule de demande au directeur du scrutin de la circonscription;

b) le cinquième jour avant le jour du scrutin dans tous les autres cas, sauf si l'électeur s'inscrit lors d'un séjour à l'hôpital en vertu de l'article 255.

Time

(2) The reference to time in subsection (1) refers to local time in the constituency where the copy of the application is received or, if the copy is sent from outside the constituency, eastern time.

(2) La référence à l'heure de réception de la demande d'inscription prévue par le paragraphe (1) s'entend de l'heure de la circonscription où elle est reçue mais si la demande est transmise de l'extérieur de celle-ci, elle s'entend de l'heure de l'Est.

Heure de réception

Special facilities

142. (1) Each returning officer shall provide such facilities as the Chief Electoral Officer considers necessary in educational institutions, provincial or territorial correctional institutions, temporary work sites or similar places to register voters who may require the use of a special ballot to vote in another constituency.

142. (1) Le directeur du scrutin prend les dispositions que le directeur général des élections estime nécessaires de prendre pour l'inscription des électeurs qui voudraient voter par bulletin de vote spécial dans une autre circonscription, notamment dans des institutions d'enseignement, dans des institutions correctionnelles provinciales ou territoriales ou sur le site de chantiers de construction ou autres endroits de même nature.

Dispositions particulières

Registration of Canadian Forces voter

(2) The Commission, in consultation with the Minister responsible for defence, shall make provisions with the Canadian Forces for designating election officials for registering voters who may require the use of a special ballot to vote.

(2) La Commission, après consultation avec le ministre de la Défense nationale, prend les mesures nécessaires avec les Forces canadiennes pour la nomination du personnel électoral responsable de l'inscription des électeurs qui désirent requérir un bulletin de vote spécial pour voter.

Inscription des membres des Forces canadiennes

Registration at Canadian government offices abroad

(3) The Commission, in consultation with the Secretary of State for External Affairs, shall make provisions in Canadian government offices abroad for designating election officials for registering voters who are outside Canada.

(3) La Commission, de concert avec le secrétaire d'État aux Affaires extérieures, prend les mesures nécessaires à la nomination parmi les employés de ce ministère affectés dans les bureaux du gouvernement du Canada à l'étranger, des membres du personnel électoral pour y permettre l'inscription des électeurs qui séjournent à l'étranger.

Inscription à des bureaux à l'étranger du gouvernement du Canada

Registration in penal institutions

(4) The Commission, in consultation with the Solicitor General, shall make provisions in federal prisons for designating election officials for registering voters in prisons who have not been included on the voters list for federal penal institutions.

(4) La Commission, de concert avec le solliciteur général du Canada, prend les mesures nécessaires à la nomination de membres du personnel électoral dans les institutions pénales fédérales pour l'inscription d'électeurs dont le nom ne figure pas sur la liste des électeurs des institutions pénales fédérales.

Inscription dans les institutions pénales fédérales

Correction to list

143. (1) Where a voter whose name is already on a preliminary voters list registers for the purpose of using a special ballot, the voter shall advise the election officer or election official accordingly.

143. (1) L'électeur déjà inscrit sur une liste préliminaire qui s'inscrit en vue de voter par bulletin de vote spécial est tenu d'en aviser la personne auprès de qui il fait une demande d'inscription.

Modifications à la liste

Making the correction	(2) If the name of the voter referred to in subsection (1) was previously included on a voters list in a constituency other than the one where the special ballot is to be cast, the election officer or election official shall inform the returning officer of the constituency where the voter's name is already on a voters list, and that returning officer shall remove the name from the list.

Revision of Preliminary Voters Lists

Revision period	**144.** The Commission shall, immediately following the issue of a writ, fix the commencement date for the revision of the preliminary voters list for each province and territory.
Revision divisions	**145.** (1) Each returning officer shall, in accordance with directives of the Chief Electoral Officer, group the polling divisions in the constituency into revision divisions.
Descriptions to Chief Electoral Officer	(2) After establishing the revision divisions, each returning officer shall forward to the Chief Electoral Officer (*a*) a description of each revision division; and (*b*) a map showing the division of the constituency into revision divisions and the number assigned to identify each revision division.
Revising officers	**146.** (1) Each returning officer shall appoint a voter resident in the constituency as a revising officer for each revision division.
Ex officio officers	(2) Each returning officer and assistant returning officer has all the powers of a revising officer within the constituency.
Panels	**147.** In an aboriginal constituency, the Commission shall, in consultation with aboriginal organizations in the province, appoint one or more panels, each consisting of a revision officer and two voters from that constituency, to determine objections to the qualifications of voters as aboriginals under section 163.

Correction à la liste	(2) Si le nom de l'électeur visé au paragraphe (1) figure sur une liste électorale d'une circonscription autre que celle dans laquelle il votera par bulletin de vote spécial, la personne à qui il fait la demande d'inscription pour voter par bulletin de vote spécial en avise le directeur du scrutin de cette autre circonscription; ce dernier alors radie de sa liste le nom de cet électeur.

Révision des listes préliminaires des électeurs

Période de révision	**144.** La Commission fixe pour chaque province et territoire, dans les meilleurs délais après la date du décret d'élection, la date du début de la période de révision de la liste préliminaire des électeurs.
Sections de révision	**145.** (1) En conformité avec les directives du directeur général des élections, le directeur du scrutin établit des divisions de révision en regroupant des sections de vote de sa circonscription.
Avis au directeur général des élections	(2) Une fois qu'il a établi les divisions de révision, le directeur du scrutin transmet au directeur général des élections : *a*) la description de chacune de ces divisions; *b*) une carte où sont indiqués les divisions et le numéro qui identifie chacune d'elles.
Nomination de réviseurs	**146.** (1) Le directeur du scrutin nomme à titre de réviseur pour chaque division de révision, un électeur de sa circonscription.
Membres d'office	(2) Le directeur du scrutin et le directeur adjoint du scrutin ont dans leur circonscription les pouvoirs et fonctions d'un réviseur.
Comité	**147.** La Commission établit dans chaque circonscription autochtone, en consultation avec des organismes autochtones de la province, un ou plusieurs comités formés d'un réviseur et de deux électeurs de la circonscription en vue de régler les objections qui lui sont référées par les réviseurs concernant l'admissibilité d'électeurs à titre d'électeurs autochtones en vertu de l'article 163.

Appointment of revising agents	**148.** (1) Each returning officer shall, from among the supervisory enumerators and the enumerators, appoint revising agents for the constituency.	**148.** (1) Le directeur du scrutin nomme, parmi les recenseurs principaux et les recenseurs, des agents réviseurs pour sa circonscription.	Nomination d'agents réviseurs
Number of revising agents	(2) The number of revising agents to be appointed must be equal to twice the number of revision divisions in the constituency.	(2) Le nombre d'agents réviseurs est deux fois celui du nombre de divisions de révision dans la circonscription.	Nombre d'agents réviseurs
Political interests	(3) In appointing revising agents, a returning officer shall have due regard for the results of the previous election in the constituency.	(3) Dans son choix d'agents réviseurs, le directeur du scrutin tient compte du résultat de la dernière élection dans la circonscription.	Facteur
Assignment in pairs	**149.** The returning officer shall assign revising agents to act in pairs and shall endeavour to have each pair represent different political interests.	**149.** Le directeur du scrutin assigne les agents réviseurs par paires représentant des intérêts politiques différents.	Travail en paires
Replacement	**150.** A returning officer may replace a revising officer or revising agent at any time by appointing another.	**150.** Le directeur du scrutin peut remplacer un réviseur ou un agent réviseur par la nomination d'un autre réviseur ou d'un autre agent réviseur.	Remplacement
Names made available	**151.** Each returning officer shall make available the list of the names of the revising officers and revising agents for the constituency to each candidate.	**151.** Le directeur du scrutin met à la disposition de chacun des candidats la liste des noms des réviseurs et des agents réviseurs de la circonscription.	Avis
Duty of revising officer	**152.** Each revising officer shall, without delay, revise the preliminary voters lists for the revision division in order to	**152.** Le réviseur revoit dans les meilleurs délais la liste préliminaire des électeurs de sa division pour :	Responsabilités du réviseur
	(*a*) add the names of voters who are omitted from the lists;	*a*) y ajouter le nom d'électeurs qui en ont été omis par erreur;	
	(*b*) correct voter information on the lists; and	*b*) corriger toute information relative à un électeur dont le nom figure sur la liste;	
	(*c*) delete the names of persons whose names are incorrectly on the lists.	*c*) radier les noms des électeurs qui ne devraient pas y figurer.	
Duty of revising agents	**153.** (1) Each pair of revising agents shall assist the revising officer, to whom they are assigned by the returning officer, in revising the preliminary lists of voters.	**153.** (1) Les agents réviseurs aident le réviseur auquel ils ont été affectés par le directeur du scrutin dans la révision de la liste préliminaire des électeurs.	Responsabilités des agents réviseurs
Disagreement	(2) Where a pair of revising agents cannot make a decision because of a disagreement, they shall refer the matter to the revising officer for a decision.	(2) S'ils ne peuvent s'entendre sur une décision, ils demandent au réviseur de trancher.	Désaccord
Decision of revising officer	(3) The decision of a revising officer on a matter of disagreement between a pair of revising agents is binding on them.	(3) La décision du réviseur lie les deux agents réviseurs.	Décision du réviseur

Notice of revision

154. (1) Each returning officer shall, as soon as possible after the date of the writ, give public notice of

(*a*) the boundaries of the revision divisions in the constituency;

(*b*) the name of the revising officer for each revision division;

(*c*) the places where voters can visit revising officers;

(*d*) the manner of making objections to the preliminary voters list;

(*e*) the dates, times and places for the determination of objections to the list; and

(*f*) in an aboriginal constituency, the names of the persons appointed to a panel to determine objections to the qualifications of voters as aboriginals.

Publication

(2) The public notice under subsection (1) shall be given by publishing the notice in at least one newspaper of general circulation in the constituency and by such other methods as the returning officer may consider advisable.

Visiting residences

155. A revising officer shall send a pair of revising agents to visit the residence of a voter where the revising officer is informed or believes that a voter there was not enumerated.

New enumeration

156. The returning officer may direct that a second enumeration be conducted for any area in the constituency where the information obtained for the preliminary list is not satisfactory and it would be more convenient than a revision.

Addition to preliminary list

157. (1) A revising officer shall add the relevant voter information to the preliminary voters list where

(*a*) a properly completed enumeration card for the voter is received by the returning officer;

(*b*) a pair of revising agents confirms that the voter should be on the list after visiting the voter's residence;

Avis de révision

154. (1) Dans les meilleurs délais après la date du décret d'élection, le directeur du scrutin donne avis :

a) des limites des divisions de révision de la circonscription;

b) du nom du réviseur pour chacune d'entre elles;

c) de l'endroit où peuvent s'adresser les électeurs qui souhaitent rencontrer les réviseurs;

d) de la procédure d'opposition à la liste préliminaire des électeurs;

e) des date, heure et endroit où seront considérées les objections à la liste;

f) dans les circonscriptions autochtones, du nom des personnes nommées sur les comités chargés de régler les objections concernant l'admissibilité d'électeurs à titre d'électeurs autochtones.

Publication

(2) Le directeur du scrutin publie l'avis visé au paragraphe (1) dans au moins un journal à grand tirage dans la circonscription et par toute autre méthode qu'il estime indiquée.

Visite aux habitations

155. Le réviseur demande aux agents réviseurs de visiter l'habitation d'un électeur s'il est informé ou croit qu'il s'y trouve un électeur qui n'a pas été recensé.

Deuxième recensement

156. Le directeur du scrutin peut donner instruction de procéder à un second recensement de tout secteur de la circonscription où les renseignements recueillis lors du premier recensement ne sont pas satisfaisants et s'il estime qu'un recensement serait plus pratique que la procédure de révision.

Ajouts à la liste préliminaire

157. (1) Le réviseur ajoute à la liste préliminaire des électeurs l'information pertinente concernant un électeur dans l'un ou l'autre des cas suivants :

a) le directeur du scrutin a reçu de l'électeur une carte d'inscription dûment remplie;

b) les deux agents réviseurs confirment, après visite à l'habitation de l'électeur, que le nom de celui-ci devrait figurer sur la liste;

(*c*) the voter applies in person to the revising officer or the returning officer, provides identification and establishes that the voter should be included on the list; or

(*d*) another voter who lives in the same residence as the voter or another voter who is an immediate relative of the voter applies in person to the revising officer or the returning officer, provides identification and proof of the voter's identity and establishes that the voter should be included on the list.

Deletions from the list

(2) A revising officer may delete the name of a person on the preliminary voters list where

(*a*) the person requests it; or

(*b*) it is established that the voter is deceased.

Corrections to the list

(3) A revising officer may correct the information regarding a voter on the preliminary voters list in any of the cases set out in subsection (1).

Transfer to another list

(4) A revising officer who becomes aware that a voter in the constituency is included on the preliminary voters list for one polling division but should be on another because of the location of the voter's place of residence or because the voter requires an access that is not available at the polling station may transfer the voter to the other list and notify the voter accordingly.

Special ballot information

158. The returning officer is responsible for the revision of the voters list in respect of voters who register for the special ballot.

Deadline

159. No voter may be entered on a voters list for an election after 6:00 p.m. on the fifth day before election day, except by registering in person at the returning officer's office under paragraph 141(1)(*a*), at a hospital under section 255 or at a central polling place or polling station on election day under section 175.

c) l'électeur s'adresse en personne à l'agent réviseur ou au directeur du scrutin, justifie de son identité et établit qu'il a droit d'être inscrit sur la liste;

d) un électeur qui vit dans la même habitation que cet électeur ou qui en est proche parent s'adresse au réviseur ou au directeur du scrutin, établit son identité, produit une preuve d'identité de l'électeur et établit que cet électeur a droit d'être inscrit sur la liste.

Radiation de la liste

(2) Le réviseur peut radier de la liste préliminaire des électeurs le nom d'une personne dans l'un ou l'autre des cas suivants :

a) la personne le demande;

b) il a été établi que cette personne est décédée.

Corrections

(3) Le réviseur peut, dans l'un ou l'autre des cas visés au paragraphe (1), apporter les corrections indiquées aux renseignements concernant un électeur.

Transfert à une autre liste

(4) S'il se rend compte qu'un électeur ne devrait pas figurer sur la liste préliminaire d'une section de vote à cause de sa place de résidence ou parce qu'il ne pourrait pas accéder facilement au bureau de vote approprié, le réviseur peut inscrire le nom de cet électeur sur une autre liste; il en informe alors l'électeur.

Vote par bulletin spécial de vote

158. Le directeur du scrutin est responsable de la révision en ce qui concerne les électeurs qui se sont inscrits pour voter par bulletin de vote spécial.

Date limite

159. Le nom d'un électeur ne peut être inscrit sur la liste des électeurs après dix-huit heures le cinquième jour avant le jour du scrutin sauf si cet électeur s'inscrit en personne soit au bureau du directeur du scrutin conformément à l'alinéa 141(1)*a*), soit au bureau de vote dans un hôpital conformément à l'article 255, soit dans un bureau central de vote ou à un bureau de vote le jour du scrutin conformément à l'article 175.

Verification of Preliminary Voters Lists

Vérification des listes préliminaires des électeurs

Objection to preliminary list

160. (1) Any voter may object to the inclusion of a person's name on a preliminary voters list because the person does not have the right to vote in that polling division.

Written objection and deadline

(2) A voter who wishes to make an objection to a preliminary voters list shall send a written objection to the returning officer no later than the 17th day before election day.

Written objection

(3) The written objection shall

(*a*) identify the person making the objection and set out the address and telephone number of the person;

(*b*) state the name of the person being objected to and the grounds of the objec- · tion; and

(*c*) be dated and signed by the person making the objection.

Frivolous objections

161. The returning officer shall reject any objection that the returning officer, on reasonable grounds, believes is frivolous, vexatious or obviously unfounded.

Informing candidates

162. (1) A returning officer shall inform each candidate for the constituency of any written objection and the grounds of the objection.

Participation by candidates

(2) Candidates or their representatives may make representations on an objection.

Notice to person

(3) Where an objection to the inclusion of a person on a voters list has been made, the returning officer shall, by the most expeditious means available and no later than the 16th day before election day, notify the person concerned of the objection, the grounds of the objection and the evidence necessary to meet the objection.

Determination of written objections

(4) A revising officer shall, no later than the 12th day before election day,

(*a*) consider any written objection and any written or oral response made to the objection;

160. (1) Tout électeur peut s'opposer à l'inclusion sur la liste préliminaire du nom d'une personne au motif que celle-ci n'a pas qualité d'électeur dans la section de vote. *Objection*

(2) L'opposition prévue au paragraphe (1) est faite par écrit au directeur du scrutin au plus tard le dix-septième jour avant le jour du scrutin. *Objection par écrit*

(3) L'opposition est datée et signée par son auteur. Elle précise : *Teneur*

a) les nom, adresse et numéro de téléphone de l'auteur;

b) le nom de la personne dont on conteste l'inscription et les motifs à l'appui de cette contestation.

161. Le directeur du scrutin rejette toute opposition qu'il juge, sur la base de motifs raisonnables, être frivole ou vexatoire ou qui, de toute évidence, est non fondée. *Oppositions frivoles*

162. (1) Le directeur du scrutin avise chacun des candidats de la circonscription de toute opposition écrite et des motifs à l'appui. *Avis aux candidats*

(2) Les candidats ou leurs représentants autorisés peuvent faire des représentations concernant toute opposition. *Rôle des candidats*

(3) Le directeur du scrutin notifie le plus tôt possible, par le moyen le plus expéditif à sa disposition et, au plus tard, le seizième jour avant le jour du scrutin, la personne qui fait l'objet de l'opposition, des motifs à l'appui de celle-ci et des éléments de preuve nécessaires pour la réfuter. *Avis à la personne visée*

(4) Le réviseur, au plus tard le douzième jour avant le jour du scrutin : *Examen*

a) examine toute opposition écrite et toute réfutation orale ou écrite de cette opposition;

(*b*) determine whether to exclude the person from the voters list; and

(*c*) report the revising officer's findings in accordance with the directives of the Chief Electoral Officer.

Verification of aboriginal voters list

163. (1) Where, in an aboriginal constituency, a voter objects to the inclusion of a person's name on the preliminary list of voters because the person is not an aboriginal, the revising officer shall refer the matter to the panel appointed under section 147.

Decision

(2) The panel shall, on receipt of the objection from the returning officer, determine whether the person concerned is an aboriginal voter and notify the revising officer of the panel's decision no later than the seventh day before election day.

Appeal

(3) A decision of the panel is subject to an appeal to the Federal Court of Canada within five days after the revision officer is notified of the panel's decision.

Preliminary statements of revision

164. (1) Each revising officer shall, on the 11th day before election day, prepare the first statement of revision and, on the fourth day before election day, prepare the second statement of revision, setting out, as of each of those dates,

(*a*) the name, address and sex of each voter added to the preliminary voters list;

(*b*) the details of any correction made to the preliminary voters list; and

(*c*) the name, address and sex of each voter excluded from the preliminary voters list.

Distribution of statements

(2) Each revising officer shall immediately send a copy of each statement of revision to the returning officer and to each candidate in the constituency.

b) décide s'il y a lieu à radiation;

c) fait rapport de sa décision conformément aux instructions du directeur général des élections.

Vérification de la liste des électeurs autochtones

163. (1) Lorsqu'un électeur d'une circonscription autochtone s'oppose à ce que figure sur la liste préliminaire le nom d'une personne au motif que cette personne n'est pas admissible à titre d'électeur autochtone, le réviseur saisit de cette opposition le comité créé en vertu de l'article 147.

Décision

(2) Le comité décide si la personne qui fait l'objet de l'opposition est admissible à titre d'électeur autochtone et avise le réviseur de sa décision au plus tard le septième jour avant le jour du scrutin.

Appel

(3) La décision du comité est susceptible d'appel devant la Cour fédérale dans les cinq jours suivant la date à laquelle le réviseur en est avisé.

Relevés préliminaires

164. (1) Chacun des réviseurs prépare, le onzième jour avant le jour du scrutin, un premier relevé des révisions, et un second, le quatrième jour avant le jour du scrutin, dont la teneur est la suivante :

a) les nom, adresse et sexe de tout électeur dont le nom est ajouté à la liste préliminaire;

b) le détail de toute correction apportée à la liste préliminaire;

c) les nom, adresse et sexe de tout électeur radié de la liste préliminaire.

Transmission des relevés

(2) Chaque réviseur transmet dans les meilleurs délais son relevé au directeur du scrutin et à chacun des candidats de la circonscription.

Objection to voters list

165. A candidate or a candidate's representative who wishes to make an objection to a voters list after the first statement of revision shall, no later than noon on the fourth day before election day, advise the revising officer of the name of the person being objected to and the grounds of the objection.

165. Tout candidat ou tout représentant d'un candidat qui désire s'opposer à la liste des électeurs après le premier relevé des révisions est tenu d'en aviser le réviseur au plus tard à midi le quatrième jour avant le jour du scrutin et de fournir le nom de la personne dont il s'oppose à l'inscription et les motifs de cette opposition.

Objection à l'ajout de noms

Consideration of objections

166. (1) A revising officer shall, on the fourth day before election day, meet with the candidates or their representatives who wish to review the voters list and attempt to resolve any objection to the voters list.

166. (1) Au plus tard le quatrième jour avant le jour du scrutin, le réviseur rencontre les candidats ou leur représentant autorisé qui souhaitent étudier la liste des électeurs, et tente de régler toute opposition à la liste.

Considération des oppositions

Notice to person

(2) Where an objection to the revision of a preliminary voters list has been made, the revising officer shall, as soon as possible and by the most expeditious means available, inform the person affected that

(*a*) there is an objection;

(*b*) the person may be challenged at the polling station; and

(*c*) the person may vote, if challenged, upon presentation of proper identification or by taking an oath.

(2) Le réviseur informe la personne dont le nom fait l'objet de l'opposition, dans les meilleurs délais et par le moyen le plus expéditif à sa disposition, et la prévient qu'il pourrait y avoir, au bureau de vote, objection à ce qu'elle vote mais qu'elle pourra quand même voter après avoir justifié de son identité ou prêté serment.

Avis à l'intéressé

Burden of proof

(3) Any person objecting to the inclusion of a person's name on a voters list has the burden of proving that the person should be removed from the list.

(3) Il incombe à la personne qui s'oppose à ce que le nom d'une personne figure sur la liste des électeurs d'établir que le nom de cette personne devrait en être radié.

Fardeau de la preuve

Revised Voters Lists

Liste révisée des électeurs

Preparation of revised lists

167. (1) Each returning officer shall, upon receipt of the statements of revision from the revising officers and no later than the 10th day and the third day before election day, prepare revised voters lists for each polling division in the constituency.

167. (1) Le directeur du scrutin, sur réception des relevés de révision, prépare au plus tard les dixième et troisième jours avant le jour du scrutin la liste révisée des électeurs pour chaque section de vote de la circonscription.

Préparation de la liste révisée des électeurs

Form of revised list

(2) The revised voters lists shall be in the form established by the Commission.

(2) La liste révisée des électeurs est préparée en la forme établie par la Commission.

Teneur de la liste révisée

Distribution of revised list

(3) Each returning officer shall deliver a copy of the revised voters lists to the appropriate deputy returning officer.

(3) Le directeur du scrutin remet aux scrutateurs concernés une copie de la liste révisée des électeurs.

Distribution de la liste révisée

Non-Resident Voters List

Registration with Commission

168. (1) A non-resident voter may register as a non-resident voter with the Commission by sending to the Commission a signed application for registration.

Application form

(2) The application shall be in the form established by the Commission and shall include

(*a*) the voter's identity;

(*b*) the voter's social insurance number and any passport number of the voter;

(*c*) the voter's current mailing address;

(*d*) the address in Canada declared by the voter for the purpose of voting at an election; and

(*e*) a declaration that the voter has not voted in any foreign national election since becoming a non-resident.

Identification

(3) Where the voter does not include a passport number with the application, the voter shall attach to the application a copy of a form of identification acceptable to the Commission.

Non-resident voters list

169. (1) The Commission shall maintain a list of all non-resident voters who register under section 168.

Renewal

(2) A non-resident voter's registration under this section is valid for three years and must be renewed by the voter to remain effective.

Renewal application

(3) The Commission shall send a renewal application to each non-resident voter who has registered with the Commission, no later than the 90th day before the expiry of the registration.

Verification of application information

(4) The Commission may obtain from departments and agencies of the government of Canada such information as is necessary for the sole purpose of verifying information in the application for registration of a non-resident voter.

Liste des électeurs non-résidents

Inscription avec la Commission

168. (1) Tout électeur non-résident peut s'inscrire à la Commission comme électeur non-résident s'il envoie à celle-ci, dûment remplie, la demande d'inscription établie par la Commission.

Teneur

(2) La teneur de la demande d'inscription est comme suit :

a) l'identité de l'électeur;

b) son numéro d'assurance sociale et, le cas échéant, son numéro de passeport;

c) son adresse postale actuelle;

d) l'adresse au Canada qu'il a déclarée en vue de voter à une élection;

e) une déclaration de sa part qu'il n'a pas voté à une élection nationale à l'étranger depuis qu'il est devenu non-résident.

Identité

(3) L'électeur qui ne mentionne pas son numéro de passeport dans sa demande d'inscription, joint à celle-ci copie de toute pièce d'identité que la Commission juge acceptable.

Liste des électeurs non-résidents

169. (1) La Commission maintient à jour une liste des électeurs non-résidents inscrits conformément à l'article 168.

Renouvellement

(2) L'inscription en vertu du présent article est valable pour trois ans et doit être renouvelée par l'électeur pour le demeurer.

Demande de renouvellement

(3) La Commission envoie à chaque électeur inscrit sur la liste des électeurs non-résidents, une formule de demande de renouvellement au plus tard le quatre-vingt-dixième jour avant l'expiration de l'inscription.

Vérification de la demande

(4) La Commission peut obtenir des ministères et organismes du gouvernement du Canada les renseignements dont elle a besoin à la seule fin de vérifier les renseignements fournis dans sa demande d'inscription par un électeur non-résident.

Canadian Forces information

170. (1) The National Defence Headquarters shall, on behalf of the Commission, maintain a list of all members of the Canadian Forces and their spouses and dependants and all persons employed abroad by the Canadian Forces who are non-resident voters.

Voter information

(2) The list referred to in subsection (1) shall include

(*a*) the name of each voter, in alphabetical order, and the sex of the voter;

(*b*) the voter's current mailing address;

(*c*) the voter's social insurance number; and

(*d*) the address in Canada declared by the voter for the purpose of voting at an election.

Forwarding the list to Commission

(3) The National Defence Headquarters shall forward its list, prepared as of the date of the writ, to the Commission no later than the fifth day after the date of the writ.

Non-resident voters list

171. (1) The Commission shall, no later than the 10th day after the date of the writ, prepare a non-resident voters list consisting of

(*a*) the list maintained pursuant to section 169; and

(*b*) the list prepared pursuant to section 170.

Contents of list

(2) The non-resident voters list shall be organized by constituency and shall set out the relevant information on each non-resident voter.

Deadline

172. No name may be added to the non-resident voters list during the election period.

Voters List for Federal Penal Institutions

Voters list of prisoners

173. (1) The Solicitor General of Canada shall, in consultation with the Commission, maintain a list of all voters who are imprisoned in a federal penal institution.

Renseignements en provenance des Forces canadiennes

170. (1) Le Quartier général de la Défense nationale établit et garde à jour, pour le compte de la Commission, la liste des membres des Forces canadiennes, leurs conjoint et personnes à charge, de même que ceux des employés des Forces à l'étranger qui sont des électeurs non-résidents.

Renseignements

(2) La liste visée au paragraphe (1) contient les renseignements suivants :

a) les nom et adresse des électeurs selon l'ordre alphabétique, et leur sexe;

b) leur adresse postale actuelle;

c) leur numéro d'assurance sociale;

d) l'adresse au Canada qu'ils ont déclarée en vue de voter à une élection.

Transmission de la liste à la Commission

(3) Au plus tard le cinquième jour après la date du décret d'élection, le Quartier général de la Défense nationale transmet à la Commission la liste à jour à la date du décret.

Liste des électeurs non-résidents

171. (1) Au plus tard le dixième jour après la date du décret d'élection, la Commission prépare une liste des électeurs non-résidents comprenant :

a) la liste visée à l'article 169;

b) la liste visée à l'article 170.

Teneur de la liste

(2) La liste des électeurs non-résidents est établie par circonscription et comprend les renseignements pertinents sur chacun des électeurs dont le nom y figure.

Restriction

172. Il est interdit d'ajouter le nom d'un électeur à la liste des électeurs non-résidents durant la période électorale.

Liste des électeurs des institutions pénales fédérales

Liste des électeurs des institutions pénales fédérales

173. (1) Le solliciteur général du Canada établit et garde à jour, de concert avec la Commission, la liste des électeurs détenus dans les institutions pénales fédérales.

Contents of list

(2) The list of voters in federal penal institutions shall be organized by constituency and shall set out

(*a*) the name, in alphabetical order, and sex of every voter who is imprisoned in a federal penal institution;

(*b*) the social insurance number of the voter;

(*c*) the current mailing address of the voter; and

(*d*) the address declared by the voter for the purpose of voting at an election.

Distribution of list

(3) The Solicitor General shall forward a copy of the list of voters in federal penal institutions, as of the date of the writ, to the Commission no later than the fifth day after the date of the writ.

Distribution of Information

Information to returning officers

174. (1) The Chief Electoral Officer shall send to each returning officer the names and addresses only of the voters in their constituency who are registered on the non-resident voters list and the list of voters in federal penal institutions no later than the 10th day after the date of the writ, for distribution to the candidates.

Confidentiality

(2) The Commission shall keep confidential the social insurance numbers and passport numbers submitted under sections 168, 170 and 173.

Registration on Election Day

Right to be entered on list

175. (1) Any voter who is not already on a voters list may be entered on the voters list for the voter's polling division, on election day, by applying in person to

(*a*) a special revising officer, at a central polling place with five or more polling stations; or

(*b*) a deputy revising officer, in all other cases.

Teneur de la liste

(2) La liste est divisée par circonscription et mentionne, selon l'ordre alphabétique :

a) les nom et sexe de chaque électeur détenu dans une institution pénale fédérale;

b) le numéro d'assurance sociale de l'électeur;

c) son adresse postale courante;

d) l'adresse au Canada qu'il a déclarée en vue de voter à une élection.

Distribution de la liste

(3) Au plus tard le cinquième jour après la date du décret d'élection, le solliciteur général du Canada transmet à la Commission la liste à jour des électeurs détenus dans des institutions pénales fédérales à la date du décret.

Communication de l'information

Renseignements au directeur du scrutin

174. (1) Au plus tard le dixième jour après la prise du décret d'élection, le directeur général des élections envoie à chaque directeur du scrutin le nom et l'adresse seulement des électeurs de sa circonscription inscrits sur la liste des électeurs non-résidents et sur la liste des électeurs des institutions pénales fédérales pour distribution aux candidats.

Renseignements à caractère confidentiel

(2) La Commission garde secrets les numéros d'assurance sociale et les numéros de passeport divulgués par les électeurs dans les demandes faites en vertu des articles 168, 170 et 173.

Inscription le jour du scrutin

Droit d'être inscrit

175. (1) Tout électeur dont le nom ne figure pas déjà sur une liste des électeurs peut s'inscrire, le jour du scrutin, en personne :

a) soit auprès du réviseur spécial lorsqu'il est habile à voter dans un bureau de vote situé dans un centre de vote comptant cinq bureaux de vote ou plus;

b) soit auprès du scrutateur du bureau de vote où il est habile à voter, dans les autres cas.

Documentation	(2) To be entered on the voters list, the voter must	(2) Pour être inscrit le jour du scrutin, l'électeur est tenu de faire la preuve de son identité et de son lieu de résidence dans la section de vote et de signer une déclaration attestant en la forme établie par la Commission qu'il a qualité d'électeur.	Formalités d'inscription

(a) show proof of the voter's identity and proof of residence in the polling division; and

(b) sign a declaration of the voter's right to vote in the form established by the Commission.

<table>
<tr>
<td>Registration by special revising officer</td>
<td>

176. (1) The special revising officer shall, on election day,

(a) enter on the revised voters list the names and other relevant information of those voters who comply with section 175;

(b) issue a certificate to vote, in the form established by the Commission, to those voters; and

(c) ensure that the number of the certificate to vote is recorded opposite the name of the voter in the poll book.
</td>
<td>

176. (1) Le jour du scrutin, le réviseur spécial procède, selon le cas, comme suit :

a) inscrit sur la liste révisée des électeurs les noms de ceux qui satisfont aux exigences de l'article 175;

b) délivre à ces électeurs, un certificat d'inscription en la forme établie par la Commission et veille à ce que le numéro de ce certificat soit inscrit au registre du scrutin en regard du nom de l'électeur.
</td>
<td>Inscription par le réviseur spécial</td>
</tr>
</table>

Registration by deputy returning officer
(2) The deputy returning officer shall, on election day, enter on the revised voters list the names and other relevant information of those voters who comply with section 175.

(2) Le jour du scrutin, le scrutateur inscrit sur la liste révisée des électeurs le nom de ceux qui satisfont aux exigences de l'article 175 ainsi que toute autre information pertinente.
Inscription par le scrutateur

Final Voters List

Liste définitive des électeurs

Preparation of final voters list
177. Each returning officer shall, as soon as possible after election day, prepare a final voters list for each polling division by consolidating the following:

(a) the revised voters list, including the information in respect of voters who were registered on election day;

(b) the non-resident voters list; and

(c) the list of voters in federal penal institutions.

177. Le directeur du scrutin prépare dans les meilleurs délais après le jour du scrutin la liste définitive des électeurs pour chaque section de vote par l'intégration de ce qui suit :

a) la liste révisée des électeurs y compris l'information relative aux électeurs qui se sont inscrits le jour du scrutin;

b) la liste des électeurs non-résidents;

c) la liste des électeurs des institutions pénales fédérales.
Préparation de la liste définitive des électeurs

Certified number of registered voters
178. After each election, each returning officer shall, on the basis of the final voters list, certify the number of registered voters for the constituency and notify the Chief Electoral Officer accordingly.

178. Après chaque élection, le directeur du scrutin certifie pour sa circonscription le nombre d'électeurs inscrits à l'élection, à partir de la liste définitive des électeurs et en informe le directeur général des élections.
Attestation du nombre d'électeurs inscrits

Notice to financial agents

179. The Chief Electoral Officer shall verify the number of registered voters submitted by each returning officer and notify the financial agents of the registered parties, constituency associations and candidates that participated in the election of the number of registered voters in their constituencies.

Administrative Matters

Public access

180. Each returning officer shall keep available in the returning officer's office during the election period a copy of the voters lists, statements of revision and voter registration material prepared under this Part and shall permit any person to inspect them during reasonable office hours.

Protection of voter information

181. Each returning officer shall, in accordance with the directives of the Commission that authorize it, omit from or obscure the address of a voter or other information about a voter on a voters list to protect the privacy or security of the voter.

Restricted use of voters lists

182. (1) No person shall copy or use a voters list prepared under this Act for any purpose other than for the application of this Act without the prior written permission of the Commission.

Fictitious voters

(2) The Commission may direct that fictitious voter information be included on voters lists for the purpose of tracing the unauthorized use of those lists.

179. Après vérification du nombre d'électeurs rapporté par chacun des directeurs du scrutin, le directeur général des élections communique aux agents financiers des partis enregistrés, des associations locales enregistrées et des candidats qui ont pris part à l'élection le nombre d'électeurs inscrits dans leur circonscription.

Avis à l'agent financier

Questions administratives

180. Le directeur du scrutin tient disponible à son bureau durant la période électorale copie des listes des électeurs, les relevés de révision de ces listes et les documents relatifs à l'inscription des électeurs préparés sous le régime de la présente partie et permet à quiconque le souhaite d'inspecter ces documents durant les heures normales d'ouverture du bureau.

Accès

181. Le directeur du scrutin enlève de la liste des électeurs, conformément aux directives de la Commission l'autorisant à ce faire, l'adresse d'un électeur ou tout autre renseignement à son sujet ou camoufle cette information en vue de protéger sa vie privée ou la sécurité de sa personne.

Protection des renseignements

182. (1) Personne ne peut, sans l'autorisation écrite de la Commission, copier ou utiliser une liste d'électeurs préparée sous le régime de la présente loi à toute fin autre que l'application de celle-ci.

Usage restreint des listes d'électeurs

(2) La Commission peut autoriser l'inscription de noms fictifs sur les listes des électeurs pour lui permettre de déceler l'usage non autorisé de ces listes.

Noms d'électeurs fictifs

PART VI

HOLDING AN ELECTION

DIVISION I

CANDIDACY

Nomination of Candidates

Nomination period

183. (1) The documents for nominating a candidate shall be filed at the office of the returning officer during the period commencing on the day the returning officer gives public notice under section 115 and ending at the close of nominations.

Close of nominations

(2) The close of nominations shall be at 2:00 p.m. on Monday the 21st day before election day.

Special circumstances

184. Where a prospective candidate is not able to have the nomination documents filed at the office of the returning officer because the distance involved would result in high travel costs, the returning officer may authorize a person to receive these documents in a place designated by the returning officer or may authorize the filing by other means.

Financial agent and auditor

185. A prospective candidate shall, prior to nomination, appoint a financial agent and an auditor in accordance with sections 341 and 343.

Who may nominate a candidate

186. (1) A prospective candidate may be nominated by

(*a*) a registered constituency association of a registered political party; or

(*b*) at least 250 voters resident in the constituency or, in the case of a constituency containing isolated areas, at least 100 such voters.

PARTIE VI

TENUE D'UNE ÉLECTION

SECTION I

CANDIDATURE

Mises en candidature

Période des mises en candidature

183. (1) La candidature d'une personne éligible doit être présentée au bureau du directeur du scrutin entre la date de l'avis public donné par le directeur du scrutin conformément à l'article 115 et la clôture des mises en candidature.

Clôture

(2) La clôture des mises en candidature est fixée à quatorze heures le lundi vingt et unième jour avant le jour du scrutin.

Circonstances particulières

184. Le directeur du scrutin, dans le cas où, en raison des distances, la personne dont la candidature est présentée ne peut se rendre à son bureau ou y envoyer quelqu'un pour produire sa déclaration de candidature sans s'exposer à de lourds frais de déplacement, peut mandater une personne pour recevoir cette déclaration à tout endroit qu'il détermine ou en autoriser la transmission à son bureau par tout moyen qu'il détermine.

Agent financier et vérificateur

185. La personne qui accepte d'être mise en candidature est tenue, avant le dépôt de sa déclaration de candidature, de nommer un agent financier et un vérificateur habiles à occuper ces fonctions conformément aux articles 341 et 343.

Droit de présenter une candidature

186. (1) Une candidature peut être présentée par l'association locale enregistrée d'un parti enregistré ou par un groupe de deux cent cinquante électeurs de la circonscription ou, dans le cas d'une circonscription comportant des localités éloignées, un groupe d'au moins cent électeurs.

Declaration by constituency association

(2) Where a prospective candidate is nominated by a registered constituency association of a registered political party, a member of the executive and the financial agent of the association shall make a declaration that the nomination was made in accordance with the constitution of the association.

(2) Dans le cas où une candidature est présentée par l'association locale enregistrée d'un parti enregistré, un dirigeant de l'association et son agent financier attestent que l'investiture a été faite conformément à la constitution de l'association.

Présentation par association

Signatures of voters

(3) Where a prospective candidate is not nominated by a registered constituency association of a registered party, the nomination shall be supported by the signatures of the group of voters.

(3) Dans les autres cas, la présentation de la candidature est appuyée par la signature du nombre requis d'électeurs.

Autres cas

Signature by candidate

187. (1) A prospective candidate shall sign the nomination paper in the presence of a voter.

187. (1) La personne qui accepte d'être mise en candidature signe la déclaration de candidature en présence d'un électeur.

Attestation du candidat

Witness

(2) The voter who witnessed the prospective candidate's signature shall also sign the nomination paper and shall make a declaration before the returning officer, or the person authorized to receive the nomination paper, certifying that the prospective candidate signed the nomination paper in the witness' presence.

(2) L'électeur signe la déclaration de candidature à titre de témoin du consentement du candidat et certifie par serment écrit prêté devant le directeur du scrutin ou son représentant, que le candidat a signé le consentement en sa présence.

Témoin

Nomination by a group of voters

(3) Where the prospective candidate is nominated by a group of voters, the person filing the nomination paper shall make a declaration, before the returning officer, or the person authorized to receive the nomination documents, certifying that the signatures on the nomination paper were all made by voters resident in the constituency.

(3) La personne qui dépose la déclaration de candidature appuyée par un groupe d'électeurs certifie sous serment au moment du dépôt devant le directeur du scrutin ou son représentant, que les personnes dont la signature apparaît à la déclaration sont des électeurs de la circonscription.

Attestation des signatures

Nomination paper

188. (1) The nomination paper shall be in the form established by the Commission and shall include

(*a*) a declaration that the prospective candidate has the right to be a candidate and agrees to be nominated;

(*b*) the name and occupation of the prospective candidate and the address to which communications may be addressed;

(*c*) the name, address and occupation of the financial agent;

(*d*) the name and address of the auditor;

(*e*) the declaration or signatures referred to in subsection 186(2) or (3), as the case may be; and

188. (1) La déclaration de candidature est remplie en la forme établie par la Commission. Elle comporte notamment :

a) l'affirmation que la personne mise en candidature est éligible et accepte d'être mise en candidature;

b) son nom et son occupation ainsi que son adresse pour la transmission de documents;

c) les nom, adresse et occupation de son agent financier;

d) les nom et adresse de son vérificateur;

e) l'attestation prévue par le paragraphe 186(2) ou les signatures prévues par le paragraphe 186(3), selon le cas;

Déclaration de candidature

(*f*) the declarations referred to in subsections 187(2) and (3).

Identity of party

(2) Where the prospective candidate is endorsed by a political party that is entitled to be identified on the ballot under section 67, the nomination paper shall identify the party.

Non-affiliation

(3) A prospective candidate who is not endorsed by a political party referred to in subsection (2) may indicate in the nomination paper that the prospective candidate does not wish to be identified as an "independent" on the ballot.

Names

(4) When stating the name of the prospective candidate in the nomination paper,

(*a*) no title, degree or other prefix or suffix of a similar nature shall be included;

(*b*) one or more of the given names of the prospective candidate may be replaced by any commonly used nickname of the candidate;

(*c*) a nickname may be accompanied by the initial or initials of the prospective candidate's given name or names; and

(*d*) a normal abbreviation of one or more of the given names of the prospective candidate may be substituted for the given name or names.

Occupation

(5) The nomination paper shall briefly state the occupation by which the prospective candidate is commonly known in that person's place of residence.

Nomination documents

189. The following nomination documents shall be filed with the nomination paper:

(*a*) a written consent to act from the financial agent, pursuant to section 341;

(*b*) a written consent to act from the auditor, pursuant to section 343;

f) les certificats prévus par les paragraphes 187(2) et (3).

Identification du parti

(2) Lorsque la personne mise en candidature est appuyée par un parti politique qui peut être identifié sur le bulletin de vote aux termes de l'article 67, la déclaration comporte également l'identification de ce parti.

Candidat non appuyé par un parti

(3) Lorsque la personne mise en candidature n'est pas appuyée par un parti politique visé au paragraphe (2), la déclaration peut également comporter l'indication que la personne ne désire pas que la mention « indépendant » figure en regard de son nom sur le bulletin de vote.

Noms

(4) L'identification de la personne mise en candidature dans la déclaration doit satisfaire aux exigences suivantes :

a) le nom ne peut être précédé ni suivi de titres, diplômes, ni d'autres préfixes ou suffixes de même nature;

b) un prénom de la personne mise en candidature peut être remplacé par un surnom sous lequel elle est habituellement connue;

c) un surnom peut être accompagné d'une ou de plusieurs initiales de prénoms;

d) une abréviation courante peut être substituée à un prénom de la personne mise en candidature.

Occupation

(5) L'occupation de la personne mise en candidature est énoncée brièvement et correspond à celle par laquelle elle est publiquement connue à son lieu de résidence ordinaire.

Autres documents

189. Sont produits avec la déclaration de candidature les documents suivants :

a) une attestation de la personne nommée agent financier en vertu de l'article 341 portant qu'elle accepte d'agir à ce titre;

b) une attestation de la personne nommée vérificateur en vertu de l'article 343 portant qu'elle a accepté d'agir à ce titre;

(*c*) a photograph of the prospective candidate in conformity with the directives of the Commission, where the prospective candidate wishes to have a photograph posted in the polling stations or central polling places pursuant to section 225; and

(*d*) where the prospective candidate is endorsed by a registered party or a political party that is entitled to be identified on the ballot, a letter signed by the leader of the party or a person designated by the leader stating that the prospective candidate is endorsed by the party.

Performance guarantee

190. (1) A performance guarantee of $1,000 in legal tender or in the form of a performance bond must be deposited with the returning officer at the same time as the nomination paper.

Transfer of performance guarantee

(2) The returning officer shall, without delay, transfer the performance guarantee to the Commission.

Only one nomination

191. No party referred to in paragraph 189(*d*) shall endorse more than one candidate for a constituency at any given time.

Refusal of nomination

192. (1) The returning officer may refuse to accept the nomination of a prospective candidate where

(*a*) the person clearly does not have the right to be a candidate;

(*b*) the person's nomination paper is defective; or

(*c*) all the nomination documents required under this Part are not properly filed.

Corrections

(2) Where a nomination is not accepted because the nomination paper was defective, the nomination paper may be corrected, completed or substituted with a new one before the close of nominations.

Certificate

193. (1) Where the nomination is completed in conformity with this Act, the returning officer shall give the prospective candidate a certificate that the prospective candidate is duly nominated.

c) si la personne mise en candidature désire que sa photo soit affichée dans les bureaux ou centres de vote conformément à l'article 225, une photographie conforme aux normes établies par la Commission;

d) dans le cas où la candidature est appuyée par un parti enregistré ou un parti qui peut être identifié sur le bulletin de vote, une lettre signée par le chef du parti ou une personne qu'il désigne à cette fin, attestant de l'appui donné à la candidature.

190. (1) Un cautionnement en argent de mille dollars ou un certificat de garantie de bonne fin de cette valeur doit être remis au directeur du scrutin en même temps que la déclaration de candidature.

Cautionnement

(2) Le directeur du scrutin transmet, dans les meilleurs délais, le cautionnement ou le certificat à la Commission.

Remise du certificat à la Commission

191. Un parti enregistré ou identifié sur le bulletin de vote ne peut appuyer en même temps plus d'un candidat dans une circonscription.

Une seule candidature

192. (1) Le directeur du scrutin peut refuser la candidature d'une personne qui de toute évidence est inéligible, ou dont la déclaration est défectueuse ou n'est pas accompagnée de tous les documents requis par la présente loi.

Refus d'une candidature

(2) La déclaration que le directeur du scrutin refuse d'accepter au motif qu'elle est défectueuse peut être remplacée par une autre ou être corrigée avant la clôture des mises en candidature.

Correction ou remplacement

193. (1) Lorsque la mise en candidature est faite conformément à la présente loi, le directeur du scrutin délivre à la personne ainsi présentée un certificat attestant de sa qualité de candidat à l'élection.

Certificat de candidature

Duration of candidacy

(2) A person shall be considered to be a candidate for the purposes of this Act from the time the person is issued a certificate under subsection (1) until the election return under Part VIII has been filed in respect of the election, unless the person withdraws or dies.

(2) La personne visée au paragraphe (1) est considérée, pour l'application de la présente loi, comme candidat à l'élection à compter de la délivrance du certificat jusqu'à la date de production du rapport financier prévu par la partie VIII, à moins qu'elle ne se désiste ou décède.

Durée de la candidature

Withdrawal or Death of a Candidate

Désistement ou décès d'un candidat

Withdrawal

194. (1) A candidate may withdraw no later than 6:00 p.m. on the day before election day by personally submitting to the returning officer, or to a person designated by the returning officer for this purpose, a letter of withdrawal signed by the candidate and witnessed by a voter resident in the constituency.

194. (1) La personne mise en candidature peut se désister, au plus tard à dix-huit heures la veille du jour du scrutin, en remettant personnellement au directeur du scrutin ou à son représentant une déclaration écrite de désistement qu'elle a signée en présence d'un électeur de la circonscription comme témoin.

Désistement

Witness

(2) The voter who witnessed the candidate's letter of withdrawal shall make a declaration before the returning officer, or the person authorized to receive the letter of withdrawal, certifying that the candidate signed the letter of withdrawal in the witness' presence.

(2) L'électeur qui a signé la déclaration de désistement à titre de témoin prête serment par écrit devant le directeur du scrutin ou la personne mandatée par lui pour recevoir une déclaration de désistement attestant que le candidat a signé la déclaration en sa présence.

Témoin

Consequences

(3) The withdrawal of a candidate after the close of nominations shall not entitle another prospective candidate to be nominated.

(3) Le désistement n'entraîne pas d'autre mise en candidature s'il a lieu après la clôture des mises en candidature.

Conséquences

Performance guarantee

(4) A candidate who withdraws forfeits the performance guarantee.

(4) Le candidat qui se désiste perd son cautionnement.

Cautionnement

Performance bond

(5) Where the performance guarantee is in the form of a performance bond, the guarantor is responsible for the payment of the sum of the performance bond to the Commission.

(5) Le cas échéant, le garant du candidat qui s'est désisté est redevable à la Commission du montant de la garantie de bonne fin fournie avec la déclaration de candidature.

Garantie de bonne fin

Death of candidate

195. (1) Where a candidate endorsed by a registered party dies between the 28th day before election day and the close of the polling stations in the constituency on election day, the returning officer shall postpone the election, fix a new revision period and set a new day for the close of nominations.

195. (1) Si un candidat appuyé par un parti enregistré décède entre le vingt-huitième jour avant le jour du scrutin et la fermeture, ce jour-là, des bureaux de vote de la circonscription, le scrutin est reporté, une nouvelle période de révision est déterminée et une nouvelle date de clôture des mises en candidature est fixée.

Décès

New nomination and election day

(2) The returning officer shall set

(*a*) 2:00 p.m. on the second Monday following the date of the death as the new time for the close of nominations in the constituency; and

(*b*) the 21st day after the new close of nominations as the new election day.

(2) Le directeur du scrutin fixe à quatorze heures le deuxième lundi suivant la date du décès, la clôture des mises en candidature dans la circonscription et comme nouveau jour du scrutin, le vingt et unième jour après la nouvelle clôture des mises en candidature.

Autre mise en candidature et nouvelle date du scrutin

Effect on other candidates

(3) The postponing of an election and the setting of a new time for the close of nominations shall not invalidate the nomination of the other candidates.

(3) La mise en candidature des autres candidats demeure valide.

Statu quo

Ballots voided

(4) Where an election is postponed under this section, all ballots that have been cast for the candidates or the political parties endorsing candidates in the constituency are void and shall be destroyed.

(4) Lorsque le scrutin est reporté en vertu du présent article, tous les bulletins de vote marqués en faveur des candidats ou des partis appuyant des candidats dans la circonscription sont nuls et sont détruits.

Bulletins détruits

Public notice

(5) The returning officer shall give public notice, in the form established by the Chief Electoral Officer, of the new day for the close of nominations, the new election day and the new revision period, if any.

(5) Le directeur du scrutin donne un avis public en la forme établie par le directeur général des élections, par lequel il indique la nouvelle date de clôture des mises en candidature, celle du scrutin et, le cas échéant, la nouvelle période de révision.

Avis

Nomination Results

Résultat des mises en candidature

Election by acclamation

196. (1) Where, at the close of nominations, there is only one candidate in the constituency, the returning officer shall immediately declare the candidate elected and send the Chief Electoral Officer the election report referred to in section 302.

196. (1) Si, à la clôture des mises en candidature, il n'y a qu'un seul candidat sur les rangs dans la circonscription, le directeur du scrutin le déclare élu et transmet immédiatement au directeur général des élections le rapport d'élection prévu par l'article 302.

Élection faute de concurrent

Copy of report

(2) The returning officer shall send a certified copy of the election report to the elected candidate, no later than 48 hours after sending it to the Chief Electoral Officer.

(2) Le directeur du scrutin transmet, au plus tard quarante-huit heures après l'avoir transmis au directeur général des élections, une copie certifiée de ce rapport à la personne élue.

Copie du rapport

Holding of election

197. (1) An election shall be held where, at the close of nominations, there is more than one candidate in a constituency.

197. (1) Une élection a lieu si, à la clôture des mises en candidature dans une circonscription, deux candidats au moins sont sur les rangs.

Tenue d'une élection

Withdrawal or death of candidate

(2) Where, as a result of the withdrawal or death of a candidate after the close of nominations, there is only one candidate left in the constituency and the election is not postponed pursuant to section 195, no election shall be held and the remaining candidate shall be declared elected pursuant to subsection 196(1).

(2) Si, en raison d'un désistement ou d'un décès survenu après la clôture des mises en candidature, un seul candidat demeure sur les rangs et le scrutin n'est pas reporté en vertu de l'article 195, l'élection n'a pas lieu et il est proclamé élu conformément au paragraphe 196(1).

Désistement ou décès

Means of voting

198. Where there is an election, a voter may vote either by casting a vote personally at a polling station or voting by special ballot pursuant to Divisions II and III respectively.

198. Lorsqu'une élection a lieu, l'électeur exerce, selon son choix, son droit de vote soit en personne à un bureau de vote, soit par bulletin de vote spécial, conformément aux dispositions des sections II et III.

Exercice du droit de vote

DIVISION II

VOTING AT A POLLING STATION

General Matters

Voting process **199.** A voter may vote, in accordance with this Division, in person at a polling station either on election day or during the period provided for the advance vote.

Secrecy of the vote **200.** (1) Every person present at a place where a voter exercises the right to vote or present for the counting of the vote shall preserve the secrecy of the ballot and, in particular, shall not

(*a*) interfere with a voter who is marking a ballot;

(*b*) attempt to discover which candidate a voter is voting for;

(*c*) communicate information on how a ballot was marked;

(*d*) induce, directly or indirectly, a voter to show the ballot once marked in a way that reveals for whom the voter voted; or

(*e*) attempt, during the counting of the vote, to obtain or communicate information on how a voter voted.

Idem (2) No voter shall, at a polling station or central polling place,

(*a*) openly declare for whom the voter intends to vote, unless the voter requires assistance to vote in accordance with this Part;

(*b*) openly declare for whom the voter has voted; or

(*c*) show the ballot, when marked, to reveal for whom the voter has voted.

Prohibited identification **201.** No person shall wear, while in a polling station or central polling place, or post there, a photograph or a sign identifying a political party or a candidate, unless authorized by the Commission.

SECTION II

VOTE DANS LES BUREAUX DE VOTE

Dispositions générales

Modes d'exercice du droit de vote **199.** L'électeur peut exercer son droit de vote en personne à un bureau de vote le jour du scrutin ou durant le temps prévu pour le vote par anticipation dans sa circonscription, conformément à la présente section.

Secret du vote **200.** (1) Toute personne présente à un endroit où un électeur exerce son droit de vote ou sur les lieux d'un dépouillement des votes est tenue de garder le secret du vote des électeurs. Elle ne peut, notamment :

a) intervenir ou tenter d'intervenir auprès de l'électeur en train de marquer son bulletin de vote;

b) essayer de savoir en faveur de qui il est sur le point de le marquer ou l'a marqué;

c) communiquer des renseignements sur la manière dont un bulletin de vote a été marqué;

d) directement ou indirectement encourager un électeur à montrer son bulletin de vote, une fois marqué, de manière à révéler pour qui il a voté;

e) chercher à obtenir ou à communiquer des renseignements sur le vote d'un électeur pendant le dépouillement des votes.

Idem (2) Aucun électeur ne peut, sur les lieux d'un bureau ou d'un centre de vote :

a) déclarer ouvertement pour qui il entend voter, sauf dans la mesure requise pour obtenir l'assistance nécessaire pour voter, conformément à la présente partie;

b) déclarer ouvertement pour qui il a voté;

c) montrer son bulletin de vote marqué de manière à révéler pour qui il a voté.

Affiche ou signe **201.** Nul ne peut dans un bureau ou un centre de vote porter ou afficher une photo ou un signe évoquant un parti ou un candidat, sauf dans la mesure permise par la Commission.

Identification of a voter

202. No person shall mark a ballot in a way that could identify the voter.

Protection of secrecy

203. No person shall force another person to reveal for whom the other person has voted.

Organization of Polling Stations

Location of polling stations

204. (1) The returning officer shall establish polling stations at such places as may best suit the convenience of voters on election day and during the time for the advance vote.

Barrier-free access

(2) All polling stations shall be situated in such a place that a person can move from the sidewalk to the inside of the polling station without going up or down a step or using an escalator.

Exception

(3) The returning officer may establish a polling station at a place that does not provide access in conformity with subsection (2) if

(*a*) because of exceptional and justifiable circumstances, the returning officer is unable to establish a polling station in such a place; or

(*b*) the returning officer deems it in the best interests of the voters affected.

Accessibility

(4) A voter who is registered in a polling division where a polling station does not offer access in conformity with subsection (2) may advise the returning officer that access to the polling station is difficult and may require the returning officer to transfer the voter's name to a voters list for a polling division that does provide that access.

Polling stations for election day

205. (1) Each returning officer shall, for election day, establish one polling station for each polling division.

Multiple polling stations

(2) A returning officer may establish more than one polling station for a polling division where, because of the number of registered voters, the returning officer deems it necessary for the good conduct of the vote.

202. Nul ne peut faire sur un bulletin de vote une marque permettant d'identifier l'électeur.

Identification d'un électeur

203. Nul ne peut contraindre un électeur à révéler pour qui il a voté.

Contrainte

Organisation des bureaux et des centres de vote

204. (1) Le directeur du scrutin établit des bureaux de vote tant pour la période du vote par anticipation que pour le jour du scrutin aux endroits qu'il juge le plus commodément situés pour les électeurs.

Emplacement des bureaux de vote

(2) Tout bureau de vote doit être établi à un endroit offrant la possibilité de passer de la chaussée à l'intérieur du bureau sans devoir monter ou descendre une marche ni prendre un escalier roulant.

Accès sans obstacle

(3) Si, dans des circonstances exceptionnelles qu'il justifie, le directeur du scrutin ne peut établir un bureau de vote à un endroit offrant l'accès prévu par le paragraphe (2) ou s'il estime que cela est dans l'intérêt des électeurs concernés, il peut établir un bureau de vote à un endroit n'offrant pas cet accès.

Exception

(4) Lorsqu'une personne inscrite à une section de vote où le bureau n'offre pas l'accès prévu par le paragraphe (2) informe le directeur du scrutin que le bureau présente pour elle une difficulté d'accès, ce dernier porte le nom de cette personne sur la liste d'une section de vote offrant cet accès, si elle lui en fait la demande.

Accessibilité

205. (1) Le directeur du scrutin établit, pour le jour du scrutin, un bureau de vote par section de vote.

Bureaux de vote pour le jour du scrutin

(2) Le directeur du scrutin peut établir plus d'un bureau de vote pour une section de vote s'il l'estime nécessaire pour le bon déroulement du vote en raison du nombre d'électeurs inscrits.

Bureaux de vote multiples

Mobile polling stations

206. (1) A returning officer may, in accordance with the directives of the Chief Electoral Officer, establish mobile polling stations for election day for

(*a*) polling divisions created pursuant to section 107; and

(*b*) a constituency containing isolated areas, to serve any area the returning officer may determine.

Itinerary

(2) A returning officer shall, when establishing a mobile polling station, determine the place where and the hours during which the mobile polling station will be available to voters on election day.

Notice

(3) The returning officer shall give notice to the candidates of the itinerary of the mobile polling station in accordance with the directives of the Chief Electoral Officer.

Polling stations for advance vote

207. (1) A returning officer shall establish a plan for the operation of polling stations for the advance vote and shall, as soon as possible after the close of nominations, send the plan to the Chief Electoral Officer and to all candidates in the constituency.

Mobile polling stations for advance vote

(2) The plan may provide for the establishment of mobile polling stations in accordance with the directives of the Chief Electoral Officer.

Review of plan

(3) The Chief Electoral Officer may, at the request of a candidate, review and direct that changes be made to the returning officer's plan for the advance vote and the returning officer shall send any modified plan to the candidates.

Polling stations according to plan

(4) Each returning officer shall establish the polling stations for the advance vote in accordance with the plan.

Central polling place

208. A returning officer may bring several polling stations from adjacent polling divisions together into a central polling place.

206. (1) Le directeur du scrutin peut, conformément aux directives du directeur général des élections, établir pour le jour du scrutin des bureaux de vote itinérants :

a) pour les sections de vote créées conformément à l'article 107;

b) dans une circonscription comportant des localités éloignées, pour desservir les localités qu'il détermine.

Bureaux de vote itinérants

(2) Lorsqu'il établit un bureau de vote itinérant, le directeur du scrutin détermine les endroits où ce bureau sera accessible aux électeurs le jour du scrutin et selon quel horaire.

Itinéraire et horaire

(3) Le directeur du scrutin donne avis aux candidats de l'itinéraire des bureaux de vote itinérants conformément aux directives du directeur général des élections.

Avis

207. (1) Pour le vote par anticipation, le directeur du scrutin arrête un plan d'opération de bureaux de vote et le transmet, dans les meilleurs délais après la date du décret d'élection, au directeur général des élections et aux candidats de la circonscription.

Bureaux de vote par anticipation

(2) Le plan peut prévoir l'organisation de bureaux de vote itinérants dans la mesure permise par les directives du directeur général des élections.

Bureaux de vote itinérants

(3) À la demande d'un candidat, le directeur général des élections peut revoir le plan d'opération des bureaux de vote arrêté par le directeur du scrutin et demander à ce dernier de le modifier. Le directeur du scrutin transmet alors un plan révisé aux candidats concernés.

Révision du plan

(4) Le directeur du scrutin établit, pour la durée du vote par anticipation, les bureaux de vote selon le plan d'opération.

Organisation selon le plan

208. Le directeur du scrutin peut regrouper à un même endroit qu'il désigne comme centre de vote les bureaux de vote établis pour des sections de vote adjacentes.

Centres de vote

Contents of a polling station

209. Every polling station shall be furnished with

(*a*) a table with a hard smooth surface and a sharpened pencil on it;

(*b*) at least one voting compartment arranged so as to preserve the secrecy of the vote; and

(*c*) a ballot box supplied by the Chief Electoral Officer.

Registration station

210. Each returning officer shall, in any central polling place containing at least five polling stations, provide, in addition to the polling stations, a place where voters who are not on the voters list may register on election day.

Use of public buildings

211. (1) A returning officer may require that space be made available to establish a polling station in any federal building, any institution receiving subsidies or moneys, as defined by the *Financial Administration Act*, or any dwelling with 100 residential units or more.

Compensation

(2) The compensation to be paid for the space shall be determined by regulation.

Election Officials at Polling Stations and Central Polling Places

Appointment of election officials

212. Each returning officer shall appoint, from among the voters resident in the constituency, the election officials at the polling stations and central polling places.

Election officials at a polling station

213. (1) The election officials at a polling station include a deputy returning officer and a poll clerk appointed respectively on the recommendation of the candidates of the political parties whose candidates finished first and second at the previous election in the constituency.

Constituency boundaries changed

(2) Where the boundaries of a constituency have changed since the previous election, the Chief Electoral Officer shall determine which candidates may make the recommendations pursuant to subsection (1).

---

209. Tout bureau de vote comporte :

a) une table à surface dure et unie et, sur celle-ci, un crayon aiguisé;

b) au moins un isoloir disposé de manière à assurer le secret du vote;

c) une urne fournie par le directeur général des élections.

Contenu d'un bureau de vote

210. Dans un centre de vote regroupant au moins cinq bureaux de vote, le directeur du scrutin doit pourvoir à l'aménagement, outre les bureaux de vote, d'un poste pour l'inscription des électeurs dont le nom ne figure pas sur la liste électorale.

Poste pour l'inscription des électeurs

211. (1) Le directeur du scrutin peut exiger que l'espace nécessaire à l'établissement de bureaux de vote soit mis à sa disposition dans tout immeuble fédéral, dans toute institution subventionnée sur les fonds publics au sens de la *Loi sur la gestion des finances publiques* ou dans tout immeuble de cent logements ou plus.

Utilisation d'immeubles publics

(2) La Commission détermine par règlement la compensation à verser pour l'utilisation des espaces mis à la disposition du directeur du scrutin en application du paragraphe (1).

Compensation

Personnel des bureaux et des centres de vote

212. Il incombe au directeur du scrutin de nommer, parmi les électeurs de la circonscription, le personnel des bureaux de vote et des centres de vote.

Nomination du personnel

213. (1) Le personnel d'un bureau de vote est constitué d'un scrutateur et d'un greffier du scrutin nommés respectivement sur la recommandation des candidats des partis politiques dont les candidats se sont placés premier et deuxième dans la circonscription lors de l'élection précédente.

Personnel d'un bureau de vote

(2) Si les limites de la circonscription ont été modifiées depuis l'élection précédente, le directeur général des élections détermine quels candidats font les recommandations prévues par le paragraphe (1).

Nouvelles limites de circonscription

Appointment by returning officer

(3) A returning officer shall proceed to appoint the election officials under subsection (1) without the recommendations, if the candidates have not by the 17th day before election day made their recommendations or have not recommended a sufficient number of qualified persons.

Refusal to appoint

(4) A returning officer may, on reasonable grounds, refuse to appoint a deputy returning officer or a poll clerk recommended by a candidate and shall advise the candidate of the refusal immediately.

Candidate's response

(5) The candidate may, within 24 hours of being advised of the refusal, recommend another person or allow the returning officer to make the appointment alone.

Election officials at a central polling place

214. (1) The election officials at a central polling place containing five or more polling stations include, in addition to the election officials at the polling stations, a supervisory deputy returning officer, a constable and, if required, a special revising officer.

Supervisory deputy returning officer

(2) The supervisory deputy returning officer shall act on behalf of the returning officer and shall serve as an intermediary for the returning officer.

Constable

(3) The constable shall be under the supervision of the supervisory deputy returning officer and shall provide information and maintain peace and good order.

Special revising officer

(4) The special revising officer shall register voters, on election day, who are not on a voters list and who have the right to vote in one of the polling stations in the central polling place and shall provide the voter with a certificate in the form established by the Commission.

Duties of special revising officer

(5) A returning officer may assign to the supervisory deputy returning officer the duties of a special revising officer, if the returning officer considers that the number of voters and the number of polling stations does not warrant the appointment of a special revising officer.

(3) Le directeur du scrutin procède seul aux nominations prévues par le paragraphe (1) si les candidats concernés n'ont pas, au plus tard le dix-septième jour avant le jour du scrutin, soit présenté leurs recommandations, soit proposé un nombre suffisant de personnes compétentes.

Nomination par le directeur du scrutin

(4) Le directeur du scrutin, s'il a des motifs valables de refuser de nommer à titre de scrutateur ou de greffier du scrutin une personne proposée par un candidat, est tenu d'aviser ce dernier immédiatement.

Refus

(5) Le candidat peut, dans les vingt-quatre heures qui suivent l'avis de refus, recommander une autre personne ou, à défaut, s'en remettre au directeur du scrutin pour le choix du scrutateur ou du greffier du scrutin.

Réponse du candidat

214. (1) Dans un centre de vote regroupant au moins cinq bureaux de vote, le personnel comprend, outre celui des bureaux de vote, un scrutateur principal, un préposé à l'information et au maintien de l'ordre et, le cas échéant, un réviseur spécial.

Personnel d'un centre de vote

(2) Le scrutateur principal est chargé de représenter le directeur du scrutin et d'assurer la liaison avec lui.

Scrutateur principal

(3) Le préposé à l'information et au maintien de l'ordre est chargé, sous l'autorité du scrutateur principal, d'assurer l'ordre dans le centre de vote et de renseigner les électeurs.

Préposé à l'information et au maintien de l'ordre

(4) Le réviseur spécial est chargé de l'inscription des électeurs dont le nom ne figure pas sur la liste des électeurs et qui sont habiles à voter dans un bureau du centre de vote. Il délivre aux électeurs ainsi inscrits un certificat en la forme établie par la Commission.

Réviseur spécial

(5) Le directeur du scrutin peut assigner au scrutateur principal la fonction de réviseur s'il estime que le nombre d'électeurs et de bureaux de vote ne justifie pas la nomination d'un réviseur spécial.

Scrutateur principal

Central polling place with less than five polling stations

(6) Where a central polling place contains less than five polling stations, the returning officer may designate one of the deputy returning officers to act as a supervisory deputy returning officer.

(6) Lorsqu'un centre de vote regroupe moins de cinq bureaux de vote, le directeur du scrutin peut désigner l'un des scrutateurs comme scrutateur principal.

Centres de moins de cinq bureaux

Eligible persons

215. Only a voter resident in the constituency may be appointed as an election official at a polling station or a central polling place.

215. Seul un électeur de la circonscription est habile à faire partie du personnel d'un bureau de vote ou d'un centre de vote.

Qualités requises

Peace officers

216. Every election official at a polling station or a central polling place is, for the purposes of the administration of this Act, a peace officer, as defined in the *Criminal Code*, during the hours that the polls are open.

216. Les membres du personnel d'un bureau ou d'un centre de vote ont, pour l'exécution de la présente loi, pendant les heures d'ouverture de ces bureaux, l'autorité d'agents de la paix au sens du *Code criminel*.

Agents de la paix

Election official information to candidates

217. At least three days before the first day for the advance vote, the returning officer shall provide the candidates and any person requesting it with the names and addresses of each election official in the constituency.

217. Au plus tard le troisième jour avant le premier jour du vote par anticipation, le directeur du scrutin fournit à chaque candidat ou à toute personne qui en fait la demande la liste des nom et adresse des membres du personnel des bureaux et des centres de vote de sa circonscription.

Liste des membres du personnel des bureaux et des centres de vote

Inability of deputy returning officer

218. Where a deputy returning officer is unable to act on election day or during the time for the advance vote, the poll clerk shall act as the deputy returning officer and shall appoint another qualified person to act as poll clerk.

218. En cas d'incapacité d'agir du scrutateur le jour du scrutin, ou durant la période de vote par anticipation, le greffier du scrutin agit en qualité de scrutateur et nomme une personne qui a qualité d'électeur pour le remplacer.

Incapacité du scrutateur

Inability of poll clerk

219. Where a poll clerk is unable to act, the deputy returning officer shall appoint a replacement.

219. En cas d'incapacité d'agir du greffier du scrutin, le scrutateur lui nomme un remplaçant.

Incapacité du greffier du scrutin

Languages other than French or English

220. (1) Where a central polling place has a high concentration of voters of a language group other than English or French, the returning officer shall either appoint an election official who speaks the language of that group or obtain the services of an interpreter.

220. (1) Dans un centre de vote où une forte concentration d'électeurs inscrits appartiennent à un groupe linguistique autre que ceux de langues officielles, le directeur du scrutin affecte un membre du personnel électoral capable de parler la langue de ce groupe ou, à défaut de quoi, il retient les services d'un interprète.

Langues autres que le français ou l'anglais

Sign language

(2) Where there is a large number of hearing-impaired voters in a polling division, the returning officer shall either appoint an election official who is able to communicate in sign language or obtain the services of a sign language interpreter.

(2) Le directeur du scrutin affecte à un bureau de vote établi à un endroit où se trouve une concentration d'électeurs malentendants, du personnel capable de communiquer par langage gestuel ou, à défaut de quoi, il retient les services d'un interprète.

Langage gestuel

Preparation for the Vote

Election notice **221.** (1) Each returning officer shall, no later than the fifth day after the close of nominations, give notice of the election to the candidates and the Chief Electoral Officer.

Contents (2) The notice of election shall be in the form established by the Commission and shall set out

(*a*) in alphabetical order, the name of each candidate and the address, occupation and, where appropriate, the political party of the candidate, as set out in the candidate's nomination paper;

(*b*) the name, address and occupation of the financial agent of each candidate; and

(*c*) the number and, where appropriate, the name of each polling division and the address of each polling station.

Distribution (3) Each returning officer shall forward a copy of the election notice to each supervisory deputy returning officer and to each deputy returning officer whose polling station is not in a central polling place, for posting in those places.

Notice of advance vote **222.** (1) The returning officer shall, no later than the 23rd day before election day, give public notice in the constituency of the advance vote.

Contents (2) The notice of the advance vote shall be in the form established by the Chief Electoral Officer and shall set out

(*a*) the number and, where appropriate, the name of the polling divisions in each advance polling district established;

(*b*) the address of each advance polling station;

(*c*) the period of the advance vote; and

(*d*) the place where the deputy returning officer shall count the votes cast at the advance polling station.

Copies (3) The returning officer shall forward a copy of the notice of the advance vote to each candidate and the Chief Electoral Officer.

Opérations préparatoires au scrutin

221. (1) Au plus tard le cinquième jour après la clôture des mises en candidature, le directeur du scrutin transmet aux candidats et au directeur général des élections un avis du scrutin. **Avis de scrutin**

(2) L'avis du scrutin est donné en la forme établie par la Commission et indique : **Teneur**

a) selon l'information fournie à cet égard dans les déclarations de candidature, les nom, adresse, occupation des candidats et, le cas échéant, le nom de leur parti, l'ordre suivi étant l'ordre alphabétique des noms;

b) les nom, adresse et occupation de l'agent financier de chacun des candidats;

c) le numéro et, le cas échéant, le nom de chacune des sections de vote de la circonscription et l'adresse de chacun des bureaux de vote.

(3) Le directeur du scrutin transmet à chaque scrutateur principal copie de l'avis du scrutin, pour affichage dans le centre de vote, et à chaque scrutateur dont le bureau n'est pas situé dans un centre de vote, copie pour affichage dans son bureau de vote. **Distribution**

222. (1) Le directeur du scrutin, au plus tard le vingt-troisième jour avant le jour du scrutin, donne dans sa circonscription un avis public du vote par anticipation. **Avis du vote par anticipation**

(2) L'avis est donné en la forme établie par le directeur général des élections. Il indique notamment: **Teneur**

a) le numéro et, le cas échéant, le nom des sections de vote comprises dans chaque district de vote par anticipation qu'il a établi;

b) l'adresse du bureau de vote par anticipation;

c) la période du vote par anticipation;

d) l'endroit où aura lieu le dépouillement des votes déposés à chacun des bureaux de vote par anticipation.

(3) Le directeur du scrutin transmet une copie de l'avis à chacun des candidats, de même qu'au directeur général des élections. **Copies aux candidats**

Ballots

223. (1) Each returning officer shall cause ballots to be printed on paper supplied by the Chief Electoral Officer in Form 2 of Schedule I.

Numbering

(2) Each ballot shall be numbered with the same number on the back of the stub as is on the counterfoil.

Contents

(3) Each ballot shall clearly identify each candidate and shall set out

(*a*) in alphabetical order, the surname and first name of each candidate in accordance with the candidate's nomination paper;

(*b*) under the name of each candidate who is endorsed by a political party that is entitled to be identified on the ballot, the name of the party in the form specified by the Commission;

(*c*) the word "independent" under the name of any candidate who is not endorsed by a party referred to in paragraph (*b*), unless otherwise instructed by the candidate under subsection 188(3); and

(*d*) to the left of the name of the candidate referred to in paragraph (*b*), the logo or initials of the party.

Identical names

(4) Where more than one candidate have the same surname and first name, the returning officer shall randomly determine the order of their names on the ballot.

Name of printer

(5) Each ballot shall on its reverse side bear the name of its printer.

Declaration of printer

224. Each printer of ballots under this Act shall deliver to the returning officer a declaration, in the form established by the Chief Electoral Officer, certifying that no ballots have been supplied to any other person.

Bulletins de vote

223. (1) Le directeur du scrutin fait imprimer sur le papier que lui fournit le directeur général des élections les bulletins de vote selon le modèle prévu par la formule 2 de l'annexe I.

Numérotation

(2) Les bulletins portent le même numéro au verso de la souche et du talon.

Teneur

(3) Ils permettent d'identifier clairement chaque candidat et contiennent :

a) dans l'ordre alphabétique, leurs nom et prénom orthographiés selon la déclaration de candidature;

b) sous le nom d'un candidat appuyé par un parti politique dont le nom peut figurer sur le bulletin de vote, la dénomination du parti en la forme déterminée par la Commission;

c) sous le nom du candidat qui n'est pas appuyé par un parti dont le nom peut figurer sur le bulletin de vote, la mention « indépendant » sauf indication contraire donnée conformément au paragraphe 188(3);

d) à gauche, en regard du nom du candidat visé à l'alinéa *b*), le logo ou les initiales du parti.

Noms identiques

(4) Si deux candidats ont le même nom et le même prénom, le directeur du scrutin procède à un tirage au sort pour déterminer l'ordre dans lequel leur nom figurera sur le bulletin.

Nom de l'imprimeur

(5) Les bulletins de vote portent au verso le nom de l'imprimeur.

Déclaration

224. L'imprimeur des bulletins de vote est tenu, lorsqu'il les livre au directeur du scrutin, de lui remettre une déclaration, en la forme établie par le directeur général des élections, attestant qu'il n'a fourni aucun de ces bulletins à d'autres personnes.

Poster of candidate

225. Each returning officer shall, pursuant to the directives of the Chief Electoral Officer, cause posters to be printed reproducing an enlargement of the ballot to be used for the election, including, in a circle to the right of the name of each candidate, a photograph of the candidate as filed pursuant to paragraph 189(*c*).

Property of Her Majesty

226. Her Majesty in right of Canada is the owner of the ballot boxes, ballots and all other supplies and material provided to returning officers for use at an election.

Documentation

227. The Chief Electoral Officer shall, at such time as the Chief Electoral Officer considers advisable or as soon as possible after the date of the writ, deliver to each returning officer

(*a*) indexed copies of this Act and directives for the proper conduct of the election; and

(*b*) the supplies and accessories necessary for taking the vote.

Material for deputy returning officer

228. (1) Each returning officer shall, no later than the second day before election day or, where appropriate, the second day before the day of the advance vote, supply the following to each deputy returning officer in the constituency:

(*a*) a sufficient number of ballots and a statement of the quantity and serial numbers of the ballots supplied;

(*b*) a sufficient number of copies of the instructions to voters on how the vote shall take place, prepared by the Chief Electoral Officer;

(*c*) a copy of the directives of the Commission relating to what constitutes proof of identity for voters;

(*d*) a sufficient number of templates supplied by the Chief Electoral Officer to enable voters who are visually disabled to vote without assistance;

(*e*) a sufficient number of the voters lists for use at the polling station;

Affiche des candidats

225. Le directeur du scrutin fait imprimer, selon les directives du directeur général des élections, une affiche reproduisant l'agrandissement du bulletin de vote qui sera utilisé pour l'élection et, dans le cercle situé à droite du nom de chacun des candidats, la photo de celui-ci déposée avec sa déclaration de candidature conformément à l'alinéa 189*c*).

Propriété de Sa Majesté

226. Sa Majesté la Reine du chef du Canada est propriétaire des urnes, des bulletins de vote et de toutes autres fournitures et de tout matériel remis au directeur du scrutin pour une élection.

Documentation

227. Lorsqu'il le juge opportun ou aussitôt que possible après la date du décret d'élection, le directeur général des élections transmet au directeur du scrutin :

a) des exemplaires indexés de la présente loi ainsi que ses directives pour la bonne conduite de l'élection;

b) les fournitures et accessoires nécessaires à la tenue du scrutin.

Accessoires à l'intention du scrutateur

228. (1) Le directeur du scrutin fournit, à chaque scrutateur de sa circonscription au plus tard le deuxième jour avant le jour du scrutin ou avant le jour fixé pour le vote par anticipation, selon le cas :

a) un nombre suffisant de bulletins de vote et un relevé du nombre de bulletins ainsi fournis ainsi que leur numéro de série;

b) un nombre suffisant d'exemplaires des documents d'information du directeur général des élections sur le déroulement du scrutin;

c) un exemplaire des directives de la Commission relatives à l'identification des électeurs;

d) un nombre suffisant de gabarits fournis par le directeur général des élections pour permettre aux électeurs présentant une déficience visuelle de voter sans assistance;

e) un nombre suffisant d'exemplaires de la liste des électeurs pour utilisation au bureau de vote;

(*f*) the oath and affirmation forms established by the Commission;

(*g*) a ballot box supplied by the Chief Electoral Officer;

(*h*) a poll book set up in an appropriate manner to enter the information required under this Act;

(*i*) if the polling station is not in a central polling place, a copy of the candidate poster referred to in section 225; and

(*j*) the material necessary for the vote and for counting the votes, including the envelopes in which to place ballots that are cast, spoiled, rejected or unused.

Additional material

(2) Each returning officer shall, before the deadline in subsection (1), supply to each supervisory deputy returning officer a copy of the poster referred to in section 225.

Idem

(3) Each returning officer shall supply the documentation for the registration of voters on election day to deputy returning officers and, in the case referred to in subsection 214(1), to supervisory deputy returning officers or special revising officers, as the case may be.

Safekeeping

(4) Each deputy returning officer shall keep the ballots and the poll book in the sealed ballot box and shall take all reasonable precautions to prevent illegal access to them.

Poster in central polling place

229. (1) Each supervisory deputy returning officer shall display in a conspicuous place in the central voting place a copy of the candidate poster supplied by the returning officer.

Poster in polling station

(2) The deputy returning officer of a polling station that is not in a central polling place shall display in a conspicuous place in the polling station a copy of the candidate poster supplied by the returning officer.

Role of the Candidates and their Representatives at a Polling Station

Presence of candidates

230. (1) A candidate may be present at a polling station or a central polling place.

f) les formules de serment ou de déclaration établies par la Commission;

g) une urne fournie par le directeur général des élections;

h) un registre du scrutin confectionné de manière à inscrire les renseignements que la présente loi prescrit d'y consigner;

i) si le bureau de vote n'est pas situé dans un centre de vote, un exemplaire de l'affiche des candidats visée à l'article 225;

j) le matériel nécessaire au scrutin et au dépouillement des votes, notamment les enveloppes où placer les bulletins de vote déposés, détériorés, rejetés ou non utilisés.

Accessoires additionnels

(2) Le directeur du scrutin fournit dans le même délai aux scrutateurs principaux un exemplaire de l'affiche visée à l'article 225.

Idem

(3) Le directeur du scrutin fournit la documentation nécessaire à l'inscription des électeurs le jour du scrutin aux scrutateurs et dans les cas prévus au paragraphe 214(1), aux scrutateurs principaux ou aux réviseurs spéciaux, selon le cas.

Garde des documents

(4) Le scrutateur garde les bulletins de vote et le registre du scrutin dans l'urne scellée et prend toutes mesures utiles pour empêcher qu'on puisse y avoir accès illégalement.

Affiche dans un centre de vote

229. (1) Le scrutateur principal place bien en vue sur les lieux du centre de vote l'exemplaire de l'affiche des candidats que lui fournit le directeur du scrutin.

Affiche dans un bureau de vote

(2) Le scrutateur d'un bureau de vote qui n'est pas situé dans un centre de vote place bien en vue sur les lieux du bureau l'affiche des candidats que lui fournit le directeur du scrutin.

Rôle des candidats et de leurs représentants dans les bureaux de vote

Présence des candidats

230. (1) Le candidat peut être présent dans tout bureau ou centre de vote.

Representation

(2) A candidate may authorize in writing representatives to act on behalf of the candidate when dealing with the election officials at polling stations or central polling places.

Representative at large

(3) A candidate may also authorize in writing representatives at large to collect, from the various polling stations and central polling places in the constituency, the names of those persons who have already voted.

Signature

(4) The written authorization must be signed by the candidate or the candidate's financial agent.

Arrival at polling station

231. (1) A representative of a candidate shall, on arrival at a polling station,

(*a*) give the deputy returning officer a copy of the written authorization;

(*b*) receive a copy of the voters list; and

(*c*) take an oath, in the form established by the Commission, to preserve the secrecy of the ballot.

Idem

(2) Each representative at large shall

(*a*) before commencing to act, take an oath, in the form established by the Commission, before a deputy returning officer; and

(*b*) show a copy of the written authorization to the deputy returning officer of each polling station attended.

Presence of candidates' representatives

232. (1) A candidate's representative may be present at a polling station or central polling place until it closes and may remain there for the counting of the ballots.

Single representative

(2) A candidate may have a different representative at a polling station or central polling place at different times but may not have more than one representative there at any one time.

Representative at large

233. A representative at large may only be present at a polling station or central polling place for such period of time as is necessary to collect the names of the persons who have voted and only if it is not detrimental to the proper conduct of the election.

(2) Le candidat peut mandater par écrit des représentants pour agir en son nom auprès des membres du personnel des bureaux ou des centres de vote.

Représentation

(3) Le candidat peut également mandater par écrit des représentants itinérants pour recueillir dans plus d'un bureau de vote le nom des personnes qui ont déjà voté.

Représentant itinérant

(4) Le mandat doit être signé par le candidat ou son agent financier.

Signature

231. (1) À son arrivée à un bureau de vote, le représentant d'un candidat :

Attestation de mandat

a) remet au scrutateur une attestation de son mandat signée par le candidat ou l'agent financier de celui-ci;

b) reçoit la liste des électeurs;

c) prête serment, en la forme établie par la Commission, de garder secret le vote des électeurs.

(2) Le représentant itinérant est tenu :

Idem

a) avant d'exercer ses fonctions de prêter serment devant un scrutateur en la forme établie par la Commission;

b) de montrer au scrutateur de chaque bureau où il se présente dans l'exercice de ses fonctions, une copie de son mandat.

232. (1) Le représentant d'un candidat peut demeurer sur les lieux d'un bureau ou d'un centre de vote jusqu'à sa clôture et assister au dépouillement des votes.

Présence des représentants au bureau de vote

(2) Le représentant d'un candidat peut être remplacé en tout temps sur les lieux d'un bureau ou d'un centre de vote mais plus d'un représentant ne peut y être présent à la fois.

Un seul représentant à la fois

233. Le représentant itinérant ne peut se rendre sur les lieux d'un bureau ou d'un centre de vote que pour le temps nécessaire à l'exécution de son mandat et dans la mesure où sa présence ne nuit pas au bon déroulement du vote.

Représentant itinérant

Taking information from the poll book

234. A candidate's representative may, only during the hours that the polling station is open,

(*a*) examine the numbered list of voters on which the poll clerk has crossed out or circled the names of voters who have voted and take notes in respect of that list, unless it would interfere with the proper conduct of the poll; and

(*b*) communicate to the candidate or the representative at large any information obtained as a result, as well as the names of any voters who have not yet voted.

Absence from polling station

235. (1) A candidate's representative may leave and return to the polling station or central polling place without further formality.

Idem

(2) The absence of a candidate's representative from a polling station or central polling place does not invalidate anything done by election officials during that absence.

Voting Hours

Hours of the polling stations

236. (1) On election day, the polling stations shall be open from

(*a*) 9:30 a.m. to 9:30 p.m. in Newfoundland, Nova Scotia, Prince Edward Island, New Brunswick, Quebec and Ontario;

(*b*) 8:30 a.m. to 8:30 p.m. in Manitoba and Saskatchewan;

(*c*) 8:00 a.m. to 8:00 p.m. in Alberta and the Northwest Territories; and

(*d*) 7:00 a.m. to 7:00 p.m. in British Columbia and the Yukon.

Mobile polling station

(2) The hours that a mobile polling station is open shall be determined by the returning officer within the schedule provided for in subsection (1).

Examen du registre du scrutin

234. Le représentant d'un candidat peut pendant les heures d'ouverture du bureau seulement :

a) examiner la liste numérotée des électeurs sur laquelle le greffier a rayé ou encerclé le numéro des personnes ayant voté et prendre des notes, sauf si cela devait avoir pour effet de nuire au bon déroulement du vote;

b) communiquer au candidat ou à son représentant itinérant tout renseignement ainsi obtenu de même que le nom des électeurs qui n'ont pas encore voté.

Absence du représentant

235. (1) Le représentant peut s'absenter du bureau ou d'un centre de vote et y retourner sans autre formalité.

Idem

(2) L'absence d'un représentant du candidat au bureau de vote n'a pas pour effet d'invalider ce qui y est fait par le personnel du bureau.

Heures d'ouverture

Horaire des bureaux de vote

236. (1) Le jour du scrutin, les heures d'ouverture des bureaux de vote sont :

a) de 9 h 30 à 21 h 30 à Terre-Neuve, en Nouvelle-Écosse, à l'Île-du-Prince-Édouard, au Nouveau-Brunswick, au Québec et en Ontario;

b) de 8 h 30 à 20 h 30 au Manitoba et en Saskatchewan;

c) de 8 h à 20 h en Alberta et dans les Territoires du Nord-Ouest;

d) de 7 h à 19 h en Colombie-Britannique et au Yukon.

Bureaux itinérants

(2) Les heures d'ouverture des bureaux itinérants dans une circonscription sont fixées par le directeur du scrutin à l'intérieur de l'horaire prévu au paragraphe (1).

Extension of time

(3) Where the opening of a polling station has been delayed beyond the time provided for in subsection (1) or its operation has been halted during election day because of an accident, riot, weather conditions or other *force majeure*, a returning officer may, with the approval of the Chief Electoral Officer, extend the time of closing of that polling station provided for in subsections (1) and (2) if a significant number of voters would not be able to vote without the extension.

Maximum extension

(4) The extension under subsection (3) may not result in the polling station being open for a total period exceeding 12 hours or being open after 6:00 p.m. the day following election day.

Presence of voters at closing of poll

(5) If, at the time fixed for the closing of the polling station, there are still voters within it or at its entrance, the polling station may remain open for the period of time required to enable only those voters who were present at closing time to vote.

Preliminary Formalities

Initialling ballots

237. (1) Each deputy returning officer shall, before opening the polling station on election day and in full view of all present,

(*a*) carefully count the ballots for use at that polling station;

(*b*) uniformly initial the back of every ballot supplied by the returning officer in the space provided for this purpose, using the same pencil or pen for every ballot; and

(*c*) allow the representatives of the candidates present to inspect the ballots and all other documents relating to the vote.

Idem

(2) A deputy returning officer shall not, while initialling the ballots, detach them from the books in which they are bound or stapled.

Punctual opening of polling station

(3) A deputy returning officer shall not allow the initialling of the ballots to delay the opening of the polling station.

Prolongation

(3) Lorsque le bureau de vote n'a pu être ouvert à l'heure prévue au paragraphe (1) ou lorsque le directeur du scrutin a dû y interrompre le vote pendant le jour du scrutin en raison d'un accident, d'une émeute, de conditions climatiques ou d'un autre cas de force majeure, celui-ci peut, avec l'approbation du directeur général des élections, prolonger les heures d'ouverture fixées aux paragraphes (1) et (2) si, à défaut de le faire, un nombre important d'électeurs ne pourraient y voter.

Prolongation maximale

(4) Toutefois, cette prolongation ne peut avoir pour effet de porter à plus de douze le nombre d'heures d'ouverture du bureau de vote, ni de garder le bureau ouvert après dix-huit heures le lendemain du jour du scrutin.

Électeurs présents à l'heure de fermeture du scrutin

(5) Si, à l'heure fixée pour la fermeture du bureau de vote, il se trouve encore, à l'intérieur ou à la porte du bureau, des électeurs qui attendent leur tour de voter, le bureau est gardé ouvert suffisamment longtemps pour leur permettre de voter. Toutefois, n'est pas admis à voter quiconque n'était pas au bureau à l'heure fixée pour la fermeture.

Formalités préalables

Apposition d'initiales sur les bulletins de vote

237. (1) Le scrutateur, avant l'ouverture du bureau de vote le jour du scrutin, à la vue des personnes présentes :

a) compte soigneusement les bulletins de vote destinés à être utilisés à ce bureau;

b) appose uniformément ses initiales dans l'espace réservé à cette fin au verso de chaque bulletin de vote que lui a fourni le directeur du scrutin, entièrement à l'aide du même crayon ou stylo;

c) permet aux représentants des candidats présents d'examiner les bulletins de vote et autres documents se rapportant au scrutin.

Idem

(2) Durant cette formalité, les bulletins de vote doivent rester attachés aux livrets dans lesquels ils sont reliés ou brochés.

Ouverture à l'heure prévue

(3) L'apposition de ses initiales, par le scrutateur, ne doit pas retarder l'heure prévue pour l'ouverture du bureau.

Delayed
initialling

(4) If necessary, the deputy returning officer shall complete the initialling of the ballots as soon as possible after the polling station is open and in any event before they are given to the voters.

(4) S'il reste des bulletins où apposer ses initiales, le scrutateur y procède le plus tôt possible après l'ouverture du bureau mais avant de les remettre aux électeurs.

Continuation

Inspection of
ballot box

238. Each deputy returning officer shall, at the time fixed for opening the polling station and in full view of all present,

(*a*) open the ballot box and establish that it is empty;

(*b*) close and seal the ballot box, in accordance with the directives of the Chief Electoral Officer; and

(*c*) place the ballot box on a table where it shall remain until the close of the polling station.

238. À l'heure fixée pour l'ouverture du bureau, le scrutateur, à la vue des personnes présentes :

a) ouvre l'urne et s'assure qu'elle est vide;

b) la scelle selon les directives du directeur général des élections;

c) la place sur une table, pour y rester jusqu'à la fermeture du bureau.

Examen de
l'urne

Processing the Voters

Admission des électeurs à voter

Calling of
voters

239. Each deputy returning officer shall, immediately after the ballot box is sealed, call on voters to cast their ballots.

239. Sitôt l'urne scellée, le scrutateur invite les électeurs à voter.

Appel des
électeurs

Free access

240. (1) Each deputy returning officer shall facilitate the admittance of voters into the polling station and see that they are not disturbed.

240. (1) Le scrutateur facilite l'entrée des électeurs sur les lieux du bureau et fait en sorte qu'ils ne soient pas importunés.

Libre accès

One voter at a
time

(2) A deputy returning officer may, if it seems advisable, direct that only one voter for each voting compartment be allowed to enter the polling station at a time.

(2) Le scrutateur peut, s'il le juge opportun, ordonner que jamais plus d'un électeur par isoloir puisse se trouver à la fois dans un bureau de vote.

Un électeur à
la fois

Orderly
circulation

(3) In a central polling place with five or more polling stations, the constable shall assume the duties under subsection (1) and may take whatever measures are appropriate to ensure the orderly circulation of people.

(3) Dans un centre de vote regroupant au moins cinq bureaux de vote, le préposé à l'information et au maintien de l'ordre assume la fonction prévue par le paragraphe (1). Il peut prendre en outre toute mesure propre à assurer la circulation ordonnée des personnes dans le centre de vote.

Circulation
ordonnée

Identification
of voters

241. Each voter shall, on entering the polling station, give the voter's name and address to the deputy returning officer and the poll clerk who shall ascertain whether the voter's name appears on the voters list.

241. À son entrée au bureau de vote, l'électeur donne ses nom et adresse au scrutateur et au greffier du scrutin. Ce dernier vérifie alors si ce nom est inscrit sur la liste des électeurs.

Identification
des électeurs

Verification of identity

242. (1) A deputy returning officer, poll clerk, candidate or a candidate's representative who has doubts concerning the identity or right to vote of a person intending to vote at the polling station, may request that the person show proof of identity in the form required by the Commission.

Oath

(2) A person may, instead of showing proof of identity, take an oath in the form established by the Commission.

Refusal

(3) A person who refuses to show proof of identity or to take an oath shall not be allowed to vote.

Voter who registers on election day

243. (1) A voter who registers at a central polling place with five or more polling stations on election day, pursuant to paragraph 175(1)(*a*), may vote at the polling station upon submitting to the deputy returning officer the certificate issued by the special revising officer.

Registration on election day

(2) A voter who registers on election day before a deputy returning officer pursuant to paragraph 175(1)(*b*) may vote without further formality.

Similar names

244. (1) A person must first provide proof of identity or take an oath in the form established by the Commission before voting, where the voters list used at the polling station

(*a*) does not contain the name or address of the voter but does contain one that is sufficiently similar as to possibly identify the voter;

(*b*) indicates that the voter has already voted; or

(*c*) indicates that the voter has received a special ballot.

242. (1) S'ils ont des doutes sur l'habileté d'une personne à voter à leur bureau de vote, le scrutateur, le greffier du scrutin, les représentants des candidats ou les candidats eux-mêmes peuvent demander à cette personne de produire une preuve d'identité déterminée par la Commission.

Vérification d'identité

(2) Une personne peut, au lieu d'une preuve d'identité prévue par le paragraphe (1) prêter le serment établi par la Commission.

Serment

(3) N'est pas admise à voter la personne qui refuse de s'identifier ou de prêter serment.

Refus de s'identifier ou de prêter serment

243. (1) Si le nom de l'électeur qui se présente à un bureau de vote dans un centre de vote le jour du scrutin est porté sur la liste des électeurs cette même journée en application de l'alinéa 175(1)*a*), cet électeur peut être admis à voter sur présentation au scrutateur du certificat d'inscription que le réviseur spécial lui a remis.

Électeur inscrit le jour du scrutin à un centre de vote

(2) L'électeur dont le nom est porté sur la liste des électeurs le jour du scrutin par le scrutateur, conformément à l'alinéa 175(1)*b*), peut être admis à voter sans autre formalité.

Électeur inscrit le jour du scrutin à un bureau de vote

244. (1) L'électeur est tenu, pour être admis à voter, d'établir son identité de la manière déterminée par la Commission ou, à défaut, de prêter le serment établi par la Commission si la liste utilisée par le personnel du bureau de vote :

Preuve d'identité

a) porte un nom ou une adresse autre que le sien mais qui y ressemble au point de faire croire que l'inscription vise à le désigner;

b) porte l'indication qu'il a déjà voté;

c) porte l'indication qu'un bulletin de vote spécial a été délivré à son nom.

Procedure

(2) The deputy returning officer shall inform the returning officer of any instance where the voter has been allowed to vote pursuant to paragraph (1)(c) and the returning officer shall then strike out the name of the person from the list of persons who registered for the special ballot and ensure that any special ballot received in the name of that voter is not counted.

Procédure

(2) Dans le cas prévu par l'alinéa (1)c), le scrutateur, après avoir admis l'électeur à voter, en informe le directeur du scrutin. Ce dernier radie alors le nom de cet électeur de la liste des titulaires de bulletins de vote spéciaux et s'assure que le bulletin déjà délivré à son nom n'est pas compté lors du dépouillement des votes.

Voting Procedure

Déroulement du vote

Receipt of ballot

245. (1) Once the right of a person to vote at the polling station is established, the person may proceed to vote.

Vote

245. (1) Une fois établie l'habilité d'une personne à voter au bureau de vote, celle-ci est admise à voter.

Delivery of ballot

(2) The deputy returning officer shall ensure that each voter is handed a ballot that is initialled in accordance with subsection 237(1) and folded in such a way that the initials are visible.

Remise du bulletin de vote à l'électeur

(2) L'électeur reçoit du scrutateur un bulletin de vote plié de telle manière que soient visibles les initiales que le scrutateur a apposées au verso conformément au paragraphe 237(1).

Instructions to voter

(3) The deputy returning officer shall instruct the voter on how to properly mark the ballot and how to fold it before returning it.

Instructions à l'électeur

(3) Le scrutateur indique à l'électeur comment apposer sa marque et enjoint à l'électeur de le lui remettre, plié de la façon indiquée, après que celui-ci l'aura marqué.

Marking a ballot

246. A voter shall, after receiving a ballot,

(*a*) proceed directly to the voting compartment;

(*b*) use the pencil provided, or any other pencil or pen, to make a cross, or other mark that clearly indicates the voter's choice, in the circular space provided on the ballot opposite the name of the candidate;

(*c*) fold the ballot as instructed by the deputy returning officer so that the initials on the back of the folded ballot and the serial number on the back of the stub are visible without unfolding the ballot; and

(*d*) return the ballot to the deputy returning officer.

Manière de marquer le bulletin de vote

246. Lorsqu'il reçoit un bulletin de vote, l'électeur :

a) se rend immédiatement dans l'isoloir;

b) marque son bulletin en faisant, dans l'espace circulaire prévu à cette fin, en regard du nom du candidat en faveur de qui il désire voter, une croix ou toute autre inscription indiquant son choix, à l'aide du crayon mis à sa disposition ou de tout autre crayon ou stylo;

c) plie ensuite le bulletin suivant les instructions reçues du scrutateur, de manière à ce que l'on puisse voir les initiales apposées au verso du bulletin et le numéro de série imprimé au verso du talon, sans avoir à déplier le bulletin;

d) remet ensuite le bulletin au scrutateur.

Checking and depositing ballot

247. (1) The deputy returning officer shall, upon receiving the ballot from the voter,

(*a*) without unfolding the ballot, verify that it is the same one that was handed to the voter by examining the initials and serial number on the back of the ballot;

(*b*) remove and destroy the counterfoil in full view of the voter and all others present; and

(*c*) return the ballot to the voter who deposits it in the ballot box or, if the voter so requests, the deputy returning officer shall deposit the ballot in the ballot box.

Recording

(2) The poll clerk shall circle or cross out, from the numbered voters list, the number of a voter who has voted.

Due speed

248. Each voter shall vote with due speed and shall leave the polling station as soon as the voter's ballot has been deposited in the ballot box.

Spoiled ballot

249. (1) A voter who spoils a ballot by inadvertently marking or damaging it shall return it to the deputy returning officer.

Procedure for spoiled ballots

(2) A deputy returning officer shall mark all spoiled ballots as such, deposit them in the envelope provided for this purpose and, if necessary, deliver another ballot to the voter.

Special Voting Procedures

Assistance by returning officer

250. If a voter needs and requests assistance in marking a ballot, the deputy returning officer shall, in the presence of the poll clerk, assist the voter by such means as is likely to enable the voter to vote.

Template

251. Any voter who is visually impaired shall, on request, receive from the deputy returning officer a template provided for this purpose by the Chief Electoral Officer.

Assistance by friend or relative

252. (1) A friend or relative may accompany a voter into the voting compartment, if the voter requires assistance to vote.

247. (1) Le scrutateur, sans déplier le bulletin et après avoir vérifié, par l'examen de ses initiales et du numéro de série imprimé, qu'il s'agit bien du bulletin qu'il a remis à l'électeur, détache, bien à la vue de celui-ci et des autres personnes présentes, le talon qu'il détruit et remet le bulletin à l'électeur qui le dépose dans l'urne; si l'électeur le lui demande, le scrutateur dépose lui-même le bulletin dans l'urne.

Vérification et dépôt du bulletin

(2) Le greffier du scrutin entoure d'un cercle, ou raye de la liste numérotée des électeurs, le numéro d'électeur de la personne qui a voté.

Enregistrement

248. L'électeur vote sans délai et quitte le bureau de vote aussitôt son bulletin déposé dans l'urne.

Diligence

249. (1) L'électeur qui, par inadvertance, a mal marqué ou endommagé le bulletin de vote qui lui a été remis, le rend au scrutateur.

Bulletin détérioré

(2) Le scrutateur qui reçoit un bulletin détérioré appose sur celui-ci une marque pour l'identifier comme tel, le dépose dans l'enveloppe fournie à cette fin et remet un autre bulletin à l'électeur.

Procédure

Procédures spéciales de vote

250. Le scrutateur, en présence du greffier du scrutin, assiste l'électeur qui a besoin d'aide pour voter et qui le lui demande, par tout moyen propre à lui permettre de voter.

Électeur incapable de marquer son bulletin

251. Le scrutateur remet à l'électeur présentant une déficience visuelle et qui en fait la demande le gabarit fourni à cette fin par le directeur général des élections.

Gabarit

252. (1) Un électeur qui a besoin d'aide pour voter peut être accompagné d'un ami ou d'un parent à l'isoloir pour l'aider à voter.

Aide d'un ami ou d'un parent

Assisting only once

(2) A person who is not an election official in the polling station shall not assist more than one voter in marking a ballot, unless the person is a member of the voter's immediate family.

Oath before assistance

(3) Any friend or relative who wishes to assist a voter in marking a ballot shall first take an oath, in the form established by the Commission, that the person

(*a*) will mark the ballot as instructed by the voter;

(*b*) will keep the choice of the voter secret;

(*c*) will not try to influence the voter in choosing a candidate; and

(*d*) has not assisted, during the current election, another person, who is not an immediate relative, to vote.

Disabled voter

253. (1) Any voter with a physical disability who has difficulty entering the polling station where the voter is entitled to vote on election day may request that the deputy returning officer allow the voter to vote at the nearest possible place outside the polling station to which the voter has access.

Taking vote outside polling station

(2) The deputy returning officer shall, for the purpose of subsection (1),

(*a*) temporarily halt all operations in the polling station;

(*b*) with the poll clerk, bring the ballot box and a ballot to the voter outside the polling station; and

(*c*) take whatever steps are necessary to ensure the secrecy of the voter's ballot.

Resumption of operations

(3) Once the voter's ballot is deposited in the ballot box, the deputy returning officer shall bring the ballot box back into the polling station and resume operations in the polling station.

Une seule fois

(2) Une personne ne faisant pas partie du personnel du bureau de vote ne peut, lors d'une élection, aider plus d'un électeur à voter. Toutefois une personne peut aider plus d'un de ses proches parents.

Serment de l'ami ou du parent

(3) L'ami ou le parent qui désire aider un électeur à voter prête d'abord serment, en la forme établie par la Commission, qu'il marquera le bulletin conformément aux instructions de l'électeur, qu'il ne divulguera pas le vote de l'électeur, qu'il ne tentera pas d'influencer celui-ci dans son choix et qu'il n'a pas déjà aidé, lors de l'élection en cours, une autre personne, dont il n'est pas proche parent, à voter.

Électeurs présentant une déficience physique

253. (1) Le jour du scrutin, l'électeur qui, en raison d'une déficience physique, éprouve une difficulté d'accès au bureau de vote où il est habile à voter, peut demander au scrutateur de voter à l'extérieur du bureau de vote à l'endroit accessible le plus proche.

Vote à l'extérieur du bureau

(2) Lorsqu'il est saisi d'une demande d'un électeur visé au paragraphe (1), le scrutateur arrête provisoirement les opérations du bureau de vote et, en compagnie du greffier du scrutin, apporte l'urne et un bulletin de vote à l'endroit accessible. Il prend alors toutes mesures qu'il juge nécessaires pour assurer le secret du vote de l'électeur.

Reprise des opérations

(3) Une fois le bulletin déposé dans l'urne, le scrutateur rapporte celle-ci à l'intérieur du bureau de vote et les opérations de vote reprennent leur cours.

Voting by persons bedridden in hospitals or residences for the elderly	**254.** (1) At a polling station established in a hospital or a residence for the elderly or a mobile polling station visiting the hospital or residence, the deputy returning officer may, after consulting the administrator in charge, proceed with the poll clerk to bring the ballot box, the poll book, the ballots and any other documents required from room to room to enable voters there to cast their votes.
Applicable rules	(2) The voting procedure under subsection (1) is subject to sections 240 to 253 with such changes as may be required.
Suspension of operations of polling station	(3) The operations of the polling station are suspended during the voting procedure provided for in subsection (1).
Voting by special ballot in certain polling stations	**255.** (1) A voter who is hospitalized and eligible to vote in a polling division other than the one established for the patients of the hospital may vote on election day in the other polling division or constituency by obtaining a special ballot from the deputy returning officer of the polling station established in or visiting the hospital.
Conditions to obtain ballot	(2) Any voter who requests a special ballot to vote pursuant to subsection (1) must show proof of identity to the deputy returning officer and complete and sign the application form established by the Commission for this purpose.
Delivery of special ballot	(3) The deputy returning officer shall give the voter a special ballot and the certification and secrecy envelopes referred to in subsection 274(2).
Procedure	(4) To use the special ballot, the voter shall

(a) mark the ballot and place it in the secrecy envelope;

(b) seal the secrecy envelope and place it in the certification envelope; and

(c) enter the information on the certification envelope, seal it and return it to the deputy returning officer.

254. (1) Le scrutateur et le greffier du scrutin d'un bureau de vote établi ou de passage dans un établissement de santé ou d'hébergement pour personnes âgées peuvent, après consultation avec la personne qui dirige l'établissement, transporter de chambre en chambre, l'urne, le registre du scrutin, les bulletins de vote et les autres documents nécessaires et recueillir le vote des personnes habiles à voter à ce bureau de vote.	Personnes alitées dans certains établissements
(2) Les dispositions des articles 240 à 253 s'appliquent au déroulement du vote prévu par le paragraphe (1) avec les adaptations nécessaires.	Règles applicables au déroulement du vote
(3) Pendant que le vote prévu par le paragraphe (1) se déroule, les opérations du bureau de vote sont suspendues.	Suspension des opérations du bureau de vote
255. (1) Une personne hospitalisée dans un établissement de santé le jour du scrutin qui est habile à voter dans une section de vote autre que celle établie pour les électeurs hébergés dans cet établissement peut obtenir du scrutateur d'un bureau de vote établi ou de passage dans cet établissement un bulletin de vote spécial et voter le jour du scrutin dans cette autre section de vote ou circonscription au moyen de ce bulletin de vote.	Vote par bulletin de vote spécial dans certains bureaux de vote
(2) Pour obtenir un bulletin de vote spécial, la personne visée au paragraphe (1) est tenue de produire une preuve d'identité auprès du scrutateur; elle est tenue, en outre, de remplir et de signer la formule établie à cette fin par la Commission.	Conditions de délivrance du bulletin de vote
(3) Le scrutateur remet à l'électeur le bulletin de vote spécial, l'enveloppe-certificat et l'enveloppe anonyme visées au paragraphe 274(2).	Délivrance du bulletin
(4) Après avoir rempli l'enveloppe-certificat, l'électeur marque son bulletin, l'insère dans l'enveloppe anonyme, la scelle et l'insère dans l'enveloppe-certificat qu'il remet ensuite, scellée, au scrutateur.	Procédure

Informing the returning officer concerned	(5) The deputy returning officer shall, by telephone or telephone facsimile at a convenient time before the counting of the votes and in the presence of candidates' representatives, inform the returning officers for the appropriate constituencies of the identity of the voters who returned their special ballots.
Crossing out voter's name	(6) A returning officer who is informed that a voter, whose name appears on a voters list in the returning officer's constituency, has received a special ballot under subsection (1) shall cross out the voter's name from that voters list.
Custody of envelopes	(7) The deputy returning officer shall keep the certification envelopes sealed until the time of the counting of the votes in the deputy returning officer's polling station.

Powers of Detention and Eviction

Taking of information	**256.** (1) Where a person alleges that someone has committed or is attempting to commit the offence of impersonation or voting without the right to do so in a polling station, the deputy returning officer shall, on request of the poll clerk or a representative of a candidate, take the information of the person under oath in the form established by the Commission.
Power to detain	(2) The deputy returning officer may detain, or order the detention of, any person against whom an allegation under subsection (1) is made and who has not yet left the polling station, until the deputy returning officer has completed taking the information under subsection (1).
Warrant of arrest	(3) As soon as the information is taken under subsection (1), the deputy returning officer shall deliver a warrant, in the form established by the Commission, for the arrest and appearance before the court of any person against whom the information is laid.

(5) Au moment où il l'estime opportun avant le dépouillement des votes, le scrutateur, en présence du personnel du bureau et des représentants des candidats, informe par téléphone ou télécopieur les directeurs du scrutin des circonscriptions où les bulletins de vote sont destinés de l'identité des personnes qui lui ont remis un bulletin de vote spécial.	Information des directeurs du scrutin concernés
(6) Le directeur du scrutin qui est informé de la délivrance d'un bulletin de vote spécial, en vertu du paragraphe (1), à une personne dont le nom est inscrit sur une liste des électeurs de sa circonscription prend les mesures nécessaires pour rayer de cette liste le nom de cette personne.	Radiation de nom
(7) Le scrutateur conserve les enveloppes-certificats scellées jusqu'au moment du dépouillement du vote dans son bureau de vote.	Résultats de la vérification

Pouvoirs de détention et d'expulsion

256. (1) Dans les cas où une personne est accusée, dans un bureau de vote, d'avoir commis ou tenté de commettre l'infraction de supposition de personne, ou d'avoir voté, ou tenté de voter, sachant qu'elle n'était pas habile à le faire, le scrutateur est tenu, si le greffier du scrutin ou le représentant d'un candidat le lui demande, de recevoir la dénonciation sous serment, en la forme établie par la Commission, de la personne qui porte l'accusation.	Réception de dénonciation
(2) Si la personne faisant l'objet de la dénonciation n'a pas quitté le bureau de vote, le scrutateur peut la détenir ou ordonner sa détention jusqu'à ce qu'une dénonciation puisse être formulée par écrit en vertu du paragraphe (1).	Détention
(3) Dès qu'il reçoit une dénonciation assermentée, le scrutateur est tenu de délivrer un mandat d'arrêt de la personne dénoncée en la forme établie par la Commission, afin que cette personne soit traduite devant le tribunal compétent.	Mandat d'arrêt

Eviction

257. (1) The deputy returning officer may evict from the polling station any person believed to have contravened one of the provisions under sections 200 to 203 and may remove or have removed anything that, in the opinion of the deputy returning officer, has been used in the contravention of those provisions.

Central voting places

(2) In a central voting place, the supervisory deputy returning officer may exercise the powers conferred on the deputy returning officer under subsection (1).

Poll Book

Information recorded

258. The poll clerk shall record the following information in the poll book in accordance with the directives of the Chief Electoral Officer:

(*a*) the name and number of each voter who is requested to show proof of identity pursuant to sections 242 and 244, what the voter does as a result and whether the voter votes;

(*b*) the name and certificate number of each voter who receives a certificate pursuant to section 176;

(*c*) any case where a replacement ballot is issued to a voter pursuant to section 249;

(*d*) the name of each voter who receives assistance from the deputy returning officer to vote;

(*e*) the name of each voter who receives assistance from a relative or friend to vote and, opposite the voter's name, the name of the person who provided the assistance and the family ties with the voter, if any;

(*f*) the name of each voter who votes outside the polling station pursuant to section 253;

(*g*) the name of any person against whom information is received under oath pursuant to section 256; and

257. (1) Le scrutateur peut expulser du bureau de vote toute personne qu'il estime coupable d'avoir enfreint une des dispositions des articles 200 à 203 et peut faire enlever du bureau tout objet qui selon lui a été utilisé en dérogation de ces dispositions.

Pouvoir d'expulsion

(2) Dans un centre de vote, le scrutateur principal peut exercer le pouvoir conféré au scrutateur par le paragraphe (1).

Centre de vote

Registre du scrutin

258. Le greffier du scrutin inscrit sur le registre du scrutin de la manière déterminée par le directeur général des élections :

Inscriptions

a) le nom et le numéro de chaque électeur qui a été requis de fournir une preuve d'identité ou de prêter serment en application des articles 242 et 244, si la personne en cause a prêté ou non serment et si elle a voté ou non;

b) les nom et numéro de certificat de chaque électeur visé à l'article 176;

c) la mention qu'un autre bulletin de vote a été remis à un électeur par le scrutateur en application de l'article 249;

d) le nom de chaque électeur qui a reçu l'aide du scrutateur pour voter;

e) le nom de chaque électeur qui a reçu l'aide d'un parent ou d'un ami pour voter et, en regard de son nom, le nom de la personne qui l'a assisté ainsi que, le cas échéant, la mention de son lien de parenté avec lui;

f) le nom de chaque électeur qui a voté à l'extérieur du bureau de vote en application de l'article 253;

g) le nom de toute personne qui a fait l'objet d'une dénonciation en application de l'article 256;

(*h*) any occurrence that the deputy returning officer directs the poll clerk to record pursuant to the directives of the Chief Electoral Officer.

h) tout incident que le scrutateur lui demande de noter conformément aux directives du directeur général des élections.

Schedule and Proceedings for the Advance Vote

Horaire et déroulement du vote par anticipation

Hours of advance poll

259. (1) For the purpose of the advance vote, the polling station shall be open from

(*a*) noon to 8:00 p.m. on the second Sunday before election day; and

(*b*) 9:00 a.m. to 6:00 p.m. on the Saturday before election day.

259. (1) Pour le vote par anticipation, les bureaux de vote sont ouverts selon l'horaire suivant :

a) de 12 h à 20 h l'avant-dernier dimanche avant le jour du scrutin;

b) de 9 h à 18 h le samedi avant le jour du scrutin.

Heures d'ouverture des bureaux

Other schedule

(2) The returning officer shall determine the appropriate schedule when the advance vote does not occur over two days or when it is for a mobile polling station.

(2) Dans les cas où le vote par anticipation ne s'étend pas sur deux jours ou lorsqu'il s'agit de bureaux de vote itinérants, l'horaire est fixé par le directeur du scrutin.

Périodes plus courtes

Voting procedure

260. (1) Sections 228 to 235 and 237 to 249 apply to the advance vote with such modifications as the circumstances require.

260. (1) Les dispositions des articles 228 à 235 et 237 à 249 s'appliquent au déroulement du vote par anticipation avec les adaptations nécessaires.

Déroulement du vote

Record-keeping

(2) The poll clerk at the advance polling station shall, as directed by the deputy returning officer, keep a register in duplicate of the advance vote in the form established by the Chief Electoral Officer containing the names and addresses of the voters who voted at the advance poll in the order in which they voted, as well as such information as would be required for an ordinary polling station.

(2) Le greffier du scrutin pour un bureau de vote par anticipation, sur instruction du scrutateur, tient en double sur la formule établie par le directeur général des élections, un registre du scrutin où il inscrit les nom et adresse des personnes qui ont voté dans l'ordre où elles l'ont fait de même que, en regard du nom de chaque électeur, les inscriptions que le greffier serait tenu de faire en application de la présente loi s'il s'agissait d'un bureau ordinaire de vote.

Registre du scrutin

Voter's signature

(3) The poll clerk may also request any voter who votes at the advance vote to sign the register.

(3) Le greffier peut en outre exiger de l'électeur qu'il appose sa signature sur le registre, en regard de son nom.

Signature de l'électeur

Procedure at close of advance poll

261. (1) At the close of the advance polling station, at 6:00 p.m. on the first day and 8:00 p.m. on the second day, in view of all present, the deputy returning officer shall

(*a*) open the ballot box;

261. (1) À la fermeture du bureau, à dix-huit heures le premier jour du vote par anticipation et à vingt heures, le second jour, le scrutateur, bien en vue des personnes présentes :

a) ouvre l'urne;

Mesures à prendre à l'heure de fermeture

(*b*) empty the valid ballots deposited during the day into the special envelope provided for this purpose in a way that preserves their secrecy, seal the envelope with the seal provided by the Chief Electoral Officer and note on the envelope the number of ballots it contains;

(*c*) establish the number of any spoiled ballots, put these ballots in the special envelope provided for this purpose, seal the envelope and note on the envelope the number of spoiled ballots it contains; and

(*d*) record the number of unused ballots and the names of everyone who is registered as having voted that day, place the ballots and the register in the special envelope provided for this purpose, seal the envelope and note, on the envelope, the number of unused ballots and the number of persons who voted at the advance poll on that day.

Signing the seals

(2) The deputy returning officer and the poll clerk shall each sign the seals on all the envelopes, and any candidates or their representatives present may also sign the seals.

Sealing the ballot box

(3) After the seals are signed, the deputy returning officer shall deposit the envelopes referred to in subsection (1) in the ballot box and then seal the ballot box in accordance with the directives of the Chief Electoral Officer.

Custody of the ballot box

262. (1) The deputy returning officer shall keep custody of the ballot box during the time from the close of an advance polling station and the counting of the votes pursuant to section 266.

Checking seals

(2) Any candidates or their representatives, present at the close of an advance polling station, may note the serial number inscribed on the seal for the ballot box when the box is sealed, when the polling station is opened on the second day of the advance vote and when the votes are counted on election day.

b) verse, de manière à en préserver le secret, les bulletins de vote déposés au cours de la journée, dans l'enveloppe spéciale fournie à cette fin, la scelle avec le sceau fourni par le directeur général des élections et indique sur l'enveloppe le nombre de bulletins de vote qu'elle contient;

c) compte, le cas échéant, les bulletins de vote détériorés, les place dans l'enveloppe spéciale fournie à cette fin, la scelle avec le sceau fourni par le directeur général des élections et indique sur l'enveloppe le nombre de ces bulletins détériorés;

d) compte les bulletins de vote inutilisés et les noms des personnes qui, d'après le registre, ont voté au cours de la journée et place ces bulletins inutilisés ainsi qu'une copie du registre du scrutin dans l'enveloppe spéciale fournie à cette fin, scelle celle-ci avec le sceau fourni par le directeur général des élections et indique sur l'enveloppe le nombre de bulletins de vote inutilisés et le nombre de personnes qui ont voté au bureau ce jour-là.

(2) Le scrutateur et le greffier du scrutin apposent leur signature sur les sceaux appliqués aux enveloppes spéciales. Les personnes, parmi les candidats ou leurs représentants, qui sont présentes, peuvent faire de même.

Signatures sur les sceaux

(3) Le scrutateur dépose les enveloppes scellées dans l'urne et la scelle conformément aux directives du directeur général des élections.

Urne scellée

262. (1) Dans les intervalles entre les périodes de vote par anticipation et jusqu'au dépouillement du vote, en conformité avec l'article 266, le scrutateur a la garde de l'urne.

Garde de l'urne

(2) Les candidats ou leurs représentants, qui sont présents à la fermeture du bureau, peuvent, s'ils le désirent, prendre note du numéro de série inscrit sur le sceau spécial utilisé pour sceller l'urne et peuvent de nouveau prendre note de ce numéro de série à la réouverture du bureau, le deuxième jour du vote et lors du dépouillement du vote le jour du scrutin.

Vérification du sceau

Collection of registers

263. The returning officer shall cause a copy of the register of the advance vote from each advance poll in the returning officer's constituency to be collected as soon as possible after the close of each advance polling station.

Registre du scrutin

263. Aussitôt que possible après chaque fermeture des bureaux de vote par anticipation, le directeur du scrutin fait recueillir une copie du registre du scrutin de chaque bureau de vote par anticipation établi dans sa circonscription.

Counting the Votes

Dépouillement du vote

Time of counting

264. On election day, immediately after the close of the polls in the constituency, the counting of the votes shall take place in every polling station open that day or during the time of the advance vote.

Moment du dépouillement

264. Immédiatement après l'heure de fermeture des bureaux vote dans la circonscription, le jour du scrutin, il est procédé au dépouillement du vote dans chaque bureau de vote qui a été ouvert ce jour-là ou lors du vote par anticipation.

When special ballots received

265. (1) When a polling station or a mobile polling station is established in or visits a hospital, the deputy returning officer who received special ballots for another polling division or constituency shall count these votes before counting the votes for the polling division where the hospital is located.

Cas où des bulletins de vote spéciaux ont été reçus

265. (1) Lorsque dans un bureau de vote établi ou de passage dans un établissement de santé le scrutateur a reçu des bulletins de vote spéciaux destinés à une autre section de vote ou circonscription, il procède, avant le dépouillement du vote, au dépouillement de ces bulletins.

Procedure

(2) The deputy returning officer shall open the certification envelope and proceed to count the votes cast by special ballot pursuant to the procedure established by the Commission, taking all necessary measures to ensure the secrecy of the ballots.

Procédure

(2) Le scrutateur ouvre les enveloppes-certificats et procède au dépouillement du vote exprimé par bulletin de vote spécial selon la procédure établie par la Commission. Il prend toute mesure nécessaire pour assurer le secret du vote.

Results

(3) After counting the special ballots, the deputy returning officer shall record and certify, in a statement of the poll, the results of these votes by constituency and immediately send these results to the Chief Electoral Officer by telephone or telephone facsimile.

Résultats

(3) Après avoir dépouillé le vote exprimé par bulletin de vote spécial, le scrutateur inscrit sur un relevé du scrutin qu'il certifie, les résultats obtenus par circonscription et communique sans délai ces résultats au directeur général des élections par téléphone ou télécopieur.

Transmission of results

(4) The Chief Electoral Officer shall forward a constituency's voting results received pursuant to subsection (3) together with the results from the votes cast by non-residents and prisoners, if any, to the constituency's returning officer.

Transmission des résultats

(4) Le directeur général des élections transmet aux directeurs du scrutin concernés les résultats que lui ont communiqués les scrutateurs en application du paragraphe (3) en les intégrant, le cas échéant, aux résultats du dépouillement du vote des non-résidents et des détenus pour cette circonscription.

Counting the votes

(5) Once the results are communicated pursuant to subsection (3), the deputy returning officer shall proceed to count the votes.

Dépouillement du vote

(5) Une fois les résultats transmis conformément au paragraphe (3), le scrutateur procède au dépouillement du vote.

Procedure for counting the votes

266. (1) The deputy returning officer shall, in the presence of the poll clerk and the candidates or their representatives or, if the candidates or their representatives are not present, in the presence of two voters,

(*a*) count the number of voters who voted at the polling station;

(*b*) count the number of voters who registered on election day;

(*c*) count the spoiled ballots, if any, place them in the envelope provided for this purpose and, before sealing the envelope, indicate on it the number of spoiled ballots it contains;

(*d*) count the number of unused ballots that are not detached from the books of ballots, place the unused ballots and the stubs of all used ballots in the special envelope provided for this purpose and note the number of unused ballots on the outside of the envelope;

(*e*) check the number of ballots supplied by the returning officer against the number of spoiled ballots, unused ballots and ballots deposited in the ballot box;

(*f*) open the ballot box and empty its contents on a table;

(*g*) examine each ballot to determine whether it is valid and allow those present an opportunity to also examine them; and

(*h*) count the number of votes given to each candidate on the counting sheets provided and record and certify the totals in the poll book.

Counting the advance votes

(2) For counting the advance vote, the deputy returning officer shall empty the contents of the ballot box on a table, open the envelopes and proceed in the same manner as for the counting of the votes cast at a polling station on election day.

Rejection of ballots

267. When counting the votes, the deputy returning officer shall reject any ballot that

(*a*) was not supplied by the deputy returning officer;

(*b*) was not marked in favour of a candidate;

266. (1) Le scrutateur, en présence du greffier du scrutin, des candidats ou de leurs représentants ou, en l'absence de ces derniers, en présence de deux électeurs :

a) compte le nombre de personnes ayant voté à ce bureau;

b) compte le nombre d'électeurs qui se sont inscrits le jour du scrutin;

c) compte, le cas échéant, les bulletins détériorés, les place dans l'enveloppe spéciale fournie à cette fin et, avant de la sceller, indique sur l'enveloppe le nombre de bulletins détériorés qu'elle contient;

d) compte les bulletins de vote inutilisés qui ne sont pas détachés des livrets de bulletins, les place, avec la souche des bulletins utilisés, dans l'enveloppe spéciale fournie à cette fin et indique sur l'enveloppe le nombre de bulletins de vote inutilisés;

e) compare le nombre de bulletins de vote fournis par le directeur du scrutin avec le total des bulletins de vote détériorés, inutilisés et déposés dans l'urne;

f) ouvre l'urne et en vide le contenu sur une table;

g) détermine la validité de chaque bulletin de vote et donne aux personnes présentes l'occasion de l'examiner;

h) note sur une feuille de comptage fournie à cette fin le nombre de votes en faveur de chaque candidat, inscrit dans le registre du scrutin les résultats des comptages et les certifie.

Modalités du dépouillement

(2) Dans le cas du dépouillement du vote par anticipation, le scrutateur ouvre l'urne, en vide le contenu sur une table, ouvre les enveloppes et procède de la même façon que pour le dépouillement du vote à un bureau ouvert le jour du scrutin.

Dépouillement du vote par anticipation

267. En dépouillant le vote, le scrutateur rejette les bulletins :

a) qu'il n'a pas fournis;

b) qui n'ont pas été marqués en faveur d'un candidat;

Bulletins rejetés

(*c*) was marked for more than one candidate;

(*d*) was marked in a place other than the circular space provided, unless the mark clearly indicates the voter's intention; or

(*e*) was marked in a way that identifies the voter.

Savings provision

268. (1) No ballot shall be rejected pursuant to section 267 for the sole reason that the deputy returning officer has placed a note, number or other mark on it.

Unremoved counterfoil

(2) A ballot shall not be rejected for the sole reason that the deputy returning officer did not remove the counterfoil when the voter voted.

Objections

269. (1) Where a candidate or representative objects to the validity of a ballot, the deputy returning officer shall record the objection in the poll book and render a decision on the questions raised by the objection.

Decision final

(2) The decision of a deputy returning officer on an objection under subsection (1) is final, and may only be reversed by a recount or by an application to annul the election pursuant to section 306.

Objections numbered

(3) The deputy returning officer shall assign a number to each objection and shall record that number on the back of the ballot with the deputy returning officer's initials.

Statement of the poll

270. (1) The deputy returning officer shall

(*a*) prepare a statement of the poll that sets out the total number of valid votes cast, the number of votes in favour of each candidate and the number of rejected ballots;

(*b*) place all the valid ballots in separate envelopes for each candidate; and

(*c*) place all the rejected ballots in another envelope.

c) qui ont été marqués en faveur de plus d'un candidat;

d) qui n'ont pas été marqués dans l'espace circulaire prévu à cette fin sur le bulletin, à moins que la marque n'indique l'intention manifeste de l'électeur;

e) qui portent une inscription ou une marque de nature à permettre l'identification de l'électeur.

268. (1) Le bulletin de vote ne peut être rejeté en application de l'article 267 au seul motif que le scrutateur y a apposé une note, un numéro ou une marque.

Bulletin marqué par le scrutateur

(2) Un bulletin de vote ne peut être rejeté au seul motif que le scrutateur a omis d'en enlever le talon au moment du vote.

Bulletins dont le talon n'est pas détaché

269. (1) Le scrutateur note dans le registre du scrutin toute objection formulée par un candidat ou son représentant à l'égard d'un bulletin de vote et tranche toute question soulevée par cette objection.

Objections

(2) La décision du scrutateur est définitive et ne peut être infirmée que lors d'un nouveau dépouillement ou sur requête en annulation de l'élection, visée à l'article 306.

Décision définitive

(3) Le scrutateur numérote les objections et inscrit chaque numéro avec son parafe, au verso du bulletin.

Numérotation des objections

270. (1) Le scrutateur est tenu :

a) de préparer un relevé du scrutin dans lequel est indiqué le nombre de bulletins acceptés, le nombre de votes recueillis par chaque candidat, ainsi que le nombre de bulletins rejetés;

Relevé du scrutin

b) de trier et déposer les bulletins de vote acceptés dans des enveloppes séparées portant le nom de chacun des candidats;

c) de déposer tous les bulletins rejetés dans une autre enveloppe.

Sealing envelopes

(2) The deputy returning officer shall seal each envelope and note its contents on the envelope.

Signing the seals

(3) The deputy returning officer and the poll clerk shall each sign the seals on all the envelopes containing the ballots, and any other person present may also sign the seals.

Copies of statement of poll

271. (1) The deputy returning officer shall make copies of the statement of the poll, in accordance with the directives of the Chief Electoral Officer, and distribute them as follows:

(*a*) one copy to remain with the poll book;

(*b*) one copy to be kept by the deputy returning officer;

(*c*) two copies to be sent to the returning officer with the ballot box, one of which shall be in a sealed envelope placed inside the ballot box; and

(*d*) one copy for each candidate's representative, if any.

Copy to candidates

(2) The returning officer shall send a copy of the statements of the poll to each candidate who requests it.

Placement in ballot box

(3) The deputy returning officer shall place the following in the ballot box:

(*a*) a large envelope containing the separate envelopes containing unused, rejected and spoiled ballots and the envelopes containing the votes cast in favour of the various candidates;

(*b*) the envelope containing the voters list and other documents used at the poll; and

(*c*) the poll book and the envelope containing the statement of the poll.

Closing and delivery of ballot box

(4) The deputy returning officer shall seal the ballot box pursuant to the directives of the Chief Electoral Officer and shall send it immediately to the returning officer.

Notification of results

(5) The deputy returning officer shall immediately notify the returning officer of the voting results.

---

(2) Les enveloppes portent mention de leur contenu et sont scellées par le scrutateur.

Enveloppes scellées

(3) Le scrutateur et le greffier du scrutin apposent leur signature sur le sceau de chaque enveloppe, et les autres personnes présentes peuvent, si elles le souhaitent, apposer également leur signature.

Signatures sur les sceaux

271. (1) Le scrutateur établit des copies du relevé du scrutin, conformément aux directives du directeur général des élections, pour disposition comme suit :

Relevé du scrutin établi par le scrutateur

a) une qui reste annexée au registre du scrutin;

b) une qu'il conserve;

c) deux à l'intention du directeur du scrutin, transmises à celui-ci en même temps que l'urne, dont une copie dans une enveloppe scellée qui y est placée;

d) une qu'il remet à chaque représentant des candidats, le cas échéant.

(2) Le directeur du scrutin transmet au candidat qui lui en fait la demande une copie de chaque relevé du scrutin.

Copie aux candidats

(3) Sont placées dans la grande enveloppe fournie à cette fin, les enveloppes contenant respectivement les bulletins de vote inutilisés, rejetés, détériorés ou attribués à chacun des candidats. La grande enveloppe est alors scellée et déposée dans l'urne avec, séparément, l'enveloppe contenant la liste des électeurs et les autres documents qui ont servi au scrutin, le registre du scrutin et l'enveloppe où a été placée l'enveloppe contenant le relevé du scrutin.

Documents à déposer dans l'urne

(4) L'urne est scellée conformément aux directives du directeur général des élections et est immédiatement transmise au directeur du scrutin.

Fermeture et transmission de l'urne

(5) Le scrutateur communique sans délai les résultats du dépouillement du vote au directeur du scrutin.

Communication des résultats

DIVISION III

VOTING BY SPECIAL BALLOT

Manner of Voting

Exercise of the right to vote

272. (1) A voter may exercise the right to vote by means of a special ballot issued in accordance with this Act.

Secrecy of the vote

(2) The provisions in Division II on voting secrecy apply to voting by special ballot, with such modifications as the circumstances may require.

Availability

273. Special ballots shall be made available from the office of the returning officer as soon as it is open at the beginning of the election period, and in any other office in Canada or abroad that the Commission may designate.

Form of special ballot

274. (1) The special ballot shall be in Form 3 of Schedule I and be printed in blank to allow the voter to write in the name of a candidate or political party.

Three envelopes

(2) Each election official who delivers a special ballot to a voter shall at the same time deliver the following three envelopes:

(*a*) the secrecy envelope, which is blank and is to be used by the voter to enclose the special ballot;

(*b*) the certification envelope which shall

(i) have blank spaces to record the voter's surname and first name, address and constituency and any other information that the Commission may require,

(ii) carry a unique number, and

(iii) have a place for the voter to certify that the voter has not already voted in the election, will not vote in the election again after using the special ballot and, in the case of a non-resident voter, has not voted in a foreign national election since becoming a non-resident; and

(*c*) the return envelope.

SECTION III

VOTE PAR BULLETIN DE VOTE SPÉCIAL

Modalités du vote

Exercice du droit de vote

272. (1) Tout électeur peut exercer son droit de vote au moyen d'un bulletin de vote spécial délivré conformément à la présente loi.

Secret du vote

(2) Les dispositions de la section II relatives au secret du vote s'appliquent, avec les adaptations nécessaires, au vote par bulletin de vote spécial.

Disponibilité

273. Des bulletins de vote spéciaux sont disponibles au bureau du directeur du scrutin dès l'ouverture de ce bureau au début d'une période électorale ou dans tout autre bureau, au Canada ou à l'étranger, que désigne la Commission.

Bulletins de vote spéciaux

274. (1) Le bulletin de vote spécial est conforme à la formule 3 de l'annexe I de la présente loi et est imprimé en blanc de façon à permettre à l'électeur d'y inscrire le nom d'un candidat ou d'un parti.

Trois enveloppes

(2) Trois enveloppes sont remises à l'électeur avec son bulletin de vote spécial :

a) la première, en blanc, dite l'enveloppe anonyme, dans laquelle l'électeur dépose son bulletin marqué;

b) la deuxième, dite l'enveloppe-certificat, avec espaces en blanc pour inscription, par l'électeur, de ses nom, prénom, adresse et circonscription électorale et toute autre information que la Commission peut exiger et portant un numéro propre à chaque enveloppe. Un espace y est prévu pour permettre à l'électeur de certifier qu'il n'a pas déjà voté à l'élection ou qu'il n'y votera pas de nouveau et, dans le cas de l'électeur qui réside à l'étranger, qu'il n'a pas voté à une élection nationale à l'étranger depuis son départ du Canada;

c) l'enveloppe-réponse.

Voting
procedure

(3) To use a special ballot, a voter shall

(*a*) mark the ballot and place it in the secrecy envelope;

(*b*) seal the secrecy envelope and place it in the certification envelope; and

(*c*) enter the information on the certification envelope, seal it and place it in the return envelope.

One special
ballot only

275. No person shall obtain more than one special ballot at an election.

Prisoners and
non-resident
voters

276. (1) The Chief Electoral Officer shall, as soon as possible after the date of the writ, send a special ballot to any voter registered on the non-resident voters list pursuant to section 168 or on the list of voters in federal penal institutions pursuant to section 173.

Postponed
election

(2) Where the election is postponed in a constituency pursuant to section 195,

(*a*) the Chief Electoral Officer shall send, to any voter referred to in subsection (1), a new special ballot and a notice indicating which candidate is deceased and the new election day; and

(*b*) the returning officer shall send a new special ballot and the notice to any other voter who registered for the purpose of voting by special ballot in the constituency.

Forwarding of
special ballot

277. (1) A voter who has obtained a special ballot pursuant to sections 139 to 143 may vote by using the special ballot at any time during the election period in the constituency where the voter has the right to vote, but the voter shall ensure that the return envelope is received

(*a*) at the returning officer's office before the closing of the polling stations in the constituency, on election day; or

(*b*) in the case of voters registered on the non-resident voters list pursuant to section 168 or on the list of voters in federal penal institutions pursuant to section 173, at the head office of the Commission, before 6:00 p.m., eastern time, on election day.

Procédure

(3) L'électeur qui désire utiliser un bulletin de vote spécial place son bulletin marqué dans l'enveloppe anonyme et scelle cette dernière; il remplit ensuite l'enveloppe-certificat et y dépose l'enveloppe anonyme. Il scelle l'enveloppe-certificat et la place dans l'enveloppe-réponse qu'il scelle également.

Un bulletin par
électeur

275. Nul ne peut obtenir plus d'un bulletin de vote spécial pour une même élection.

Non-résidents
et électeurs des
institutions
pénales
fédérales

276. (1) Dans les meilleurs délais après la date d'un décret d'élection, le directeur général des élections transmet un bulletin de vote spécial aux personnes inscrites sur la liste des électeurs non-résidents visée à l'article 168 de même qu'aux électeurs inscrits sur la liste des électeurs des institutions pénales fédérales visée à l'article 173.

Scrutin reporté

(2) Lorsque le scrutin est reporté dans une circonscription en vertu de l'article 195 :

a) le directeur général des élections fait parvenir un nouveau bulletin de vote spécial à tout électeur mentionné au paragraphe (1) avec un avis portant le nom du candidat décédé et la date du nouveau scrutin;

b) le directeur du scrutin fait parvenir un bulletin de vote spécial et le même avis à tout autre électeur inscrit pour voter par bulletin de vote spécial dans sa circonscription.

Transmission
du bulletin de
vote spécial

277. (1) L'électeur qui a obtenu un bulletin de vote spécial conformément aux articles 139 à 143 peut voter au moyen de ce bulletin en tout temps pendant la période électorale dans la circonscription où il est habile à voter mais il doit s'assurer que l'enveloppe-réponse parvienne, selon le cas:

a) au bureau du directeur du scrutin avant la fermeture des bureaux de vote dans la circonscription, le jour du scrutin;

b) au siège de la Commission avant dix-huit heures, heure de l'Est, le jour du scrutin, dans le cas des électeurs inscrits sur la liste des non-résidents visée à l'article 168 ou sur la liste des électeurs des institutions pénales fédérales visée à l'article 173.

Voter's responsibility

(2) A voter is solely responsible for ensuring that the voter's special ballot is received by the returning officer or the Commission, as the case may be, prior to the time provided for in subsection (1), except for persons voting pursuant to section 255.

(2) Il incombe seul à l'électeur de voir à ce que son bulletin de vote spécial parvienne au directeur du scrutin ou à la Commission, selon le cas, avant l'heure prévue au paragraphe (1) sauf s'il s'agit d'une personne visée à l'article 255.

Responsabilité de l'électeur

Schedule II constituency

278. A voter for a constituency containing isolated areas who has obtained a special ballot pursuant to sections 139 to 143 and who is unable to send or deliver it to the returning officer's office before the closing of the polling station in the voter's constituency on election day may instead vote by delivering the special ballot to a deputy returning officer in the constituency where the voter is registered.

278. L'électeur d'une circonscription comportant des localités éloignées qui a obtenu un bulletin de vote spécial conformément aux articles 139 à 143 et qui ne peut le transmettre ou le déposer au bureau du directeur du scrutin avant l'heure de fermeture des bureaux dans sa circonscription le jour du scrutin peut le remettre au scrutateur d'un bureau de vote dans cette circonscription.

Circonscriptions comportant des localités éloignées

Voting by telephone or similar means

279. (1) Where a voter in a constituency containing isolated areas is unable to vote on election day because of isolation due to unforeseen circumstances, the returning officer or an assistant returning officer designated for this purpose may receive the voter's vote by telephone, radio or telephone facsimile, if the voter's identity is well established.

279. (1) Lorsqu'en raison de circonstances imprévues d'éloignement, un électeur habile à voter dans une circonscription contenant des localités éloignées ne peut y voter le jour du scrutin, le directeur du scrutin ou un directeur adjoint du scrutin qu'il désigne à cette fin peut recevoir le vote de cet électeur par téléphone, par radio ou par télécopieur, s'il estime que son identité est bien établie.

Vote par téléphone, télécopieur ou radio

Procedure

(2) The returning officer who receives a voter's vote pursuant to subsection (1) shall mark the voter's choice of candidate on a special ballot and place it in the envelopes pursuant to subsection 274(3) on the voter's behalf.

(2) Le directeur du scrutin qui reçoit le vote d'un électeur conformément au paragraphe (1) marque sur un bulletin de vote spécial le vote de cet électeur et utilise les enveloppes visées au paragraphe 274(3) comme s'il était lui-même l'électeur.

Procédure

Deemed special ballot

(3) A vote made under this section is valid and shall be deemed to be a vote made by special ballot.

(3) Le vote reçu conformément au présent article est considéré comme un vote valablement donné par bulletin de vote spécial.

Présomption

Verification and Counting of Special Ballots in the Office of the Returning Officer

Vérification et dépouillement des bulletins de vote spéciaux au bureau du directeur du scrutin

Appointment of election officers

280. (1) The returning officer shall appoint a deputy returning officer and a poll clerk for the purpose of verifying and counting the special ballots issued to voters in the constituency and received in the office of the returning officer.

280. (1) Pour assurer la vérification et le dépouillement des bulletins de vote spéciaux obtenus par des électeurs de sa circonscription et transmis à son bureau, le directeur du scrutin nomme un scrutateur et un greffier du scrutin.

Nomination du personnel requis

Idem

(2) More than one deputy returning officer and poll clerk may be appointed where the number of votes cast warrants it.

(2) Si le nombre de bulletins de vote spéciaux le justifie, le directeur du scrutin peut nommer plus d'un scrutateur et plus d'un greffier du scrutin.

Idem

Representation of different candidates

(3) The returning officer shall assign duties so that a deputy returning officer chosen from among the persons recommended by one candidate works with a poll clerk chosen from among the persons recommended by another candidate.

Notice of appointment

(4) The returning officer shall, as soon as possible, notify the candidates of the name and occupation of the persons appointed as the deputy returning officer and poll clerk.

Presence of representative

281. A candidate or candidate's representative may be present for the verification and counting of special ballots received at the office of the returning officer.

Preservation of sealed envelopes

282. (1) The returning officer shall ensure that the return envelopes forwarded to the office of the returning officer are kept sealed until the returning officer gives them to the deputy returning officer for purposes of verification of voter identification under section 283.

Envelopes received after deadline

(2) The returning officer shall keep separate and sealed all return envelopes received at the office of the returning officer after the close of the polling stations in the constituency, and shall initial them and mark them with the date and time of their receipt.

Verification of special ballots

283. (1) At a time established by the Chief Electoral Officer during the four days preceding election day, the returning officer shall direct a deputy returning officer and poll clerk to verify the special ballots received at the office of the returning officer and the returning officer shall notify the candidates of the date, time and place of verification of the special ballots.

Verification procedure

(2) The returning officer shall provide the poll clerk with a poll book supplied by the Chief Electoral Officer and the applications for special ballots received before the deadline in section 141.

(3) Le directeur du scrutin procède à l'affectation des scrutateurs et greffiers du scrutin de manière à ce qu'un scrutateur nommé parmi les personnes recommandées par un candidat exerce sa fonction avec un greffier du scrutin nommé parmi les personnes recommandées par un autre candidat.

Représentation de différents candidats

(4) Le directeur du scrutin donne avis dès que possible aux candidats du nom et de l'occupation des personnes qu'il a nommées comme scrutateur et greffier du scrutin.

Avis de nomination

281. Un candidat ou son représentant peut assister à la vérification et au dépouillement des bulletins de vote spéciaux reçus au bureau du directeur du scrutin.

Présence d'un représentant

282. (1) Le directeur du scrutin veille à ce que les enveloppes-réponses transmises à son bureau soient conservées, scellées, jusqu'à leur remise par lui au scrutateur pour vérification de l'identité des électeurs conformément à l'article 283.

Conservation des enveloppes scellées

(2) Le directeur du scrutin conserve scellées et de façon distincte toutes les enveloppes-réponses reçues à son bureau après l'heure de fermeture des bureaux de vote dans la circonscription. Il indique sur chacune d'elles l'heure et la date de réception et y appose ses initiales.

Enveloppes reçues en retard

283. (1) À compter du quatrième jour précédant le jour du scrutin et dans la mesure où les directives du directeur général des élections l'y autorisent, le directeur du scrutin peut charger un scrutateur et un greffier du scrutin de vérifier les bulletins de vote spéciaux reçus à son bureau. Il donne avis aux candidats de la date, de l'heure et du lieu de toute séance de vérification.

Séance de vérification des bulletins de vote spéciaux

(2) Le directeur du scrutin remet au greffier du scrutin un registre du scrutin fourni par le directeur général des élections de même que les formules d'inscription pour un bulletin de vote spécial reçues à son bureau avant l'échéance prévue par l'article 141.

Procédure de vérification

Idem

(3) When verifying the special ballots, the deputy returning officer and poll clerk shall open the return envelopes and shall, in accordance with the directives of the Commission, ascertain that the voter whose signature and identification appear on the certification envelope is entitled to vote in the constituency.

Invalid ballots

284. (1) The deputy returning officer shall not count a special ballot if

(*a*) the voter's identification does not correspond to the registration received at the office of the returning officer;

(*b*) more than one special ballot has been issued to the voter;

(*c*) the voter was not registered in the constituency prior to the deadline in section 141; or

(*d*) the return envelope was received at the office of the returning officer after the close of the polling stations in the constituency on election day.

Objections

(2) When the special ballots are verified, the poll clerk shall register in the poll book any objection to a voter's right to vote in the constituency.

Reasons

(3) The deputy returning officer shall, without breaking the seal, set aside any certification envelope that the deputy returning officer considers is not acceptable to be counted, note the reasons for the rejection on the certification envelope and initial it with the poll clerk.

Verification

285. (1) The deputy returning officer and the poll clerk shall, after the close of the constituency's polling stations, do a last verification and examine the return envelopes received at the office of the returning officer since the last verification and set aside any certification envelopes submitted by voters who voted at a polling station on election day or at an advance vote.

Counting

(2) After the verification referred to in subsection (1) and not earlier than one half hour after the close of the polling stations, the deputy returning officer and poll clerk shall count all valid certification envelopes.

Idem

(3) Le scrutateur et le greffier du scrutin, lors d'une séance de vérification, ouvrent les enveloppes-réponses et vérifient, conformément aux règles établies par la Commission, si l'électeur dont la signature et l'identité apparaissent sur l'enveloppe-certificat est habile à voter dans la circonscription.

Bulletins rejetés

284. (1) Est rejeté tout bulletin de vote spécial d'un électeur :

a) dont l'identité ne correspond pas à une inscription reçue au bureau du directeur du scrutin;

b) au nom de qui plus d'un bulletin de vote spécial a été délivré;

c) qui n'était pas inscrit dans la circonscription à l'échéance prévue à l'article 141;

d) qui a fait parvenir son enveloppe-réponse au bureau du directeur du scrutin après la fermeture des bureaux de vote dans la circonscription le jour du scrutin.

Relevé des objections

(2) Lors de la vérification, le greffier du scrutin note au registre du scrutin toute objection sur l'habilité d'un électeur à voter dans la circonscription.

Inscription des motifs d'inadmissibilité

(3) Le scrutateur laisse de côté, sans la décacheter, toute enveloppe-certificat qu'il juge non admissible au dépouillement et y inscrit le motif d'inadmissibilité. Il y appose ensuite ses initiales et le greffier du scrutin fait de même.

Vérification

285. (1) Après la fermeture des bureaux de vote dans la circonscription, le scrutateur et le greffier du scrutin tiennent une dernière séance de vérification. Ils examinent alors les enveloppes-réponses reçues au bureau du directeur du scrutin depuis la séance de vérification précédente et laissent de côté comme inadmissibles les enveloppes-certificats des électeurs qui ont voté à un bureau de vote le jour du scrutin ou lors du vote par anticipation.

Dépouillement

(2) Après la vérification prévue par le paragraphe (1) mais pas avant une demi-heure après la fermeture des bureaux de vote, le scrutateur et le greffier du scrutin procèdent au dépouillement des enveloppes-certificats admissibles.

Opening of certification envelopes

(3) The deputy returning officer and poll clerk shall open the certification envelopes and put the secrecy envelopes in a ballot box provided by the returning officer.

Counting of votes

(4) After all the secrecy envelopes have been inserted in the ballot box, the deputy returning officer shall open the ballot box and the deputy returning officer and poll clerk shall open the secrecy envelopes and count the votes.

Invalid ballots

286. (1) When counting special ballots, the deputy returning officer shall reject any special ballot that

(*a*) does not appear to have been supplied for the election;

(*b*) is not marked in favour of a candidate or political party;

(*c*) is marked for more than one candidate or political party;

(*d*) is marked for both a political party and a candidate who is not affiliated with that party; or

(*e*) is marked in a way that identifies the voter.

Error

(2) The returning officer shall not reject a special ballot for the sole reason that the voter has incorrectly written the name of the candidate or political party if the ballot clearly indicates the voter's intent.

Presumption

(3) A vote for a political party shall be deemed to be in favour of the candidate endorsed by that party in the constituency.

Statement of the poll

287. The deputy returning officer shall prepare and remit to the returning officer a statement of the poll in the form established by the Chief Electoral Officer.

Ouverture des enveloppes-certificats

(3) Le scrutateur et le greffier du scrutin décachètent les enveloppes-certificats et placent les enveloppes anonymes dans une urne fournie à cette fin par le directeur du scrutin.

Compte des votes

(4) Une fois toutes les enveloppes-certificats dépouillées, le scrutateur ouvre l'urne. Avec le greffier du scrutin, il décachète les enveloppes anonymes et compte les votes.

Bulletins rejetés

286. (1) Le scrutateur, lors du comptage des votes, rejette les bulletins de vote spéciaux qui :

a) ne paraissent pas avoir été fournis pour l'élection;

b) n'ont pas été marqués en faveur d'un candidat ou d'un parti politique;

c) ont été marqués en faveur de plus d'un candidat ou d'un parti politique;

d) ont été marqués en faveur d'un parti politique et d'un candidat non appuyé par ce parti;

e) portent une inscription ou une marque de nature à permettre l'identification de l'électeur.

Erreur

(2) Le scrutateur ne peut rejeter un bulletin de vote spécial au seul motif que l'électeur n'a pas inscrit correctement le nom du candidat ou du parti politique pour lequel il entend voter pourvu que l'inscription indique l'intention manifeste de l'électeur.

Présomption

(3) Un vote exprimé en faveur d'un parti politique est considéré exprimé en faveur du candidat appuyé par ce parti dans la circonscription.

Relevés du scrutin

287. Le scrutateur prépare un relevé du scrutin en la forme établie par le directeur général des élections et le remet au directeur du scrutin.

Verification and Counting of Special Ballots at the Commission's Head Office

Nomination of central returning officers

288. (1) The Chief Electoral Officer shall appoint a sufficient number of scrutineers to ensure the proper verification and counting of special ballots received at the head office of the Commission or at any place designated for this purpose by the Commission.

Recommendation of party

(2) A registered party may recommend persons suitable to act as scrutineers to the Chief Electoral Officer.

Choice of recommended persons

(3) The Chief Electoral Officer shall choose scrutineers from among the persons recommended by registered parties who are qualified to be election officials, and shall take into account the relative proportion of the members of the House of Commons elected from each registered party at the last general election.

Informing parties

(4) The Chief Electoral Officer shall, without delay, send a list of the appointed scrutineers to the registered parties.

Performance of duties

289. (1) The scrutineers shall perform their duties in pairs and the Chief Electoral Officer shall form the pairs by choosing two persons of different political affiliation.

Disagreement

(2) In the event of a disagreement between scrutineers on a decision to be made, the matter shall be referred to the Chief Electoral Officer who shall make the final decision.

Procedure

290. As of the fourth day prior to election day, the Chief Electoral Officer may direct the scrutineers to begin sorting and verifying the certification envelopes and counting the special ballots in accordance with the procedure established by the Commission.

Vérification et dépouillement des bulletins de vote spéciaux au siège de la Commission

Nomination de scrutateurs centraux

288. (1) Le directeur général des élections nomme des scrutateurs centraux en nombre suffisant pour assurer la vérification et le dépouillement des bulletins de vote spéciaux reçus au siège de la Commission ou à tout autre endroit qu'elle désigne à cette fin.

Recommandation des partis

(2) Un parti enregistré peut recommander au directeur général des élections le nom de personnes aptes à être nommées scrutateurs centraux.

Choix parmi les personnes recommandées

(3) Le directeur général des élections nomme les scrutateurs centraux parmi les personnes recommandées par les partis enregistrés et qui sont habiles à faire partie du personnel d'un bureau de vote, en tenant compte de l'importance relative du nombre de députés que ces partis ont fait élire lors de l'élection générale précédente.

Information des partis

(4) Le directeur général des élections transmet aux partis enregistrés la liste des scrutateurs centraux dans les meilleurs délais après leur nomination.

Travail en paires

289. (1) Les scrutateurs centraux exercent leurs fonctions par paires. Le directeur général des élections affecte les scrutateurs de manière à ce que les paires représentent des intérêts politiques différents.

Cas de divergence

(2) En cas de divergence de vues sur une décision à prendre, les scrutateurs centraux réfèrent la question au directeur général des élections, qui tranche.

Procédure

290. À compter du quatrième jour précédant le jour du scrutin, le directeur général des élections peut charger les scrutateurs centraux de procéder au tri et à la vérification des enveloppes-certificats et au dépouillement des bulletins de vote spéciaux selon la procédure établie par la Commission.

Invalid ballots

291. A voter's special ballot is invalid for the purpose of being counted at the Commission where

(*a*) the voter's name is not on the non-resident voters list or the list of voters in federal penal institutions referred to in sections 168 and 173;

(*b*) the voter has received more than one special ballot; or

(*c*) the voter's return envelope was received at the offices of the Commission after 6:00 p.m. on election day.

Counting

292. (1) The scrutineers shall count the special ballots that are valid and reject those that are invalid under section 291.

Statement of vote

(2) The scrutineers shall prepare and submit to the Chief Electoral Officer a statement on the counting of special ballots for each constituency for which the ballots were cast.

Informing returning officers

(3) The Chief Electoral Officer shall inform all returning officers for constituencies in which an election was held, half an hour after the closing of the polling stations for each constituency, of the number of votes cast for each candidate and the number of special ballots rejected during the count.

Secrecy of results

293. No person present at the counting of special ballots shall disclose any information that could inform a person who did not take part in the counting of the votes of the results, before the Chief Electoral Officer has informed all returning officers pursuant to subsection 292(3).

291. Ne sont pas admissibles au dépouillement les bulletins de vote spéciaux des électeurs :

a) non inscrits sur la liste des non-résidents visée à l'article 168 ou sur la liste des électeurs des institutions pénales fédérales visée à l'article 173;

b) au nom de qui plus d'un bulletin de vote spécial a été délivré;

c) dont les enveloppes-réponses ont été reçues au siège de la Commission après dix-huit heures le jour du scrutin.

Bulletins non admissibles

292. (1) Les scrutateurs centraux comptent les bulletins de vote spéciaux admissibles au dépouillement et rejettent les bulletins qui doivent être rejetés suivant l'article 291.

Dépouillement

(2) Les scrutateurs centraux préparent et remettent au directeur général des élections un relevé du compte des bulletins de vote spéciaux pour chaque circonscription où des bulletins sont destinés.

Relevés des bulletins spéciaux

(3) Le directeur général des élections informe le directeur du scrutin de chaque circonscription où un scrutin a été tenu, une demi-heure après la fermeture des bureaux de vote dans la circonscription, du nombre de votes exprimés en faveur de chacun des candidats et du nombre de bulletins de vote spéciaux rejetés lors du dépouillement.

Information des directeurs du scrutin

293. Il est interdit à toute personne présente sur les lieux d'un dépouillement des bulletins de vote spéciaux de divulguer toute information susceptible de permettre à une personne n'ayant pas participé au dépouillement d'en connaître le résultat avant que le directeur général des élections n'ait communiqué avec le directeur du scrutin de chaque circonscription conformément au paragraphe 292(3).

Secret des résultats

DIVISION IV

ELECTION RESULTS

Addition of Votes by Returning Officer

Adding procedure

294. (1) At a place and time set by the notice under section 115, the returning officer shall, in the manner established by the Commission, open the ballot boxes and add the votes in the presence of the assistant returning officer and the candidates or their representatives.

Missing ballot boxes

(2) If, on the day set for adding the votes, the returning officer is not in possession of every ballot box used in the constituency for the election, the returning officer shall postpone the addition until each missing ballot box is returned or proof of the election results for the polling stations in question is received.

No candidate or representative present

(3) Where no candidate or representative is present at the time scheduled to commence the addition of the votes, the returning officer shall ensure that there are at least two voters present at all times to witness the operation.

Breakdown of total

295. The returning officer shall add the votes in favour of each candidate in accordance with

(*a*) the statements of the poll transmitted in the ballot boxes by the deputy returning officers at the polling stations;

(*b*) the statement of the poll submitted by the deputy returning officer who counted the special ballots received at the office of the returning officer; and

(*c*) the results of the counting of special ballots for the constituency as transmitted by the Chief Electoral Officer.

SECTION IV

RÉSULTATS DU SCRUTIN

Addition des relevés du scrutin par le directeur du scrutin

Procédure d'addition

294. (1) À l'endroit et au jour fixés par l'avis prévu par l'article 115, le directeur du scrutin ouvre les urnes et procède à l'addition des relevés du scrutin en présence du directeur adjoint du scrutin ainsi que des candidats ou de leurs représentants selon la procédure établie par la Commission.

Urnes manquantes

(2) Si, au jour fixé pour l'addition des relevés du scrutin, le directeur du scrutin ne dispose pas de toutes les urnes utilisées dans la circonscription pour la tenue de l'élection, il ajourne l'addition jusqu'à ce qu'il obtienne les urnes manquantes ou une preuve des résultats du scrutin dans les bureaux de vote concernés.

Absence des candidats ou de leurs représentants

(3) Si aucun candidat ni représentant d'un candidat n'est présent au moment fixé pour le commencement de l'addition des relevés du scrutin, le directeur du scrutin s'assure de la présence d'au moins deux électeurs pour toute la durée de l'opération.

Éléments du recensement

295. Le directeur du scrutin additionne les votes exprimés en faveur de chacun des candidats d'après :

a) les relevés du scrutin transmis dans l'urne par les scrutateurs des bureaux de vote de la circonscription;

b) les relevés du scrutin remis par les scrutateurs qui ont dépouillé les bulletins de vote spéciaux reçus à son bureau;

c) les résultats du dépouillement des bulletins de vote spéciaux pour sa circonscription tels qu'ils lui ont été communiqués par le directeur général des élections.

Missing statement of poll

296. If the returning officer does not have the statement of the poll referred to in subsection 270(1), the returning officer may, in accordance with the directives of the Chief Electoral Officer,

(*a*) use the information on the envelopes containing the ballots cast in favour of the various candidates;

(*b*) obtain from the deputy returning officer in question, or if the deputy returning officer fails to provide it, from the representative of a candidate at the polling station, a copy of the statement of the poll or a written statement attesting to the number of votes cast in favour of each candidate and use the statement; or

(*c*) ascertain the number of votes cast in favour of each candidate at the polling station in question by any method considered acceptable by the Chief Electoral Officer.

Vote count certificate

297. (1) The returning officer shall certify, in the form established by the Commission, the total number of votes cast in favour of each candidate as soon as the addition of the votes is completed but not later than the seventh day after election day, unless, in exceptional circumstances, the Chief Electoral Officer authorizes otherwise.

Sending certificate to candidates

(2) The returning officer shall immediately send a copy of the vote count certificate to each candidate.

Recount

Request by returning officer

298. (1) Where the difference between the number of votes in favour of the candidate who received the most votes and any other candidate is less than 35, the returning officer shall, without delay, request that the Commission undertake a recount.

Relevé du scrutin manquant

296. Le directeur du scrutin qui ne dispose pas du relevé du scrutin visé au paragraphe 270(1) peut, conformément aux directives du directeur général des élections :

a) utiliser les inscriptions faites sur les enveloppes contenant les bulletins de vote marqués en faveur des différents candidats;

b) obtenir du scrutateur concerné ou à défaut par ce dernier de le fournir, du représentant d'un candidat au bureau de vote, une copie du relevé du scrutin ou une attestation écrite du nombre de votes exprimés en faveur de chacun des candidats et utiliser ce document;

c) constater le nombre de votes exprimés en faveur de chacun des candidats au bureau de vote concerné d'après toute autre preuve que le directeur général des élections juge suffisante.

Certificat d'addition des votes

297. (1) Le directeur du scrutin est tenu de certifier, en la forme établie par la Commission, le nombre total de votes reçus par chacun des candidats dès qu'il a terminé l'addition et au plus tard le septième jour suivant le jour du scrutin, sauf délai plus long qu'approuve le directeur général des élections, dans des circonstances exceptionnelles.

Transmission aux candidats

(2) Le directeur du scrutin transmet immédiatement une copie du certificat à chacun des candidats.

Nouveau dépouillement du scrutin

Demande du directeur du scrutin

298. (1) Lorsque le nombre de votes séparant le candidat qui a reçu le plus grand nombre de voix de tout autre candidat est inférieur à trente-cinq, le directeur du scrutin adresse immédiatement à la Commission une demande de nouveau dépouillement.

Request by candidate

(2) A candidate may request that the Commission undertake a complete or partial recount, within three clear days of the date of receipt of the vote count certificate, by a written request supported by a sworn statement of a witness who attests that

(*a*) a deputy returning officer, during the counting of the votes, miscounted or mistakenly rejected valid ballots or prepared an inaccurate statement of the poll in respect of a candidate; or

(*b*) the returning officer incorrectly added the votes.

Performance guarantee

(3) A candidate who requests a recount must provide a refundable deposit of $500.

Notice

(4) The Commission shall advise the candidates of any request for a recount.

Person selected by Commission

299. (1) The Commission shall select a person to undertake a recount where

(*a*) the request is made by a returning officer; or

(*b*) the request is made by a candidate and, upon summary review of the request, the Commission is of the opinion that a recount is likely to alter the election result.

Notice

(2) The Commission shall inform the candidates of the person who is selected to undertake the recount and shall inform them of the place, time and date at which it shall take place.

Compensation and travel expenses

(3) The person selected to undertake the recount is, if not employed by the Commission, entitled to be paid such remuneration as well as any travel and living expenses incurred in the performance of the person's functions as may be fixed by the Commission.

Vote count procedure

300. (1) At a date and time set by the Commission, the person selected by the Commission to undertake the recount shall proceed in accordance with the provisions that are applicable to the deputy returning officer during the initial counting of the votes.

(2) Jusqu'à l'expiration de trois jours francs suivant la date de réception du certificat de recensement des votes, un candidat peut demander à la Commission un nouveau dépouillement complet ou partiel du scrutin au moyen d'une requête appuyée d'une déclaration assermentée d'un témoin et énonçant :

a) soit qu'un scrutateur, en comptant les votes, a mal compté ou rejeté par erreur des bulletins de vote ou a fait un relevé inexact du nombre de bulletins de votes marqués en faveur d'un candidat;

b) soit que le directeur du scrutin a mal additionné les votes.

Initiative d'un candidat

(3) La demande de nouveau dépouillement d'un candidat doit être accompagnée d'un cautionnement de cinq cents dollars.

Cautionnement

(4) La Commission donne avis aux candidats de toute demande de nouveau dépouillement.

Avis

299. (1) La Commission désigne une personne pour procéder au nouveau dépouillement :

a) lorsque la demande est faite par un directeur du scrutin;

b) lorsque, sur examen sommaire de la demande faite par un candidat, elle est d'avis qu'un nouveau dépouillement est susceptible d'affecter l'issue de l'élection.

Désignation d'une personne par la Commission

(2) La Commission donne avis aux candidats de la nomination de la personne qu'elle désigne pour le nouveau dépouillement de même que du lieu, de l'heure et de la date où il aura lieu.

Avis

(3) La personne chargée du nouveau dépouillement a droit, si elle n'est pas membre du personnel de la Commission, à la rémunération et aux frais de déplacement et de séjour engagés dans l'exercice de ses fonctions, selon le barème fixé par la Commission.

Rémunération et frais de déplacement

300. (1) Au jour et à l'endroit fixés par la Commission, la personne chargée par celle-ci du nouveau dépouillement y procède selon les mêmes dispositions que celles applicables au scrutateur lors du premier dépouillement du scrutin.

Modalités du nouveau dépouillement

Attendance by candidates or representatives

(2) The candidates or their representatives may attend the recount and make any objections that are permitted under the procedures applicable to the first counting of the votes.

(2) Les candidats ou leurs représentants peuvent assister au nouveau dépouillement et y faire toute objection permise selon les procédures applicables au premier dépouillement.

Présence des candidats ou de leurs représentants

Certificate of recount

(3) As soon as the recount is completed, the person selected to undertake the recount shall certify the results in the form established by the Commission and shall immediately transmit a copy to the candidates and to the returning officer.

(3) Dès le nouveau dépouillement terminé, la personne qui en a été chargée par la Commission certifie les résultats de l'opération sur la formule établie par la Commission et en transmet immédiatement une copie aux candidats et au directeur du scrutin.

Certificat du nouveau dépouillement

Decision final

(4) The decision as to the number of votes in favour of each candidate made by the person selected by the Commission is final and binding and shall not give rise to any recourse before the Commission, the Federal Court or any other court or tribunal.

(4) La décision prise par la personne chargée du nouveau dépouillement quant au nombre de voix exprimées en faveur de chacun des candidats est définitive et ne donne ouverture à aucun recours devant la Commission ni devant la Cour fédérale ni devant un autre tribunal.

Décision définitive

Retaining of performance guarantee

(5) Where a candidate requested the recount but does not obtain the highest number of votes after a recount, the refundable deposit shall be forfeited, unless the difference between the number of votes in favour of that candidate and the candidate having obtained the most votes is less than 35 as a result of the recount.

(5) Si, selon les résultats du nouveau dépouillement, le candidat qui l'a demandé n'obtient pas le plus grand nombre de voix, son cautionnement devient exigible à moins que le nombre de voix séparant les deux candidats ayant reçu le plus grand nombre de votes soit passé à moins de trente-cinq à la suite du nouveau dépouillement.

Exigibilité du cautionnement

New election

301. (1) In the event of a tie in the number of votes, the person selected to undertake the recount shall provide a copy of the certificate of recount to the Commission, which shall then order that a new election be held.

301. (1) En cas d'égalité des voix, la personne chargée du nouveau dépouillement transmet une copie de son certificat à la Commission, qui ordonne alors la tenue d'une nouvelle élection.

Nouvelle élection

Applicable rules

(2) An election that takes place pursuant to a recount shall be held in accordance with the provisions applicable to a postponed election.

(2) L'élection ordonnée à la suite d'un nouveau dépouillement se tient conformément aux mêmes dispositions que celles applicables à une élection reportée.

Règles applicables

Election Report

Rapport d'élection

Declaration of election

302. (1) Each returning officer shall declare the candidate who obtained the greatest number of votes elected on the election report, set out on the back of the writ of election, in the form established by the Commission.

302. (1) Le directeur du scrutin déclare élu le candidat qui a obtenu le plus grand nombre de voix en établissant le rapport d'élection au verso du décret d'élection en la forme prévue par la Commission.

Déclaration d'élection

Day of report

(2) The election report shall be made either on

(a) the fourth day after the day the certificate of the vote count was signed; or

(2) Le directeur du scrutin établit le rapport d'élection selon le cas :

a) le jour suivant l'expiration de trois jours francs suivant la date du certificat des résultats du dépouillement;

Date du rapport

(*b*) the day the certificate of the recount is received by the returning officer.

Sending of report

(3) Each returning officer shall forward the election report to the Chief Electoral Officer as soon as it is complete and shall also forward a copy to each candidate.

Report sent prematurely or containing errors

(4) The Chief Electoral Officer may return, to the returning officer, an election report that was sent prematurely or that contains errors and the returning officer shall immediately remedy any error as directed by the Chief Electoral Officer.

Registration of elected candidate

(5) Upon receipt of an election report prepared by the returning officer, the Chief Electoral Officer shall

(*a*) register the name of the elected candidate in the registry kept for this purpose; and

(*b*) give notice of the election in the *Canada Gazette*.

Discarding documents

303. (1) Each returning officer shall dispose of documents used for election purposes as directed by the Commission.

Discarding materials

(2) Each returning officer shall dispose of the ballot boxes and other materials used for election purposes as directed by the Chief Electoral Officer.

Preservation of documents

(3) The Chief Electoral Officer shall ensure that all documents forwarded by the returning officer after an election are kept for a period of one year from the date of publication of the notice of election in the *Canada Gazette*, or in the event of an application to annul the election, one year after the final decision in respect of the application.

b) le jour où il reçoit le certificat des résultats du nouveau dépouillement.

Transmission du rapport

(3) Le directeur du scrutin transmet le rapport d'élection, dès qu'il est établi, au directeur général des élections et en adresse une copie à chacun des candidats.

Rapport prématuré ou erroné

(4) Le directeur général des élections peut retourner au directeur du scrutin un rapport d'élection transmis prématurément ou comportant des erreurs. Le directeur du scrutin remédie alors au défaut avec diligence, conformément aux indications du directeur général des élections.

Inscription de l'élu au registre

(5) Le directeur général des élections, sur réception du rapport d'élection établi par le directeur du scrutin :

a) inscrit le nom du candidat déclaré élu sur le registre qu'il tient à cette fin;

b) donne avis de cette élection dans la *Gazette du Canada*.

Disposition des documents

303. (1) Le directeur du scrutin dispose des documents ayant servi à l'élection conformément aux directives de la Commission.

Disposition du matériel

(2) Le directeur du scrutin dispose des urnes et du matériel ayant servi à l'élection conformément aux directives du directeur général des élections.

Conservation des documents

(3) Le directeur général des élections assure la conservation de tous les documents transmis par le directeur du scrutin après une élection, pendant une période d'un an à compter de la date de l'avis d'élection publié dans la *Gazette du Canada* ou, s'il y a contestation de l'élection, un an après le jugement définitif sur cette contestation.

Access to
documents

(4) A person, other than a member of the Commission or its staff in the performance of their duties, who wishes to consult a document kept by the Chief Electoral Officer pursuant to subsection (2) shall, unless the request is pursuant to a court order, make a request to the Commission, which may authorize the person to consult the document if it deems the request justified.

(4) Toute personne autre qu'un membre de la Commission ou du personnel de celle-ci dans l'exercice de ses fonctions qui désire consulter un document conservé par le directeur général des élections en application du paragraphe (2) est tenue, à moins d'ordonnance d'un tribunal, d'en faire la demande auprès de la Commission. Celle-ci autorise la consultation si elle est d'avis qu'elle est justifiée.

Accessibilité

DIVISION V

ANNULMENT OF AN ELECTION

Void Elections

SECTION V

ANNULATION D'UNE ÉLECTION

Cas de nullité

Ineligible
candidate

304. (1) The election of a person is void if the person did not have the right to be a candidate.

304. (1) Est nulle l'élection d'un candidat inéligible.

Candidat
inéligible

Fraud or
irregularity

(2) An election is void if the result of the election was affected by fraud or an irregularity.

(2) Est nulle toute élection dont l'issue a été affectée par une irrégularité ou une fraude.

Fraude ou
irrégularité

Procedure

Procédure

Application

305. (1) Any voter entitled to vote in a constituency and any candidate in that constituency may request that an election in the constituency be annulled, on the grounds that the election is void under section 304, by making an application to the Trial Division of the Federal Court of Canada.

305. (1) Toute personne ayant qualité d'électeur dans une circonscription ou tout candidat dans celle-ci peut contester la validité de l'élection qui y a été tenue, pour un motif prévu à l'article 304, au moyen d'une requête en annulation d'élection devant la Section de première instance de la Cour fédérale.

Requête

Deadline

(2) The application to annul an election must be filed no later than the 28th day after the later of

(*a*) the day the results of the election are published in the *Canada Gazette*; or

(*b*) the day a person is found guilty of committing an offence under section 558 in the constituency.

(2) La requête doit être présentée au plus tard le vingt-huitième jour après la publication, dans la *Gazette du Canada*, du résultat de l'élection dans la circonscription ou au plus tard le vingt-huitième jour après une condamnation pour une infraction visée par l'article 558 commise dans la circonscription, selon le plus éloigné de ces événements.

Délai de
présentation

Deposit

(3) An application to annul an election must be accompanied by a refundable deposit of $1,000.

(3) Elle est accompagnée d'une consignation remboursable de mille dollars.

Consignation

Statement of facts

(4) An application to annul an election must set out the facts on which the application is based and must be supported by an affidavit in relation to those facts.

Applicable rules

306. (1) The rules of the Court respecting judicial review apply to an application to annul an election with such modifications as the circumstances require.

Parties

(2) The Chief Electoral Officer and the returning officer for the affected constituency must be made parties to the application.

Reply

(3) The member of the House of Commons whose election is being contested may file a reply not later than 15 days after being served with the application.

Extension

307. The Court may extend the time limits under this Division where it appears just.

Decision

Dismissal of an application

308. (1) The Court may, before or during the hearing of an application to contest an election, dismiss the application if it appears

(*a*) trivial, frivolous or vexatious; or

(*b*) unfounded or made in bad faith.

Decision

(2) After hearing the application, the Court may dismiss it, declare the election void or declare another candidate to be elected, as the case may be.

Incidental questions

(3) The Court may determine any other question that is incidental to the application.

Appeal

309. (1) A party to the application may appeal the decision to the Federal Court of Appeal no later than 15 days after receiving notice of the decision being made.

Copies of the decision

(2) The Registry of the Court shall send copies of the decision of the Court of Appeal to the parties, to any intervenors who appeared in the initial hearing of the application and to the Speaker.

---

(4) Elle énonce de façon détaillée et circonstanciée les faits qui y donnent ouverture et les allégations qu'elle contient sont appuyées d'une déclaration sous serment.

Exposé des faits

306. (1) Les règles de la Cour fédérale applicables à une demande de révision judiciaire s'appliquent à l'examen de la requête, compte tenu des adaptations de circonstances.

Règles applicables

(2) Le directeur général des élections et le directeur du scrutin de la circonscription sont parties à l'audition de la requête.

Mise en cause

(3) Le député dont l'élection fait l'objet de la requête a quinze jours de la date de sa signification pour produire une défense.

Défense

307. Le juge peut, s'il l'estime justifié, prolonger tout délai prévu par cette section.

Prolongation de délai

Décision

308. (1) Le juge saisi de la requête peut, avant ou pendant l'instruction, en ordonner le rejet si elle lui semble frivole, non fondée ou faite de mauvaise foi.

Rejet

(2) Après instruction de la requête, le juge peut la rejeter, déclarer l'élection nulle ou déclarer élu un autre candidat, selon le cas.

Jugement

(3) Le juge tranche aussi toute question incidente à l'objet de la requête.

Questions incidentes

309. (1) Une partie peut interjeter appel du jugement devant la Section d'appel de la Cour fédérale dans les quinze jours de la signification qui lui a été faite du jugement.

Délai d'appel

(2) Le registraire de la Section d'appel transmet la décision rendue sur la requête en appel aux parties, à toute personne intervenue à l'instance et au président de la Chambre des communes.

Transmission de la décision

PART VII

COMMUNICATIONS

General Provisions

Nature of election advertising

310. (1) Advertising shall be considered to be election advertising if it is used during the election period to

(*a*) promote or oppose, directly or indirectly, the election of a candidate;

(*b*) promote or oppose a registered party or the program or policy of a candidate or registered party; or

(*c*) approve or disapprove a course of action advocated or opposed by a candidate, a registered party or the leader of a registered party.

Definition

(2) In this Part,

(*a*) "broadcaster" means a person licensed under the *Broadcasting Act* to carry on a programming undertaking;

(*b*) "broadcasting", "broadcasting undertaking", "distribution undertaking", and "programming undertaking" have the meanings assigned to them in the *Broadcasting Act*;

(*c*) "network" means a network as defined in the *Broadcasting Act* but does not include a temporary network operation as defined in that Act;

(*d*) "prime time" means, in the case of a radio station, the time between the hours of 6:00 a.m. and 9:00 a.m., 12:00 p.m. and 2:00 p.m. and 4:00 p.m. and 7:00 p.m., and, in the case of television, the hours between 6:00 p.m. and midnight.

Application

311. (1) Sections 317 to 331 and sections 334 and 335 apply only to a general election.

Period of application

(2) This Part applies only during an election period.

PARTIE VII

COMMUNICATIONS

Dispositions générales

310. (1) Est réputée propagande électorale toute publicité pendant la période électorale visant à :

a) soit directement ou indirectement, favoriser l'élection d'un candidat ou s'opposer à celle-ci;

b) soit favoriser un parti enregistré, le programme ou les politiques d'un candidat ou d'un parti enregistré ou s'opposer à ce parti, programme ou politiques;

c) soit approuver ou désapprouver une ligne de conduite préconisée par un candidat, un parti enregistré ou le chef d'un parti politique enregistré ou à laquelle s'oppose l'un de ceux-ci.

Propagande électorale

(2) Les définitions qui suivent s'appliquent à la présente partie :

a) « heures de grande écoute » S'entend, pour la radio, de l'intervalle entre 6 h et 9 h, 12 h et 14 h et 16 h et 19 h et, pour la télévision, l'intervalle entre 18 h et minuit;

b) un « radiodiffuseur » Toute personne qui est titulaire d'une licence, sous le régime de la *Loi sur la radiodiffusion*, l'autorisant à exploiter une entreprise de programmation;

c) « radiodiffusion », « entreprise de radiodiffusion », « entreprise de distribution » et « entreprise de programmation » S'entendent au sens de la *Loi sur la radiodiffusion*;

d) « réseau » S'entend au sens de la *Loi sur la radiodiffusion*, à l'exclusion de l'exploitation d'un réseau temporaire au sens de cette loi.

Définitions

311. (1) Les articles 317 à 331, 334 et 335 ne s'appliquent que lors d'une élection générale.

Application

(2) La présente partie n'est applicable que pendant la période électorale.

Période d'application

Interpretation

(3) Nothing in this Part obliges a broadcaster or a network operator to

(*a*) include election advertising in its news or public affairs programs; or

(*b*) broadcast in a language in which it does not normally broadcast, except for the Parliamentary channel of the Canadian Broadcasting Corporation pursuant to subsection 334(2).

Election Advertising

First blackout period

312. (1) No registered party or candidate, or person acting on behalf of a registered party or candidate, shall conduct any election advertising by means of broadcasting or a periodical publication from the date of the writ until the end of the 10th day after that date.

Second blackout period

(2) No person shall conduct any election advertising by means of broadcasting or a periodical publication on the day before election day or on election day until the close of polling stations.

Maximum broadcasting time for election advertising

313. (1) No person operating a broadcasting undertaking shall sell more than 100 minutes of broadcasting time to a registered party for election advertising.

Advertisers from outside Canada

(2) No person shall acquire time for election advertising by means of broadcasting from any person operating a broadcasting undertaking located outside Canada.

Sponsor identification

314. (1) No person shall sponsor or conduct any election advertising unless the advertising identifies the name of the sponsor and indicates that it was authorized by that sponsor.

Interprétation

(3) La présente partie n'a pas pour effet :

a) soit de forcer un radiodiffuseur ou un exploitant de réseau à inclure de la propagande électorale dans ses émissions de nouvelles ou d'affaires publiques;

b) soit de l'obliger à diffuser dans une langue autre que celle dans laquelle il diffuse normalement, à l'exception du Réseau parlementaire de la Société Radio-Canada, comme prévu par le paragraphe 334(2).

Propagande électorale

Période d'interdiction

312. (1) Il est interdit à un candidat ou à un parti enregistré ou à une personne agissant au nom de ce parti ou de ce candidat de radiodiffuser de la propagande électorale ou d'en faire dans une publication périodique à partir de la date du décret d'élection jusqu'à la fin du dixième jour après celle-ci.

Seconde période d'interdiction

(2) Il est interdit à toute personne de radiodiffuser de la propagande électorale ou d'en faire dans une publication périodique le jour précédant le jour du scrutin et, ce jour-là, jusqu'à la fermeture des bureaux de vote.

Maximum par parti

313. (1) Il est interdit à une personne opérant une entreprise de radiodiffusion de vendre à un parti enregistré plus de cent minutes de temps d'antenne pour propagande électorale.

Publicité à l'étranger

(2) Il est interdit à toute personne d'acheter du temps d'antenne, pour diffusion de propagande électorale, d'une personne opérant une entreprise de radiodiffusion située à l'étranger.

Source de la propagande électorale

314. (1) Il est interdit à une personne de faire ou de commanditer de la propagande électorale à moins que cette propagande ne mentionne le nom de son commanditaire et précise que celui-ci l'a autorisée.

Advertising rates

(2) During the period allowed for election advertising under this Part, no person shall charge a registered party, registered constituency association or candidate a rate for election advertising on radio, television or in a periodical publication that exceeds the lowest rate charged by the person for equivalent advertising in the same media during the same period.

Equivalent rates

(3) Any person who sells election advertising to a registered party, a registered constituency association or a candidate during the period allowed for election advertising under this Part shall also give any other registered party, registered constituency association or candidate the opportunity to acquire equivalent advertising time or space in the same media at equivalent rates.

Restricted advertising by government

315. No department or agency of the government of Canada shall broadcast, publish or otherwise disseminate in the constituency any information concerning its programs or activities unless

(*a*) it is a continuation of an information or advertising campaign concerning regular programs already commenced by the department or agency;

(*b*) it is for the purpose of inviting applications for employment or obtaining tenders or contract proposals;

(*c*) it is required by law; or

(*d*) the Commission authorizes it on the basis that it is necessary for the conduct of an election.

Public address systems

316. (1) No person shall conduct any election advertising on election day or during the time for the advance vote by means of

(*a*) a public address system; or

(*b*) a loudspeaker that is mobile or within hearing distance of a polling station.

Tarifs

(2) Il est interdit à toute personne pendant la période où la propagande électorale est permise en vertu de la présente partie, d'exiger d'un candidat, d'une association locale enregistrée ou d'un parti enregistré, pour de la propagande électorale à la radio, à la télévision ou dans une publication périodique, un tarif d'annonce supérieur au plus bas tarif demandé pour publicité équivalente dans le même média durant cette même période.

Tarifs équivalents

(3) Toute personne qui vend de la propagande électorale à un candidat, à une association locale enregistrée ou à un parti enregistré pendant la période où la propagande électorale est permise en vertu de la présente partie est tenue de donner à tout autre candidat, à toute autre association locale enregistrée et à tout autre parti enregistré, la possibilité d'acquérir du temps d'antenne ou de l'espace équivalent dans les mêmes médias et aux mêmes tarifs.

Publicité gouvernementale

315. Il est interdit à tout ministère ou organisme du gouvernement du Canada dans toute circonscription où une élection est tenue, d'annoncer, de publier ou de diffuser quelque information que ce soit concernant ses programmes ou ses activités, sauf dans l'un ou l'autre des cas suivants :

a) il s'agit de la continuation d'une campagne d'information ou de publicité concernant des programmes en cours du ministère ou de l'organisme;

b) la publicité ou la publication a pour objet l'engagement de personnel ou un appel d'offres de biens ou de services;

c) la publicité ou la publication est requise en application d'un texte législatif;

d) la Commission l'estime nécessaire pour la conduite de l'élection.

Hauts-parleurs

316. (1) Il est interdit le jour du scrutin ou pendant le vote par anticipation de faire de la propagande électorale au moyen d'un système de sonorisation publique ou au moyen d'un haut-parleur qui est mobile ou qui, s'il est fixe, est à portée d'oreille d'un bureau de vote.

Election advertising at polling station

(2) No person shall, in a building in which a polling station or office of a returning officer is located or within 50 metres of an entrance to that building, post, display or disseminate any election advertising or any material that identifies a registered political party, a registered constituency association or a candidate.

Affichage

(2) Il est interdit de distribuer, de montrer ou d'afficher de la propagande électorale ou un signe identifiant un candidat, un parti enregistré ou une association locale enregistrée dans l'immeuble où est établi un bureau de vote ou un bureau de directeur du scrutin ni à moins de cinquante mètres d'une entrée de cet immeuble.

Opinion Surveys

Opinion surveys

317. (1) Any person who operates a broadcasting undertaking or publishes a periodical publication who is the first to broadcast, publish or otherwise disseminate in Canada during the election period the results of an opinion survey respecting the election shall include, with the results of the opinion survey, the following information:

(*a*) the name of the organization that conducted the survey;

(*b*) the sponsor who paid for it;

(*c*) the dates when the survey took place;

(*d*) the method used to collect the information;

(*e*) the population from which the sample was drawn;

(*f*) the number of persons who answered the survey;

(*g*) the percentage of persons who refused to take part in the survey;

(*h*) the margin of error;

(*i*) the exact wording of each question asked for which data are reported; and

(*j*) the size, description and margin of error for any sub-samples used in the report of the survey.

Sondages d'opinion

Sondages d'opinion

317. (1) Toute personne qui exploite une entreprise de radiodiffusion ou qui publie une publication périodique et qui est le premier à annoncer, publier ou diffuser au Canada pendant la période électorale les résultats d'un sondage d'opinion relatif à l'élection est tenu d'inclure, dans son compte rendu, les renseignements suivants :

a) le nom de l'organisme qui a effectué le sondage;

b) le commanditaire qui en a assumé les coûts;

c) la période de temps durant laquelle le sondage a eu lieu;

d) la méthode utilisée pour recueillir les opinions;

e) l'échantillon de la population dont on a sondé l'opinion;

f) le nombre de sondés qui ont répondu aux questions;

g) le pourcentage de refus;

h) la marge d'erreur;

i) la formulation intégrale des questions posées d'où sont tirées les données rapportées;

j) les éléments descriptifs de la taille et de la marge d'erreur des sous-échantillons utilisés dans le rapport sur le sondage.

Public access to survey information

(2) A person referred to in subsection (1) shall, within 24 hours of the broadcast, publication or dissemination referred to in that subsection, make available, at reasonable cost, a written report on the results of the opinion survey containing the information listed in subsection (1) and the following information:

(*a*) the address of the polling organization;

(*b*) the percentage of persons contacted who answered the survey;

(*c*) the times of any interviews;

(*d*) the sampling method;

(*e*) the size of the initial sample;

(*f*) the number of ineligible respondents;

(*g*) any weighting factors or normalization procedures used; and

(*h*) the method used to recalculate percentages when those who expressed no opinion or those who did not respond are omitted.

Blackout period

318. No person shall broadcast, publish or otherwise disseminate the results of an opinion survey respecting the election on the day before election day or on election day until the close of all polling stations.

Provision of Paid Broadcasting Time

Sale of broadcasting time

319. (1) Each broadcaster shall, subject to the conditions of its licence and to the regulations made under the *Broadcasting Act*, make broadcasting time available for purchase by all registered parties, in prime time, during the period from the 11th day after the date of the writs to the end of the second day before election day.

Accès du public

(2) La personne visée au paragraphe (1) est tenue, dans les vingt-quatre heures suivant l'annonce, la publication ou la diffusion visée à ce paragraphe, de fournir à quiconque le demande, moyennant les coûts de reproduction, un rapport des résultats sur lesquels est fondé le compte rendu. Ce rapport contient, outre les renseignements prévus par le paragraphe (1), les renseignements suivants :

a) l'adresse de l'organisme qui a effectué le sondage;

b) le taux de réponse;

c) l'heure où ont eu lieu les entrevues;

d) la méthodologie d'échantillonnage;

e) la taille de l'échantillon initial;

f) le nombre de personnes contactées qui ne rencontraient pas les critères d'éligibilité;

g) le coefficient de pondération ou les procédures de normalisation utilisées;

h) la méthode utilisée pour établir les pourcentages, une fois exclus des calculs ceux qui n'ont pas répondu ou qui n'ont pas exprimé d'opinion.

Interdiction

318. Il est interdit à toute personne d'annoncer, de publier ou de diffuser les résultats d'un sondage d'opinion relatif à une élection le jour précédant le jour du scrutin et, ce jour-là, avant la fermeture de tous les bureaux de vote.

Disponibilité de temps d'antenne pour achat

Disponibilité de temps d'antenne pour achat

319. (1) Tout radiodiffuseur est tenu, sous réserve des conditions de sa licence et des règlements d'application de la *Loi sur la radiodiffusion*, de mettre du temps d'antenne aux heures de grande écoute à la disposition des partis enregistrés, pour achat, pendant la période commençant le onzième jour après la date des décrets d'élection et se terminant à la fin de la deuxième journée avant le jour du scrutin.

Network operators

(2) Where a broadcaster is affiliated with a network, the network operator shall make available for purchase such portion of the broadcasting time referred to in subsection (1) as may be determined by agreement with the broadcaster during the portion of the broadcaster's prime time broadcasting schedule that is subject to the control of the network operator.

Community service

(3) A broadcaster who operates a community or educational broadcasting service is not subject to this section unless the broadcaster sells broadcasting time on the service to a candidate, a registered constituency association or a registered party.

Minimum available time

(4) Each broadcaster shall make at least 360 minutes of total broadcasting time available for purchase by registered parties under subsection (1).

Deadline for allotment of time

320. (1) Registered parties and broadcasters shall, no later than the 10th day after the date of the writs, complete the allotment of broadcasting time available under section 319.

Agreement

(2) A broadcaster may schedule a portion of the broadcasting time made available under section 319 outside of prime time at the request of the registered party concerned.

Intervention

321. The Commission may, on an equitable basis and taking into account the preferences of the registered parties, finally determine the allotment of the broadcasting time available under section 319 where

(*a*) the broadcaster has not allotted the broadcasting time for the registered parties by the 10th day after the date of the writs;

(*b*) the broadcaster and the registered parties cannot agree on the allotment of available time; or

(*c*) the total broadcasting time requested by the registered parties exceeds the broadcasting time available and no agreement has been reached.

Réseau

(2) Si un radiodiffuseur est affilié à un réseau, la portion du temps d'antenne visé au paragraphe (1), qui fait déjà l'objet d'une entente entre le radiodiffuseur et l'exploitant du réseau, est libérée par ce dernier pendant la partie de la programmation des heures de grande écoute qui relèvent de son contrôle.

Service communautaire ou éducationnel

(3) Le présent article n'est pas applicable au radiodiffuseur qui exploite un service de radiodiffusion communautaire ou éducationnel sauf si ce radiodiffuseur vend du temps d'antenne dans le cadre de ce service à un candidat, à une association locale enregistrée ou à un parti enregistré.

Minimum à accorder

(4) Le temps d'antenne que chaque radiodiffuseur est tenu de rendre disponible pour achat en vertu du paragraphe (1) est d'au moins trois cent soixante minutes.

Délai pour allocation

320. (1) Les partis enregistrés et les radiodiffuseurs disposent de dix jours à compter de la date des décrets d'élection pour déterminer entre eux la répartition du temps d'antenne prévu par l'article 319.

Accord

(2) Il est loisible à un radiodiffuseur de rendre disponible en dehors des heures de grande écoute le temps visé à l'article 319 si le parti enregistré concerné le demande.

Intervention de la Commission

321. La Commission peut déterminer de façon définitive la répartition entre les partis enregistrés – sur une base équitable et compte tenu des souhaits de ceux-ci – du temps d'antenne disponible, aux heures de grande écoute, dans l'un ou l'autre des cas suivants :

a) dix jours après la prise des décrets d'élection, le radiodiffuseur n'a pas encore alloué aux partis enregistrés leur temps d'antenne;

b) le radiodiffuseur et les partis enregistrés ne s'entendent pas sur la répartition du temps disponible;

c) le total du temps d'antenne demandé par les partis enregistrés excède le temps d'antenne disponible et aucun accord n'a été conclu.

Preferential rate

322. Broadcasters shall sell the broadcasting time under section 319 at 50 per cent of the lowest rate that they would charge their advertisers for comparable time.

Presumption

323. (1) Broadcasters may attribute to their programming time up to half of the broadcasting time sold under section 319.

Applicability

(2) Subsection (1) applies despite any provision to the contrary in the *Broadcasting Act*, any regulations made under that Act or any condition of a licence issued by the Canadian Radio-television and Telecommunications Commission.

Directives

324. (1) The Commission may issue directives for registered parties or broadcasters respecting the purchase of broadcasting time under section 319, the cancellation of that time and its fair allocation among registered parties.

Criteria

(2) The Commission shall, when issuing directives, take into account the conditions of the market, commercial practices, the requirements of an election campaign and the need, as far as practicable, to accommodate the scheduling preferences of the registered parties.

Provision of Free Broadcasting Time

Provision of free broadcasting time

325. (1) Any person who operates a network or operates a specialty programming undertaking that primarily presents news or public affairs programs shall provide to the Commission, without cost, ten 30-minute periods in prime time, for free broadcasting programs, during the period from a day determined by the Commission to the end of the second day before election day.

French networks

(2) An operator referred to in subsection (1) who broadcasts in French is required to provide only five of the free broadcasting time programs.

Tarif préférentiel

322. Les radiodiffuseurs doivent vendre le temps d'antenne visé à l'article 319 à cinquante pour cent du tarif qu'ils exigeraient de leurs annonceurs qui bénéficient du meilleur tarif pour du temps d'antenne comparable.

Imputation du temps vendu

323. (1) Le radiodiffuseur peut imputer à son temps de programmation la moitié du temps d'antenne vendu en vertu à l'article 319.

Application

(2) Le paragraphe (1) s'applique malgré toute disposition de la *Loi sur la radiodiffusion*, toute réglementation prise en vertu de cette loi ou toute condition d'une licence délivrée par le Conseil de la radiodiffusion et des télécommunications canadiennes.

Directives

324. (1) La Commission prend, à l'intention des radiodiffuseurs et des partis enregistrés, des directives qui les lient concernant l'achat, l'annulation ou la répartition équitable du temps d'antenne visé à l'article 319.

Critères

(2) La Commission tient compte, dans l'élaboration de ses directives, du marché, des pratiques commerciales, des exigences d'une campagne électorale et de l'objectif d'accommoder, dans la mesure du possible, le calendrier des partis enregistrés.

Temps d'antenne gratuit

Temps d'antenne gratuit

325. (1) Tout exploitant de réseau ou tout exploitant d'une entreprise de programmation spécialisée dont les émissions sont axées principalement sur les nouvelles et les affaires publiques est tenu de fournir gratuitement, à la Commission, aux heures de grande écoute, pendant la période à compter du jour fixé par la Commission jusqu'à la fin de la deuxième journée avant le jour du scrutin, dix périodes de trente minutes chacune pour programmes gratuits.

Exception

(2) Toutefois, les exploitants visés au paragraphe (1) qui diffusent en langue française ne sont tenus de fournir que le temps d'antenne nécessaire pour la diffusion de cinq de ces programmes gratuits.

Agreement among parties

326. (1) The registered parties and the operators referred to in section 325 shall, by agreement, determine the day and time to broadcast the free broadcasting time programs.

Determination by Commission

(2) Where no agreement is reached by the fifth day after the date of the writs, the Commission shall determine the day and time to broadcast the free broadcasting time programs.

Allocation to the parties

327. (1) The Commission shall make at least 24 minutes of each 30-minute broadcasting time program available for the use of the registered parties at no cost to them and shall offer all registered parties an opportunity to participate.

Format

(2) Each free broadcasting time program shall be in a magazine format, generally composed of six program segments of approximately four minutes each, or such other length as may be established by the Commission.

Content

(3) Each registered party shall determine the content of its program segments.

Allocation of program units

328. (1) Subject to subsection (4), the Commission shall allocate the free broadcasting time program segments among the registered parties that participate as follows:

(*a*) each registered party is entitled to one program segment;

(*b*) each registered party that was registered before the previous general election and whose candidates received less than five per cent of the total votes cast at that election is entitled to one additional program segment;

(*c*) each registered party that had at least one member in the House of Commons on the day Parliament was dissolved before the issue of the writs but that was not registered before the previous general election or whose candidates did not receive more than five per cent of the vote in that election is entitled to one additional program segment;

(*d*) each registered party that endorses candidates in half of the constituencies at the close of nominations is entitled to one additional program segment; and

Entente

326. (1) Il incombe aux partis enregistrés et aux exploitants visés à l'article 325 d'en venir à une entente concernant la date et l'heure de diffusion de ces programmes.

Intervention de la Commission

(2) À défaut d'entente au plus tard le cinquième jour après la date des décrets d'élection, la Commission détermine la date et l'heure de diffusion des programmes.

Allocation du temps

327. (1) La Commission met gratuitement à la disposition des partis enregistrés un minimum de vingt-quatre minutes des trente minutes de programme et fournit à tous les partis enregistrés l'occasion de participer aux programmes.

Format

(2) Les programmes sont sous forme de magazines, habituellement composés de six tranches d'approximativement quatre minutes chacune, sauf autre durée déterminée par la Commission.

Contenu

(3) Chacun des partis enregistrés détermine le contenu de ses tranches de programmes.

Allocation des unités de programmes

328. (1) Sous réserve du paragraphe (4), la Commission répartit comme suit le temps d'antenne gratuit entre les partis enregistrés participants :

a) chaque parti enregistré a droit à une tranche de programme;

b) tout parti enregistré qui l'était lors de l'élection générale précédente et dont les candidats ont recueilli moins de cinq pour cent des votes lors de cette élection a droit à une tranche additionnelle;

c) tout parti enregistré qui, lors de la dissolution du Parlement avant la date des décrets d'élection, avait au moins un député à la Chambre des communes et qui lors de l'élection générale précédente n'était pas enregistré, ou dont les candidats n'avaient pas recueilli plus de cinq pour cent des votes à cette élection, a droit à une tranche additionnelle;

d) tout parti enregistré qui a des candidats dans la moitié des circonscriptions électorales lors de la clôture des mises en candidature a droit à une tranche additionnelle;

(*e*) any remaining program segments shall be allocated to the registered parties whose candidates received at least five per cent of the total votes cast at the previous election in proportion to the number of votes received by them.

Reallocation after the close of nominations

(2) Where a reallocation is necessary to give effect to paragraph (1)(*d*), the Commission shall reallocate the remaining free broadcasting time among the registered parties before the end of the second day following the close of nominations.

Limitation

(3) Where the total time allocated to registered parties whose candidates did not receive five per cent or more of the total votes cast at the previous general election exceeds 40 per cent of the total time available, the time allocated to each of those registered parties shall be reduced proportionally.

French networks and specialty undertaking

(4) The Commission shall allocate time on the French networks and French specialty programming undertakings on a similar basis with due consideration to fairness and the number of candidates endorsed by each registered party in the coverage area of each network or undertaking.

Producer

329. The Commission, after consulting the registered parties, shall appoint a producer for each official language to co-ordinate the free broadcasting time programs and assist those registered parties that request it in the preparation of their program segments.

Other television stations

330. Any broadcaster may rebroadcast the free broadcasting time programs one or more times until the end of the second day before election day.

e) les tranches qui restent après cette répartition sont partagées, sur la base proportionnelle des votes reçus par leurs candidats, entre les partis enregistrés dont les candidats ont recueilli cinq pour cent des votes ou plus lors de l'élection générale précédente.

Nouvelle allocation après les mises en candidature

(2) Si l'application de l'alinéa (1)*d*) donne lieu à une nouvelle répartition, la Commission répartit de nouveau ce qui reste du temps d'antenne gratuit entre les partis enregistrés avant la fin de la cinquième journée après la clôture des mises en candidature.

Limitation

(3) Si le temps total accordé aux partis enregistrés dont les candidats n'ont pas reçu lors de l'élection générale précédente cinq pour cent des votes ou plus, excède quarante pour cent du total du temps gratuit disponible, le temps accordé à chacun de ces partis est en conséquence réduit proportionnellement.

Réseaux de langue française

(4) La Commission alloue du temps d'antenne sur les réseaux et entreprises de programmation spécialisée de langue française, sur la même base en tenant compte de l'équité et du nombre de candidats appuyés par chacun des partis enregistrés dans le territoire desservi par chacun de ces réseaux ou entreprises.

Producteur

329. La Commission nomme, après consultation avec les partis enregistrés, un producteur de langue française et un producteur de langue anglaise pour la préparation des programmes et pour aider ceux des partis qui en font la demande à réaliser leur tranches de programmes.

Autres radiodiffuseurs

330. Tout radiodiffuseur peut, jusqu'à la fin de la deuxième journée avant le jour du scrutin, rediffuser une ou plusieurs fois un programme produit pour temps d'antenne gratuit.

Immunity

Immunity

331. No broadcaster or person operating a network or a specialty programming undertaking shall be liable for any damages suffered by a customer resulting from the displacement, under section 319 or 325, of broadcasting time previously sold to the customer.

Community Cable Channel

Provision of free time

332. (1) Any person licensed to carry on a distribution undertaking who operates a community cable channel shall provide for the candidates in its broadcast area a total of at least 60 minutes of free broadcasting time per day on that channel in prime time during the period from a day determined by the Commission to the end of the second day before election day and shall rebroadcast these programs at least once within that period.

Allocation of free time

(2) The allocation of the free time referred to in subsection (1) shall be done on an equitable basis, taking into account the relative standings of the candidates and registered parties in the constituency.

Coverage of debates

(3) Any time used to broadcast debates between candidates shall be counted towards the free broadcasting time to be provided under subsection (1).

Repetition of broadcasts

(4) Any person who provides programs under subsection (1) shall rebroadcast each of these programs at least once outside of prime time during the period referred to in that subsection.

Allocation among constituencies

333. (1) Where there is more than one constituency in the broadcast area of a community channel, the total amount of free broadcasting time, to be provided under subsection 332(1) for the whole period referred to in that subsection, shall be allocated in periods of at least 30 minutes for each constituency in which the channel serves a majority of households.

Immunité

Préjudice à un client

331. Le radiodiffuseur, l'exploitant d'un réseau ou d'une entreprise de programmation spécialisée ne peut être tenu responsable du préjudice causé à un client en raison du déplacement, en vertu des articles 319 ou 325, de l'heure de diffusion de messages publicitaires pour lesquels du temps d'antenne a déjà été vendu.

Câblodistributeurs communautaires

Temps disponible

332. (1) Tout titulaire de licence d'exploitation d'entreprise de distribution exploitant une chaîne de câblodistribution communautaire est tenu de fournir gratuitement aux candidats dans son aire de diffusion, un total de soixante minutes par jour de temps d'antenne aux heures de grande écoute pendant la période de temps entre la journée après la date du décret d'élection que fixe la Commission et la fin du deuxième jour avant le jour du scrutin. Il est tenu également de rediffuser ces programmes au moins une fois durant cette période.

Répartition du temps libre

(2) La répartition entre candidats du temps prévu au paragraphe (1) est faite sur une base équitable, compte tenu de la position relative des candidats et des partis enregistrés dans la circonscription.

Couverture des débats

(3) La couverture des débats entre candidats est imputée au temps visé au paragraphe (1).

Répétition des émissions

(4) Quiconque fournit des programmes aux termes du paragraphe (1) rediffuse chacun de ceux-ci au moins une fois en dehors des heures de grande écoute pendant la période visée à ce paragraphe.

Répartition entre circonscriptions

333. (1) Tout titulaire de licence d'exploitation d'entreprise de distribution exploitant une chaîne communautaire dans plus d'une circonscription est tenu de répartir le total du temps d'antenne gratuit prévu par le paragraphe 332(1) pour la période qui y est visée, à raison de période d'au moins trente minutes pour chaque circonscription où il dessert la majorité des résidences.

Allocation among community channel operators

(2) Where there is more than one person operating a community channel in a constituency, each one shall provide the free broadcasting time under subsection 332(1) in proportion to the percentage of households in the constituency to which the channel is available.

(2) S'il y a plus d'une entreprise de distribution qui exploite une chaîne communautaire dans une circonscription, chacune d'entre elles est tenue de fournir le temps d'antenne gratuit en proportion du pourcentage de résidences qu'elle dessert dans la circonscription.

Répartition au sein de la même circonscription

Allocation by Commission

(3) Where there is disagreement between the persons operating community channels, the Commission shall determine the proportion referred to in subsection (2).

(3) En cas de différend entre exploitants de chaînes communautaires, la Commission détermine la proportion visée au paragraphe (2).

Répartition par la Commission

Parliamentary Channel

Chaîne parlementaire

Parliamentary channel

334. (1) The Commission is entitled to use both language networks of the Parliamentary channel of the Canadian Broadcasting Corporation during the election period to broadcast public information programs on the election process.

334. (1) La Commission a accès aux réseaux français et anglais de la Chaîne parlementaire de la Société Radio-Canada durant la période électorale pour diffusion de programmes d'information générale concernant le processus électoral.

Chaîne parlementaire

Official languages

(2) The Commission may require the Parliamentary channel to broadcast a portion of the public information programs in the official language that it does not regularly use for broadcasts.

(2) La Commission peut requérir qu'une partie de ces programmes d'information soit diffusée dans l'autre langue officielle que celle dans laquelle le réseau diffuse normalement.

Langues officielles

Multiple broadcasts

335. The Parliamentary channel shall broadcast each free broadcasting time program provided under subsection 325(1) at least three times prior to the end of the second day before election day.

335. Le réseau de télévision parlementaire de la Société Radio-Canada est tenu de diffuser les programmes visés au paragraphe 325(1) au moins trois fois durant la période qui précède la fin de la deuxième journée avant le jour du scrutin.

Multi-diffusion

CBC Northern Service

Service du Nord de Radio-Canada

Provision of free time

336. (1) The Northern Service of the Canadian Broadcasting Corporation shall provide 60 minutes of free broadcasting time to each candidate in each constituency in the Northern Service's primary area of coverage during the period from a day determined by the Commission to the end of the second day before election day.

336. (1) Le Service du Nord de la Société Radio-Canada est tenu de fournir, pendant la période à compter du jour fixé par la Commission jusqu'à la fin de la deuxième journée avant le jour du scrutin, soixante minutes de temps d'antenne gratuit à chaque candidat dans chacune des circonscriptions situées dans la zone principale de couverture du Service.

Temps d'antenne gratuit

Provision of paid time

(2) The Northern Service shall also make available for purchase by each candidate referred to in subsection (1) up to 20 minutes of broadcasting time.

(2) Le Service du Nord est aussi tenu de libérer pour achat par chacun de ces candidats jusqu'à vingt minutes de temps d'antenne.

Temps d'antenne pour achat

Notice **337.** The Northern Service shall notify the candidates of their right to acquire the broadcasting time under section 336 and of the rights of the registered parties to such time under section 319.

Schedules **338.** The scheduling of the broadcasting time under section 336 shall be negotiated between a representative of the Northern Service, the candidates and the returning officer of each affected constituency.

PART VIII

ELECTION FINANCES

DIVISION I

FINANCIAL ADMINISTRATION

General Provisions

Fiscal year **339.** The fiscal year of each registered party, registered constituency association and registered party foundation shall be the calendar year.

Prohibition on transfers **340.** No registered party or registered constituency association shall transfer funds unless the transfer is related to federal political purposes.

Financial Agents and Auditors

Appointment of financial agent **341.** In addition to registered parties, registered constituency associations and candidates, every person seeking nomination as a candidate by a registered constituency association and person seeking to be leader of a registered party shall appoint a financial agent.

Ineligible financial agents **342.** (1) The following persons are not eligible to be appointed as a financial agent:

(*a*) a candidate;

(*b*) a member of the Senate or the House of Commons;

(*c*) an election officer;

(*d*) an election official;

Avis **337.** Le Service du Nord avise les candidats de leur droit d'acheter le temps d'antenne prévu par l'article 336 et du droit des partis enregistrés au temps prévu à l'article 319.

Horaire **338.** Les horaires du temps d'antenne visé par l'article 336 sont négociés entre le représentant du Service du Nord, les candidats et le directeur du scrutin de chacune des circonscriptions concernées.

PARTIE VIII

FINANCEMENT DES ÉLECTIONS

SECTION I

GESTION FINANCIÈRE

Dispositions générales

Exercice **339.** L'exercice des partis enregistrés, des associations locales enregistrées et des fondations de parti enregistrées est l'année civile.

Transferts interdits **340.** Un parti enregistré ou une association locale enregistrée ne peut transférer des fonds que si le transfert est lié à des fins électorales fédérales.

Agents financiers et vérificateurs

Nomination d'un agent financier **341.** Outre le parti enregistré, l'association locale enregistrée et le candidat, toute personne briguant l'investiture d'une association locale enregistrée et toute personne aspirant à la direction d'un parti enregistré sont tenues de nommer un agent financier.

Inéligibilité **342.** (1) N'est pas habile à être désigné agent financier :

a) le candidat à une élection;

b) un député à la Chambre des communes ou un sénateur;

c) un fonctionnaire d'élection;

d) un membre du personnel électoral;

(*e*) a member of the Commission or its staff; or

(*f*) any person who does not have full capacity to enter into contracts in the province or territory in which the constituency is located.

Consent to act

(2) A financial agent shall provide the person making the appointment with a signed consent to act.

Single agent

(3) No person shall have more than one financial agent at the same time.

Appointment of auditor

343. In addition to registered parties, registered constituency associations, registered party foundations and candidates, every person seeking to be leader of a registered party shall appoint an auditor.

Eligible auditors

344. (1) A person may be appointed an auditor under this Act only if the person is a professional member in good standing of an institute, society or association of accountants incorporated by or under an Act of the legislature of a province or territory, whose normal professional activities include the performance of independent audits of financial statements, or is a firm of accountants with such persons as partners or shareholders.

Ineligible auditors

(2) The following persons are not eligible to be appointed as an auditor:

(*a*) any person who is ineligible to be a financial agent;

(*b*) any person who is the financial agent of the person to be audited; or

(*c*) any person who is a member of the same firm as the financial agent referred to in paragraph (*b*).

Consent to act

(3) An auditor shall provide the person making the appointment with a signed consent to act.

e) un membre de la Commission ou de son personnel;

f) quiconque n'a pas pleine capacité de contracter dans la province ou le territoire où est située la circonscription.

Consentement

(2) L'agent financier remet à la personne qui le nomme à ce titre une déclaration par écrit attestant qu'il accepte d'agir en cette qualité.

Un seul agent

(3) Personne ne peut avoir plus d'un agent financier à la fois.

Nomination d'un vérificateur

343. Outre le parti enregistré, l'association locale enregistrée, le candidat et toute fondation de parti enregistrée, toute personne aspirant à la direction d'un parti enregistré est tenue de nommer un vérificateur.

Admissibilité

344. (1) Seule peut être nommée vérificateur aux termes de la présente loi la personne qui est membre en règle d'un institut, d'une société, d'une association ou d'un ordre de comptables professionnels constitué en vertu d'une loi adoptée par la législature d'une province ou d'un territoire, et dont l'activité professionnelle normale comprend l'exécution de vérifications indépendantes d'états financiers. Sont visés par la présente définition les cabinets de comptables au sein desquels de telles personnes sont associées ou dont elles sont actionnaires.

Inhabilité

(2) N'est pas habile à être désigné vérificateur :

a) la personne inhabile à être désignée agent financier;

b) l'agent financier de la personne faisant l'objet de la vérification;

c) toute personne qui est membre de la même firme que l'agent financier visé à l'alinéa *b*).

Consentement

(3) Le vérificateur remet à la personne qui le nomme à ce titre une déclaration signée attestant qu'il accepte d'agir en cette qualité.

Change of
financial agent

345. Every person required to have a financial agent shall immediately replace any financial agent who ceases to hold office for any reason.

Change of
auditor

346. (1) Every person required to have an auditor shall immediately replace an auditor who ceases to hold office for any reason.

Replacement of
auditor

(2) Where an auditor resigns or the appointment of the auditor is revoked,

(*a*) the successor auditor shall, before accepting the appointment, request the former auditor to forward a written statement concerning any circumstances respecting the financial activities of the person being audited that should be taken into account when considering whether to accept the appointment;

(*b*) the former auditor shall forward the statement to the successor without delay; and

(*c*) the financial agent shall provide a report concerning the reasons for the change of auditor to the Commission, to the former auditor and to the successor auditor.

Duties of Financial Agents

Administration
of finances

347. (1) Financial agents shall be responsible for administering, in accordance with this Act, the finances of the persons who appointed them and, in particular, shall ensure that

(*a*) this Part is complied with;

(*b*) the funds administered by the financial agent are used to meet liabilities;

(*c*) all receipts and expenses are properly recorded;

(*d*) an account is maintained in a financial institution listed in subsection 348(1); and

(*e*) political contributions of money are deposited in the appropriate account.

345. Toute personne que la présente loi oblige à avoir un agent financier est tenue de remplacer celui-ci dès qu'il cesse d'occuper ses fonctions, peu importe le motif.

Changement
d'agent financier

346. (1) Toute personne que la présente loi oblige à avoir un vérificateur est tenue de remplacer celui-ci dès qu'il cesse d'occuper ses fonctions, peu importe le motif.

Changement de
vérificateur

(2) Lorsqu'un vérificateur démissionne ou est relevé de ses fonctions :

Modalités du
remplacement

a) le vérificateur pressenti pour le remplacer est tenu, avant d'accepter, de demander au vérificateur démissionnaire ou relevé de ses fonctions, de lui faire tenir une déclaration l'informant de toute opération financière de la personne faisant l'objet de la vérification qui est de nature à être prise en considération par un vérificateur avant que celui-ci accepte d'agir à ce titre;

b) le vérificateur démissionnaire ou relevé de ses fonctions remet dans les meilleurs délais à son successeur la déclaration visée à l'alinéa *a*);

c) l'agent financier remet un rapport sur les raisons du changement de vérificateur à la Commission, au vérificateur démissionnaire ou relevé de ses fonctions, de même qu'au remplaçant de celui-ci.

Attributions de l'agent financier

347. (1) L'agent financier est responsable de la gestion financière, conformément à la présente loi, des activités électorales de la personne qui l'a nommé à ce titre, et veille notamment :

Gestion
financière

a) à l'observation des dispositions de la présente partie;

b) au paiement des dettes de cette personne, sur les fonds qu'il administre;

c) à la tenue de registres adéquats des rentrées de fonds et des dépenses;

d) à l'ouverture d'un compte auprès d'une institution financière visée au paragraphe 348(1);

e) au dépôt des contributions en argent au compte approprié.

No personal liability

(2) Financial agents shall not be personally liable for any liability of the persons who appointed them unless the liability is personally guaranteed by the financial agent.

Account to be maintained

348. (1) Each financial agent shall maintain an account in one or more of the following financial institutions:

(*a*) a bank;

(*b*) a credit union, caisse populaire or other co-operative credit society;

(*c*) a trust company, loan company or other institution authorized by law to accept money for deposit and carrying deposit insurance in accordance with the *Canada Deposit Insurance Corporation Act* or the *Deposit Insurance Act* of Quebec;

(*d*) a Province of Ontario Savings Office established pursuant to the *Agricultural Development Finance Act* of Ontario; or

(*e*) a Province of Alberta Treasury Branch established pursuant to the *Treasury Branches Act* of Alberta.

Use of account

(2) Financial agents shall deposit all money received by or on behalf of the person who appointed them in the account referred to in subsection (1) and shall pay all expenses from it.

Authority to make expenditures

349. (1) No person except a financial agent or a person authorized in writing by a financial agent shall make any payment in excess of $50 on behalf of a registered party, registered constituency association, candidate, person seeking nomination as a candidate by a registered constituency association or person seeking to be leader of a registered party, as the case may be.

Expenditure documentation

(2) Every person who makes a payment in excess of $50 referred to in subsection (1) shall properly document the payment.

Non-responsabilité

(2) L'agent financier n'est pas personnellement responsable des dettes de la personne qui l'a nommé à moins d'en avoir personnellement garanti le paiement.

Compte

348. (1) L'agent financier ouvre un compte auprès de l'une ou l'autre des institutions financières suivantes :

a) une banque;

b) une caisse de crédit, une caisse populaire ou toute autre société coopérative de crédit;

c) une société de fiducie, une société de prêt ou toute autre institution habile, en application d'une loi, à accepter de l'argent en dépôt et dont les dépôts sont assurés sous le régime de la *Loi sur la Société d'assurance-dépôts du Canada* ou de la *Loi sur l'assurance-dépôts du Québec*;

d) un bureau de la Caisse d'épargne de l'Ontario établi en application de la *Loi sur les emprunts publics par voie de dépôts*;

e) un bureau du Trésor de l'Alberta, établi en application de la loi de l'Alberta intitulée *Treasury Branches Act*.

Dépôts

(2) L'agent financier dépose au compte visé au paragraphe (1) les sommes reçues par ou pour la personne qui l'a nommé et paie sur ce compte les dépenses de celle-ci.

Compétence

349. (1) Seul l'agent financier, ou la personne qu'il désigne par écrit, peut faire des paiements de plus de cinquante dollars au nom, selon le cas, d'un parti enregistré, d'une association locale enregistrée, d'un candidat, d'une personne qui cherche l'investiture d'un parti enregistré ou d'une personne qui aspire à la direction d'un parti enregistré.

Preuve de paiement

(2) Tout paiement de plus de cinquante dollars par un agent financier ou son délégué est comptabilisé et accompagné de pièces justificatives.

Restrictions upon investment **350.** The financial agent of a registered party or registered constituency association shall ensure that its funds are invested only in

(*a*) deposits with, or guaranteed investment certificates issued by, a financial institution listed in subsection 348(1); or

(*b*) debt securities issued, or guaranteed as to interest and principal, by the government of Canada, a province or a territory.

350. Les seuls placements que l'agent financier d'un parti enregistré ou d'une association locale enregistrée est autorisé à effectuer sont les suivants : Investissements

a) les dépôts auprès d'une institution visée au paragraphe 348(1) ou les certificats de placement garantis de celle-ci;

b) les titres de créance émis, ou garantis quant aux intérêts et au capital, par le gouvernement du Canada, d'une province ou d'un territoire.

DIVISION II

ELECTION EXPENSES AND POLITICAL CONTRIBUTIONS

Nature of Expenses and Contributions

SECTION II

DÉPENSES ÉLECTORALES ET CONTRIBUTIONS POLITIQUES

Nature des dépenses et contributions

Amount of expense or contribution **351.** (1) For the purposes of determining the amount of an election expense or a political contribution, the value of any property or services used or provided shall be

(*a*) the price paid for the property or services;

(*b*) the commercial value of the property or services, where no price is paid or the price paid is lower than their commercial value; or

(*c*) such other value as may be expressly provided in this Part.

Capital asset (2) Where the property used or provided is a capital asset, the value of the property for the purpose of determining the amount of an election expense or political contribution is

(*a*) the commercial value of using the property; or

(*b*) where it belongs to a registered constituency association and is used by a candidate, 10 per cent of the commercial value of using the property.

Commercial value (3) The commercial value of property or services shall be considered to be the lowest price charged for an equivalent amount of the same property or services in the market area at the relevant time.

351. (1) Pour la détermination du montant d'une contribution politique ou d'une dépense électorale, la valeur des biens ou services fournis ou utilisés est, selon le cas: Évaluation d'une dépense ou contribution

a) le prix payé pour ces biens ou services;

b) leur valeur commerciale, lorsqu'ils sont fournis ou utilisés gratuitement ou à un prix inférieur à leur valeur commerciale;

c) toute autre valeur prévue expressément par une disposition de cette partie.

(2) Lorsque les biens utilisés sont des biens immobilisés, leur valeur, pour la détermination du montant d'une dépense électorale ou d'une contribution politique est, selon le cas : Biens immobilisés

a) la valeur commerciale de l'utilisation de ces biens;

b) si les biens appartiennent à une association locale enregistrée et sont utilisés par un candidat, dix pour cent de la valeur commerciale de leur utilisation.

(3) La valeur commerciale de biens et de services s'entend du plus bas prix exigé sur le marché pertinent à la même période pour une quantité équivalente de biens ou de services semblables. Valeur commerciale

Valuation directives

(4) The valuation of property or services shall be determined according to the directives of the Commission.

Nil value of certain services

352. (1) The value of the following services shall be considered to be nil:

(*a*) services provided by a volunteer;

(*b*) professional services provided to comply with the requirements of this Act;

(*c*) services provided by a financial agent or auditor;

(*d*) free broadcasting time acquired under Part VII; and

(*e*) free election advertising space provided to a candidate in a periodical publication if it is made available on an equitable basis to all other candidates.

Volunteers

(2) A volunteer is an individual who provides services for no remuneration or direct material benefit, but does not include

(*a*) an individual who is self-employed if the services provided are normally sold or otherwise charged for by that individual; or

(*b*) an individual whose services are made available by an employer.

Nature of election expense

353. (1) An election expense is the value of any property or services used during the election period to

(*a*) promote or oppose, directly or indirectly, the election of a candidate;

(*b*) promote or oppose a registered party or the program or policy of a candidate or registered party; or

(*c*) approve or disapprove a course of action advocated or opposed by a candidate, a registered party or the leader of a registered party.

Deficit at fund-raising function

(2) Any deficit incurred in holding a fund-raising function during an election period shall be considered to be an election expense.

Lignes directrices impératives

(4) L'évaluation de biens ou de services est faite conformément aux lignes directrices établies par la Commission.

Valeur de certains services

352. (1) Sont réputés n'avoir aucune valeur les services suivants :

a) ceux fournis par des bénévoles;

b) les services professionnels nécessaires à l'observation des dispositions de la présente loi;

c) les services rendus par un agent financier ou par un vérificateur;

d) le temps d'antenne gratuit obtenu en application de la partie VII;

e) l'espace fourni à titre gratuit à un candidat dans une publication périodique, pour propagande politique, dans la mesure où ce service est accessible, sur une base équitable, à tout autre candidat.

Bénévoles

(2) Le bénévole est un particulier qui fournit des services sans rémunération ou sans en retirer directement un bénéfice. N'est toutefois pas un bénévole le particulier à son compte qui fournit des services pour lesquels il demande habituellement une rémunération, ni la personne dont les services sont fournis par un employeur.

Nature des dépenses d'élection

353. (1) Constitue une dépense électorale la valeur de tout bien ou service utilisé pendant la période électorale, en vue, selon le cas :

a) de favoriser directement ou indirectement l'élection d'un candidat ou s'opposer à celle-ci;

b) de favoriser un parti enregistré ou le programme ou les politiques d'un candidat ou d'un parti enregistré ou s'opposer à ce parti, ce programme ou ces politiques;

c) d'approuver ou désapprouver une ligne de conduite préconisée par un candidat, un parti enregistré ou le chef d'un parti enregistré ou à laquelle s'oppose l'un de ceux-ci.

Déficit des activités de financement

(2) Le déficit d'une activité de financement durant la période électorale est assimilé à une dépense électorale.

Nature of political contribution

354. A political contribution is the amount of any money or the value of any property or services provided by way of donation, advance, deposit, discount or otherwise to

(*a*) a registered party;

(*b*) a registered constituency association;

(*c*) a candidate;

(*d*) a person seeking nomination as a candidate by a registered constituency association; or

(*e*) a person seeking to be the leader of a registered party.

Deemed contribution

355. Where a person provides property or services to a person listed in section 354 at less than their commercial value, the person shall be considered to have made a political contribution equal to the difference between the commercial value of the property or services and the amount charged for them.

Loans

356. (1) A loan shall not be considered to be a political contribution unless it is forgiven or written off.

Interest as a deemed contribution

(2) Where a person makes a loan to a person listed in section 354 at a rate of interest that is less than the prime rate at the time the rate of interest is fixed, the person shall be considered to have made a political contribution equal to the difference between that prime rate and the amount of interest charged for the loan.

Charges at fund-raising functions

357. (1) For the purpose of determining the amount of a political contribution at a fund-raising function, where a charge by the sale of tickets or otherwise is made for the function, the following rules apply:

(*a*) if the per person charge is $25 or less, no political contribution shall be considered to have been made;

(*b*) if the per person charge is greater than $25 but less than $100, the portion of the charge that exceeds $25 shall be considered to be a political contribution; and

354. Constitue une contribution politique toute somme d'argent ou la valeur commerciale de tous biens ou de tous services qui, à titre de donation, d'avance, de dépôt, d'escompte, sont fournis, selon le cas :

a) à un parti enregistré;

b) à une association locale enregistrée;

c) à un candidat;

d) à une personne qui brigue l'investiture d'une association locale enregistrée;

e) à un aspirant à la direction d'un parti.

Nature des contributions politiques

355. La personne qui fournit des biens ou des services à une personne visée par l'article 354 à un prix inférieur à leur valeur commerciale est réputée avoir versé une contribution correspondant à la différence entre la valeur commerciale et le prix effectivement demandé.

Présomption

356. (1) Un prêt n'est pas une dépense électorale à moins que le créancier ne renonce à se faire rembourser ou ne l'annule.

Emprunt

(2) La personne qui consent un prêt à une personne visée à l'article 354, à un taux d'intérêt moindre que le taux préférentiel au moment où le taux est déterminé, est réputée avoir fait une contribution politique égale à la différence entre le taux convenu au moment du prêt et le taux préférentiel alors demandé.

Intérêts réputés contributions

357. (1) Pour déterminer le montant d'une contribution à l'égard de la somme demandée pour une activité de financement par la vente de billets ou autre moyen, les règles suivantes s'appliquent:

a) si la somme demandée pour chaque personne est de vingt-cinq dollars ou moins, aucune contribution n'est réputée avoir été faite;

b) si la somme demandée pour chaque personne est supérieure à vingt-cinq dollars mais inférieure à cent dollars, l'excédent de vingt-cinq dollars est assimilé à une contribution;

Sommes demandées pour activités de financement

(*c*) if the per person charge is $100 or more, the portion of the charge that exceeds the actual per person cost of the function shall be considered to be a political contribution.

Other contributions at a fund-raising function

(2) Any amount paid for property or services offered for sale at a fund-raising function, in support of a person listed in section 354, in excess of their commercial value shall be considered to be a political contribution.

Unpaid debts

358. The amount of any debt owed by a person listed in section 354 that remains unpaid for six months or more after becoming due shall be considered to be a political contribution unless the creditor has commenced legal proceedings to recover the debt.

Exclusions

359. None of the following shall be considered to be an election expense or political contribution:

(*a*) publishing or broadcasting editorials, news, interviews, columns, letters or commentaries in a bona fide periodical publication or radio or television program;

(*b*) producing, promoting or distributing a book for no less than its commercial value, if the book was planned to be sold regardless of the election; or

(*c*) broadcasting time provided, without charge, as part of a bona fide public affairs program.

Payment of Election Expenses

Payment of expenses by financial agent

360. (1) No registered party or registered constituency association shall incur an election expense except through its financial agent or a person authorized by the financial agent.

Personal expenses

(2) No candidate shall incur an election expense, other than a personal expense listed in subsection 371(2), except through the candidate's financial agent or through the financial agent of the registered constituency association pursuant to section 365.

c) si la somme demandée pour chaque personne est de cent dollars ou plus, l'excédent du coût véritable par personne est assimilé à une contribution.

(2) Est assimilée à une contribution politique la différence entre le montant versé pour des biens ou services offerts en vente dans le cadre d'une activité de financement organisée pour appuyer une personne visée à l'article 354 et la valeur commerciale de ces biens ou services.

Montants assimilés à des contributions

358. Le montant de toute dette d'une personne visée à l'article 354 et non réglée six mois après son échéance est assimilé à une contribution politique à moins que le créancier n'ait intenté des poursuites judiciaires pour en recouvrer le montant.

Dettes non réglées

359. Ne sont pas considérées comme des contributions ou des dépenses électorales :

Exclusions

a) la publication ou la diffusion de bonne foi d'éditoriaux, de nouvelles, d'entrevues, de chroniques, de commentaires ou de lettres dans une publication périodique ou une émission de radio ou de télévision;

b) la production, la promotion ou la distribution pour une valeur non inférieure à sa valeur commerciale, d'un ouvrage dont la mise en vente avait été planifiée sans égard à la tenue de l'élection;

c) le temps d'antenne à titre gratuit dans le cadre d'un authentique programme d'affaires publiques.

Paiement des dépenses électorales

360. (1) Un parti enregistré ou une association locale enregistrée ne peut engager une dépense électorale que par l'intermédiaire de son agent financier ou de son délégué.

Paiement des dépenses par l'agent financier

(2) Un candidat ne peut engager de dépenses électorales autres que les dépenses personnelles visées au paragraphe 371(2) sauf par l'intermédiaire de son agent financier ou de l'agent financier de l'association locale enregistrée en conformité avec l'article 365.

Dépenses personnelles

Statement of particulars

361. Financial agents shall ensure that every election expense of $50 or more that is incurred by the persons who appointed them is documented by a statement setting forth the particulars of the expense.

Limitation period

362. (1) A creditor in respect of an election expense incurred by a registered party, registered constituency association or a candidate is not entitled to be paid unless a claim for the amount owing is submitted to the financial agent no later than the 60th day after election day.

Death of claimant

(2) Where a creditor in respect of the election expense dies before the expiry of the period referred to in subsection (1), the creditor's personal representative may submit the claim up to 30 days after the day the personal representative is authorized under the law of the province or territory to administer the estate.

Limits on Election Expenses

Registered party's limit

363. A registered party may incur election expenses during an election period in an amount not exceeding the aggregate of 70 cents, or any increased amount established under section 372, multiplied by the number of registered voters in those constituencies in which the registered party has a candidate on election day.

Candidate's limit

364. (1) A candidate may incur election expenses during an election period in an amount not exceeding the aggregate of

(*a*) $2 for each of the first 20,000 registered voters in the constituency;

(*b*) $1 for each of the next 10,000 registered voters in the constituency; and

(*c*) 50 cents multiplied by the number of registered voters in the constituency that exceeds 30,000.

Deemed number of registered voters

(2) For the purposes of subsection (1), each constituency shall be deemed to have at least 30,000 registered voters.

361. L'agent financier est tenu de comptabiliser toute dépense électorale de cinquante dollars ou plus avec pièces justificatives à l'appui.

État détaillé

362. (1) Toute personne qui a une réclamation à faire valoir concernant une dépense électorale engagée par un parti enregistré, une association locale enregistrée ou un candidat est tenue de la présenter à l'agent financier au plus tard le soixantième jour après le jour du scrutin.

Délai de présentation

(2) Si le créancier visé au paragraphe (1) meurt avant l'expiration du délai qui y est prévu, son représentant présente la réclamation dans les trente jours suivant la nomination, en vertu d'une loi d'une province ou d'un territoire, de l'administrateur de la succession.

Décès du créancier

Plafond des dépenses électorales

363. Un parti enregistré peut, pendant une période électorale, engager des dépenses électorales ne dépassant pas le produit du montant de soixante-dix cents, ou tout montant supérieur que peut fixer la Commission aux termes de l'article 372, multiplié par le nombre d'électeurs inscrits dans les circonscriptions où le parti appuie un candidat le jour du scrutin.

Plafond pour un parti enregistré

364. (1) Un candidat ne peut, pendant la période électorale, engager des dépenses électorales supérieures aux montants suivants :

Plafond pour les candidats

a) deux dollars pour chacun des vingt mille premiers électeurs inscrits dans sa circonscription;

b) un dollar pour chacun des dix mille électeurs suivants;

c) cinquante cents pour chacun des électeurs, au-delà de trente mille, inscrits dans sa circonscription.

(2) Pour l'application du paragraphe (1), chaque circonscription est réputée compter au moins trente mille électeurs inscrits.

Nombre réputé d'électeurs inscrits

Increased limit

(3) In a constituency where the average density of registered voters is less than 10 voters per square kilometre or in an aboriginal constituency, the limit on the election expenses under subsection (1) shall be increased by an additional amount not exceeding the lesser of

(*a*) 30 cents for each square kilometre in the constituency; and

(*b*) 50 per cent of the limit under subsection (1).

Increases in amounts

(4) The amounts set out in paragraphs (1)(*a*) to (*c*) and (3)(*a*) are subject to any increased amount established under section 372.

Election expenses of a constituency association

365. (1) A registered constituency association may incur election expenses only during the period after the date of the writ until the candidate's financial agent is appointed, but any election expense incurred shall be attributed to the candidate and included in the election expenses of the candidate for the purposes of the limit for the candidate under section 364.

Limit on constituency association

(2) The amount of election expenses incurred under subsection (1) shall not exceed the lesser of

(*a*) 10 per cent of the candidate's limit for the preceding general election, where the boundaries of the constituency have not changed since the preceding election; and

(*b*) such amount as may be established by the Commission under subsection 372(3), where the boundaries of the constituency have changed since the preceding election.

Postponed election

366. (1) Where election day is postponed under section 195, the limits on the election expenses in section 364 apply to any new candidate and any candidate who continues in the election is entitled to 150 per cent of the amount of the limit.

Superseded election

(2) Where an election is superseded because of a general election under section 118, any election expenses incurred for that election shall not be included in calculating the limits on the election expenses under this Part in respect of the new election.

Augmentation du plafond

(3) Dans une circonscription où la densité moyenne d'électeurs inscrits est inférieure à dix électeurs au kilomètre carré, ou dans une circonscription autochtone le plafond établi en vertu du paragraphe (1) est augmenté du moindre des montants suivants :

a) trente cents pour chaque kilomètre carré de la circonscription;

b) cinquante pour cent du plafond établi en vertu du paragraphe (1).

Augmentation des montants

(4) Les montants qui figurent aux alinéas (1)*a*) à *c*) et (3)*a*) peuvent être augmentés de tout montant que la Commission fixe en vertu de l'article 372.

Dépenses électorales d'une association locale

365. (1) Une association locale enregistrée peut, mais seulement pendant la période entre la date du décret d'élection et la date de la nomination de l'agent financier du candidat que l'association appuie, engager des dépenses électorales; toutefois les dépenses ainsi engagées sont imputées au candidat et incluses dans ses dépenses électorales pour l'application de l'article 364.

Plafonds applicables à une association locale

(2) Le total des dépenses engagées en vertu du paragraphe (1) ne peut dépasser le moindre élevé des montants suivants :

a) dix pour cent du plafond qui était applicable aux candidats lors de l'élection générale précédente, si les limites de la circonscription n'ont pas été changées depuis;

b) le montant fixé par la Commission en application du paragraphe 372(3), dans les cas où les limites de la circonscription ont été changées depuis cette élection.

Report d'une élection

366. (1) Dans le cas du report d'une élection en vertu de l'article 195, le plafond des dépenses électorales prévu par l'article 364 s'applique à tout nouveau candidat et le candidat qui maintient sa candidature a droit à cent cinquante pour cent du plafond.

Élection annulée

(2) Les dépenses engagées pour une élection annulée à cause d'une élection générale, en application de l'article 114, ne sont pas incluses dans le calcul du plafond des dépenses électorales pour la nouvelle élection.

Other limit on election expenses

367. Any person, other than a registered party, registered constituency association or a candidate, may incur an election expense in an amount not exceeding $1,000, subject to any increase made under section 372.

367. Toute personne autre qu'un parti enregistré, une association locale enregistrée ou un candidat peut engager, pendant une période électorale des dépenses électorales ne dépassant pas mille dollars sous réserve des augmentations que la Commission peut fixer en vertu de l'article 372.

Dépenses des autres personnes

Prohibition on excess election expenses

368. No person shall incur an election expense that exceeds the limits authorized by this Part.

368. Personne ne peut engager de dépenses électorales au-delà des plafonds autorisés par la présente partie.

Interdiction

Election expenses from own property

369. No person shall incur an election expense out of another person's property, except for a financial agent, or a person authorized by a financial agent, acting under this Part.

369. Personne ne peut engager de dépenses électorales sur les biens d'une autre personne sauf un agent financier ou son délégué agissant sous l'autorité de la présente loi.

Dépenses sur biens personnels

Co-ordinated action to circumvent limits

370. No person shall incur an election expense in co-ordination with one or more other persons if the aggregate amount of the election expenses incurred exceeds the limits authorized by this Part for that person.

370. Personne ne peut engager de dépenses électorales pendant une élection de concert avec une ou plusieurs personnes en vue de porter le montant total de ces dépenses au-delà des plafonds autorisés par la présente partie.

Manigances

Exceptions and Increases to Limits

Exceptions et augmentation des plafonds

Expenses not subject to limit

371. (1) The following expenses shall not be subject to the limits under sections 363 to 367:

(*a*) the cost of any communication that an association, a union, a group, a corporation or an employer, including a registered party or a registered constituency association, sends exclusively to its members, employees or shareholders;

(*b*) any expenses incurred by or on behalf of a person seeking nomination by a registered constituency association, within the limits referred to in subsection 373(1);

(*c*) any expenses incurred by or on behalf of a person seeking to be the leader of a registered party, within the limits referred to in subsection 376(1);

(*d*) the cost of a candidate's performance guarantee;

(*e*) any expenses incurred in holding a fund-raising function if no deficit is incurred;

371. (1) Les dépenses qui suivent échappent aux plafonds prévus par les articles 363 à 367 :

a) le coût de toute communication envoyée par une association, un syndicat, un groupement, une personne morale ou un employeur, y compris un parti enregistré et une association locale enregistrée uniquement à ses membres, à ses employés ou à ses actionnaires, selon le cas;

b) toute dépense engagée par une personne, ou en son nom, en vue de son investiture dans les limites prévues par le paragraphe 373(1);

c) toute dépense engagée par une personne aspirant à la direction d'un parti enregistré ou en son nom dans les limites prévues par le paragraphe 376(1);

d) le coût de la garantie de bonne fin que le candidat est tenu de déposer;

e) les dépenses engagées pour la tenue d'une activité de financement si celle-ci n'est pas déficitaire;

Dépenses non assujetties

(*f*) any expenses incurred exclusively for the day-to-day administration of a registered party or a registered constituency association;

(*g*) any expenses incurred in holding a party or a celebration or publishing "thank-you" advertising after the close of the polls;

(*h*) the cost of obtaining any professional services to comply with this Act; and

(*i*) any interest on a loan to a candidate or a registered party for election expenses.

Candidate's personal expenses

(2) The following personal election expenses of a candidate are not subject to the limits on the candidate's election expenses where they are reasonable and incurred by or on behalf of the candidate:

(*a*) payments for care of a child or other family member for whom the candidate is normally directly responsible;

(*b*) the cost of travelling to or within the constituency;

(*c*) the cost of lodging, meals and incidental charges while travelling to or within the constituency;

(*d*) the cost of renting a temporary residence if it is necessary for the election;

(*e*) expenses incurred as a result of any disability of the candidate, including the cost of any person required to assist the candidate in performing the functions necessary for seeking nomination or election; and

(*f*) any other expense specified by a directive of the Commission.

Increases to limits

372. (1) The Commission shall, before May 1st of each year, consider whether the cost of property and services used in an election justifies a change to the limits in sections 363 to 367 and, where justified, may, by regulation, establish higher amounts for the purposes of those sections.

f) les dépenses engagées exclusivement pour l'administration, au jour le jour, d'un parti enregistré ou d'une association locale enregistrée;

g) les dépenses pour réceptions ou célébrations après la fermeture des bureaux de vote ou pour remerciements publiés par la suite;

h) le coût des services professionnels entraînés par l'observation des exigences de la présente loi;

i) l'intérêt couru d'un prêt à un candidat ou à un parti enregistré pour dépenses électorales.

Dépenses personnelles des candidats

(2) Les dépenses électorales personnelles suivantes d'un candidat échappent au plafond prévu par l'article 365 si elles sont raisonnables et engagées par le candidat ou en son nom :

a) les sommes versées pour la garde d'un enfant ou d'un autre membre de la famille dont le candidat a habituellement la charge directe;

b) les frais de déplacement à l'intérieur de la circonscription ou pour s'y rendre;

c) les sommes versées pour l'hébergement, les repas et les frais accessoires pendant les déplacements visés à l'alinéa *b*);

d) le coût de location d'une résidence temporaire, si elle est nécessaire pour l'élection;

e) les dépenses reliées à l'élection et directement attribuables à une déficience physique d'une personne, y compris les dépenses engagées pour l'emploi de quelqu'un chargé de l'aider à remplir les activités nécessaires à sa mise en candidature ou à son élection;

f) toutes autres dépenses qui sont prévues par les directives de la Commission.

Augmentation des plafonds

372. (1) Au plus tard le 30 avril de chaque année, la Commission détermine si le coût des biens et des services lors d'une élection justifie un rajustement des plafonds prévus par les articles 363 à 367 et, le cas échéant, peut établir par règlement d'autres montants plus élevés pour l'application de ces articles.

Commencement of increased limits

(2) Any amount established under subsection (1) shall apply to any election for which the writ is issued on or after May 1st of the year in which the amount was established, until changed.

(2) Les nouveaux montants établis en vertu du paragraphe (1) sont applicables à toute élection pour laquelle le décret d'élection est pris le ou après le premier mai de l'année où ils sont établis, et ce jusqu'à leur modification.

Entrée en vigueur

Change of constituency boundaries

(3) Where the boundaries of a constituency were changed since the preceding election, the Commission shall determine an amount for the constituency for the purposes of calculating the limit on expenses under this Part.

(3) Dans les cas où les limites d'une circonscription ont été modifiées depuis l'élection précédente, la Commission détermine les montants requis pour le calcul des plafonds de dépenses applicables à cette circonscription.

Modification des limites de la circonscription

Publication of amounts

(4) The Commission shall publish the amounts established under this section in the *Canada Gazette*.

(4) La Commission publie dans la *Gazette du Canada* les montants fixés en vertu du présent article.

Publication

Expenses for Persons Seeking Nomination by a Registered Constituency Association

Dépenses des personnes qui briguent l'investiture d'une association locale enregistrée

Spending limit for persons seeking nomination

373. (1) A person seeking nomination by a registered constituency association may incur, during the nomination period, nomination expenses in an amount not exceeding 10 per cent of the candidate's limit for an election in the constituency.

373. (1) La personne qui brigue l'investiture d'une association locale enregistrée peut engager, durant la période d'investiture, des dépenses n'excédant pas dix pour cent du plafond applicable aux candidats pour l'élection dans la circonscription.

Plafonds pour les personnes qui briguent l'investiture

Nomination period

(2) The nomination period shall be a period of 30 days, or such shorter period as may be set by the registered constituency association, and shall end on the day of the meeting to select the candidate.

(2) La période d'investiture d'une association locale enregistrée est la période de trente jours se terminant le jour de l'assemblée d'investiture ou toute période de moindre durée fixée par l'association et se terminant le jour de l'assemblée.

Période de mise en candidature

Nature of nomination expense

374. (1) A nomination expense is the value of any property or services used by a person seeking nomination by a registered constituency association during the nomination period if it would be considered to be an election expense if each person seeking nomination as a candidate were a candidate.

374. (1) Est considérée comme dépense d'investiture la valeur de tout bien ou service utilisé par une personne briguant l'investiture d'une association locale enregistrée durant la période d'investiture dans la mesure où l'utilisation de ce bien ou service serait considéré comme dépense électorale si chaque personne briguant l'investiture était candidate à une élection.

Nature des dépenses de mise en candidature

Other provisions

(2) The provisions of sections 360, 361 and 367 to 371 apply to nomination expenses with such modifications as the circumstances require, and the provisions of section 362 apply where the claim is submitted no later than the 30th day after the day the candidate is selected.

(2) Les dispositions des articles 360, 361 et 367 à 371 sont applicables, avec les adaptations de circonstances, aux dépenses de mise en candidature et les dispositions de l'article 362 s'appliquent en autant que la réclamation est présentée au plus tard le trentième jour suivant l'investiture.

Autres dispositions

Spending limit on nomination process expenses

375. (1) A registered constituency association may, during the election period, incur expenses in respect of the process of nominating a candidate in an amount not exceeding the limit in subsection 365(2).

Nature of expenses

(2) The expenses referred to in subsection (1) include all costs related to the nomination process, including the nomination meeting.

Leadership Campaign Expenses for Registered Parties

Spending limit for persons seeking party leadership

376. (1) A person seeking to be the leader of a registered party may incur, during the leadership campaign period, leadership campaign expenses in an amount not exceeding 15 per cent of the limit on election expenses for the party in the preceding general election.

Leadership campaign period

(2) The leadership campaign period

(*a*) begins on the day the registered party announces the date of the meeting to select a leader; and

(*b*) ends on the day of the meeting to select the leader.

Nature of leadership campaign expenses

377. (1) A leadership campaign expense is the value of any property or services used by a person seeking to be the leader of a registered party during the leadership campaign period if it would be considered to be an election expense if each person seeking to be the leader of a registered party were a candidate.

Other provisions

(2) The provisions of sections 360, 361 and 367 to 371 apply to leadership campaign expenses, with such modifications as the circumstances require, and the provisions of section 362 apply where the claim is submitted no later than the 30th day after the day of selection.

---

375. (1) Une association locale enregistrée ne peut, pendant la période électorale, engager pour l'investiture d'un candidat un montant dépassant le plafond prévu par le paragraphe 365(2).

Plafond

(2) Les dépenses visées au paragraphe (1) comprennent tous les coûts reliés à la mise en candidature, y compris ceux entraînés par l'assemblée de mise en candidature.

Nature des dépenses

Campagne de direction d'un parti enregistré

376. (1) L'aspirant à la direction d'un parti enregistré ne peut durant la campagne à cette fin engager des dépenses électorales excédant quinze pour cent du plafond établi pour ce parti lors de l'élection générale précédente.

Plafond

(2) Pour l'application du paragraphe (1) concernant le plafond des dépenses, la période de la campagne de direction d'un parti enregistré commence le jour de l'annonce par le parti de la date fixée pour le choix d'un chef de parti et se termine à cette date.

Campagne pour l'investiture

377. (1) Est considérée comme une dépense engagée pour la campagne à la direction d'un parti enregistré la valeur de tout bien ou service utilisé par un aspirant à la direction durant la période de campagne de direction du parti, dans la mesure où l'utilisation de ce bien ou service serait considérée comme une dépense électorale si chaque personne aspirante à la direction du parti était candidate à une élection.

Nature des dépenses de la campagne pour la direction d'un parti enregistré

(2) Les dispositions des articles 360, 361, 367 à 371 sont applicables, avec les adaptations de circonstance, aux dépenses de campagne des aspirants à la direction d'un parti et les dispositions de l'article 362 sont applicables si la réclamation qui y est visée est présentée au plus tard le trentième jour après la date fixée pour le choix du chef de parti.

Autres dispositions

Making Political Contributions

Manner of contributing money

378. (1) No person shall make or accept a political contribution of money in an amount in excess of $50 except by means of

(*a*) a cheque with the name of the contributor legibly shown on it and drawn on an account in the contributor's name maintained in a financial institution;

(*b*) a money order signed by the contributor; or

(*c*) a credit card in the name of the contributor.

Money

(2) For the purposes of this Part, money includes cash or any negotiable instrument.

Contribution from own property

379. No person shall make a political contribution out of another person's property.

Recording Political Contributions

Record of contributions

380. (1) The financial agent shall, in respect of every political contribution, record

(*a*) the name and address, including the postal code, of each contributor;

(*b*) the class of the contributor in accordance with subsection (2); and

(*c*) the value of the political contribution and the date it was made.

Classes of contributors

(2) Each financial agent shall record the class of each contributor according to the following classes:

(*a*) individuals;

(*b*) corporations;

(*c*) unincorporated organizations or associations engaged in business or commercial activity;

(*d*) trade unions;

(*e*) non-profit organizations or associations;

(*f*) governments; and

(*g*) other contributors.

Contributions politiques

Modalités de versement

378. (1) Personne ne peut verser ou recevoir une contribution politique en argent de plus de cinquante dollars à moins qu'elle ne soit faite, selon le cas :

a) au moyen d'un chèque sur lequel le nom du donateur figure lisiblement et tiré sur un compte ouvert au nom du donateur par une institution financière;

b) au moyen d'un mandat signé par le donateur;

c) au moyen d'une carte de crédit du donateur.

« Argent »

(2) Pour l'application de la présente partie, « argent » s'entend aussi d'un effet de commerce négociable.

Interdiction de contribution par des tiers

379. Personne ne peut faire de contribution politique sur les biens d'un tiers.

Comptabilisation des contributions

Inscription

380. (1) L'agent financier inscrit à l'égard de toute contribution politique :

a) les nom et adresse du donateur, y compris son code postal;

b) la catégorie à laquelle appartient le donateur conformément au paragraphe (2);

c) la valeur de la contribution et la date à laquelle elle a été faite.

Catégories de donateurs

(2) L'agent financier inscrit les contributions versées en les regroupant selon les catégories suivantes de donateurs :

a) les particuliers;

b) les personnes morales;

c) les organisations et associations non constituées en personne morale et exerçant des activités à but lucratif;

d) les syndicats ouvriers;

e) les organismes ou associations à but non lucratif;

f) les gouvernements;

g) les autres donateurs.

Numbered corporation

(3) Where the contributor is a numbered corporation, the financial agent shall also record one of the following:

(*a*) any trade name used by the corporation;

(*b*) the name used on the corporation's letterhead; or

(*c*) the names and addresses of its directors.

Income from fund-raising functions

381. Each financial agent shall record the cost, gross income and the net income or loss from any fund-raising function.

Federated party

382. Where a registered party is a federation constituted of provincial or territorial party associations, the information to be recorded under this Part may be recorded by the associations but shall be consolidated into one return when reported under this Part.

Official Receipts

Receipts for contributions

383. (1) A financial agent may issue official receipts only for political contributions of money received and only in accordance with the *Income Tax Act*.

No receipt for contributions

(2) No official receipt shall be issued for a political contribution of property or services.

Form of receipts

(3) The financial agent of a candidate or a registered constituency association for an independent member of the House of Commons may issue official receipts only on forms supplied by the Chief Electoral Officer.

Issue and return of receipts

(4) The financial agent of a candidate may issue official receipts only for political contributions received during the election period and shall, no later than 30 days after election day, return to the returning officer all official receipts that were not used.

Contributions for nomination of candidates

384. (1) Only the financial agent of a registered constituency association may issue official receipts for political contributions of money received for a person seeking nomination as a candidate.

(3) L'agent financier inscrit à l'égard d'une personne morale dont la dénomination sociale est numérique l'un ou l'autre des renseignements suivants :

a) son appellation commerciale;

b) le nom qui figure sur son papier à entête;

c) les nom et adresse de ses administrateurs.

Dénomination sociale numérique

381. L'agent financier inscrit le montant des coûts, des recettes brutes et des bénéfices nets tirés d'une activité de financement.

Recettes d'activités de financement

382. Si un parti enregistré est une fédération constituée d'associations provinciales ou territoriales de ce parti, chacune d'entre elles inscrit les contributions conformément à la présente partie, mais ces inscriptions sont intégrées pour ne former qu'un seul rapport.

Parti fédéré

Reçus officiels

383. (1) L'agent financier ne délivre de reçu officiel que pour une contribution politique en argent effectivement reçue et seulement en conformité avec la *Loi de l'impôt sur le revenu*.

Reçus pour contributions

(2) Il n'est pas délivré de reçu officiel pour une contribution en biens ou en services.

Contribution en marchandises ou services

(3) L'agent financier d'un candidat ou d'une association locale enregistrée d'un député indépendant de la Chambre des communes ne délivre de reçus officiels que sur les formules fournies par le directeur général des élections.

Forme des reçus

(4) L'agent financier d'un candidat délivre des reçus officiels seulement pour les contributions reçues pendant la période électorale et retourne les formules de reçus non utilisées au directeur du scrutin au plus tard le trentième jour après le jour du scrutin.

Délivrance et retour des reçus

384. (1) Seul l'agent financier d'une association locale enregistrée peut délivrer des reçus officiels pour des contributions en argent versées pour une personne briguant l'investiture de cette association.

Contributions pour mise en candidature

Conditions on issue of official receipts

(2) Official receipts may be issued under subsection (1) only if

(*a*) the person in respect of whom the political contribution is made notifies the registered constituency association of the person's intention to seek nomination;

(*b*) the person complies with the provisions of the constituency association's constitution and by-laws respecting the nomination;

(*c*) the aggregate amount of all contributions for which official receipts are issued in respect of that person does not exceed the limit on nomination expenses in subsection 373(1);

(*d*) the contribution is received during the nomination period; and

(*e*) the person seeking nomination has provided the signed consent to act from the person's financial agent to the financial agent of the registered constituency association.

Contributions for party leader

385. (1) Only the financial agent of a registered party may issue official receipts for political contributions of money received for a person seeking to be the leader of a registered party.

Conditions on issue of official receipts

(2) Official receipts may be issued under subsection (1) only if

(*a*) the person in respect of whom the political contribution is made notifies the party of the person's intention to seek to be the leader of the party;

(*b*) the person complies with the provisions of the party's rules respecting the selection;

(*c*) the aggregate amount of all contributions for which official receipts are issued does not exceed the limit on leadership campaign expenses in subsection 376(1);

(*d*) the contribution is received during the leadership campaign period; and

Conditions

(2) Ces reçus ne peuvent être délivrés que si les conditions suivantes sont réunies :

a) l'association a été avisée par la personne intéressée que cette dernière brigue l'investiture;

b) la personne en faveur de qui la contribution a été versée se conforme à la constitution de l'association et à ses règles concernant l'investiture de l'association;

c) le montant total des reçus délivrés à l'égard de cette personne n'excède pas le plafond établi par le paragraphe 373(1) pour les dépenses de mise en candidature;

d) la contribution a été faite pendant la période d'investiture de l'association;

e) la personne qui brigue l'investiture a remis à l'agent financier de l'association une déclaration écrite de son agent financier par laquelle ce dernier accepte d'agir à ce titre.

Contributions pour aspirants à la direction d'un parti

385. (1) Seul l'agent financier d'un parti enregistré peut délivrer des reçus officiels pour contributions en argent versées à un aspirant à la direction d'un parti.

Conditions

(2) Ces reçus peuvent être délivrés seulement si les conditions suivantes sont réunies :

a) la personne en faveur de qui la contribution politique a été versée a informé le parti de son intention de postuler la direction du parti;

b) cette personne se conforme aux règles établies par le parti concernant la campagne à la direction du parti;

c) le montant total des reçus délivrés n'excède pas le plafond prévu par le paragraphe 376(1);

d) la contribution a été faite durant la période de la campagne de direction du parti;

(*e*) the person seeking the leadership has provided the signed consent to act from the person's financial agent to the financial agent of the registered party.

e) la personne qui aspire à la direction du parti a remis à l'agent financier du parti enregistré une déclaration écrite de son agent financier, par laquelle ce dernier accepte d'agir à ce titre.

Transfers

Transfers of funds

386. The transfer of any funds, property or services under Part III shall not be considered to be a political contribution when received, or an election expense when made.

Transferts

386. Les transferts de fonds prévus à la partie III ne sont pas assimilés à des contributions politiques lorsqu'ils sont reçus, ni à des dépenses électorales lorsqu'ils sont faits.

Transfert de fonds

Prohibited Political Contributions

Anonymous contributions

387. (1) No person shall accept or use an anonymous political contribution unless it was provided in accordance with subsection (2).

Contributions politiques interdites

387. (1) Il est interdit à quiconque d'accepter ou d'utiliser une contribution de source anonyme sauf dans les cas prévus par le paragraphe (2).

Contributions anonymes

Anonymous contributions at meetings

(2) An anonymous political contribution of money or property may be accepted or used if

(*a*) it does not exceed $50 in amount or value; and

(*b*) it was provided in response to a general solicitation for funds at a meeting held on behalf of or in relation to the affairs of a registered party, registered constituency association, candidate, person seeking nomination as a candidate by a registered constituency association or person seeking to be leader of a registered party.

(2) Une contribution anonyme en argent ou en biens peut être acceptée ou utilisée dans les cas suivants :

a) son montant ou sa valeur n'excède pas la somme de cinquante dollars;

b) elle a été recueillie lors d'une collecte auprès des personnes présentes à une assemblée tenue, au nom ou relativement aux affaires, selon le cas, d'un parti enregistré, d'une association locale enregistrée, d'un candidat, d'une personne qui cherche l'investiture d'une association locale enregistrée ou d'une personne qui aspire à la direction d'un parti.

Cas d'exception

Foreign contributions prohibited

388. (1) No person shall accept or use a political contribution from any of the following persons or entities:

(*a*) any individual who is not a Canadian citizen, a landed immigrant or a permanent resident;

(*b*) a corporation that is foreign-controlled;

(*c*) any trade union that does not hold bargaining rights for employees in Canada;

(*d*) any foreign political party; or

(*e*) any foreign government or any agent or agency of a foreign government.

388. (1) Il est interdit à quiconque d'accepter ou d'utiliser une contribution politique en provenance, selon le cas :

a) d'un particulier qui n'est pas un citoyen canadien, un immigrant reçu ou un résident permanent;

b) d'une personne morale sous contrôle étranger;

c) d'un syndicat ouvrier qui n'a pas le droit de négocier au nom d'employés au Canada;

d) d'un parti politique étranger;

e) d'un gouvernement étranger ou d'un de ses agents ou de ses organismes.

Contributions de source étrangère

Foreign-controlled corporation

(2) For the purpose of paragraph (1)(*b*), a corporation is foreign-controlled if a majority of its voting shares are held by residents of foreign countries or by corporations that are foreign-controlled.

Due diligence

(3) Each financial agent shall exercise due diligence to ensure that no political contribution prohibited under subsection (1) is accepted or used.

Contributions in contravention of Act

389. (1) Where a financial agent becomes aware that a political contribution was accepted or used in contravention of this Act, the financial agent shall, within 30 days after becoming aware of the contravention, return the political contribution or an amount equal to the value of the contribution.

Remittance

(2) Each financial agent shall remit to the Commission, for the Receiver General, any political contribution not returned to the contributor and any anonymous political contribution that does not comply with subsection 387(2).

Return of official receipt

(3) The financial agent shall use the agent's best efforts and exercise due diligence to obtain the contributor's copy of any official receipt issued for a political contribution that was accepted in contravention of this Act.

Insufficiency of funds

(4) If the account maintained by the financial agent for a candidate, a person seeking nomination as a candidate by a registered constituency association or a person seeking to be leader of a registered party contains insufficient funds to make a payment under subsection (1), the deficiency shall be met by the candidate or other person.

Personne morale sous contrôle étranger

(2) Pour l'application de l'alinéa (1)*b*), une personne morale est sous contrôle étranger si la majorité de ses actions avec droit de vote sont détenues par des résidents de pays étrangers ou par des personnes morales elles-mêmes sous contrôle étranger.

Vigilance

(3) L'agent financier fait preuve de diligence raisonnable, pour s'assurer qu'aucune contribution politique interdite par le paragraphe (1) ne soit acceptée, utilisée ou dépensée.

Contributions faites en contravention de la loi

389. (1) L'agent financier qui se rend compte qu'une contribution politique a été acceptée ou utilisée en contravention des dispositions de la présente loi dispose de trente jours pour la restituer ou pour remettre au donateur un montant égal à la contribution.

Remise des contributions

(2) L'agent financier remet à la Commission pour transmission au receveur général toute contribution qui n'a pas été restituée au donateur et les contributions anonymes qui ne satisfont pas aux dispositions du paragraphe 387(2).

Retour du reçu

(3) L'agent financier fait preuve de diligence raisonnable pour obtenir la copie du reçu officiel délivré au donateur à l'égard de toute contribution faite en contravention de la présente loi.

Fonds insuffisants

(4) Si les fonds au compte ouvert par l'agent financier d'un candidat, d'une personne qui brigue l'investiture d'une association locale enregistrée ou d'une personne qui aspire à la direction d'un parti enregistré ne sont pas suffisants pour le paiement visé au paragraphe (1), le montant qui manque est versé par le candidat, par la personne qui cherche l'investiture ou qui aspire à la direction du parti.

Division III

Reporting and Reimbursement

Personal Expense Report

Personal
expenses

390. (1) Every person who was a candidate, sought nomination as a candidate by a registered constituency association or sought to be the leader of a registered party shall send to the person's financial agent a report on the person's personal expenses listed in subsection 371(2).

Deadline

(2) The personal expense report shall be sent no later than

(*a*) the 60th day after election day, in respect of a candidate;

(*b*) the 15th day after the day of selection, in respect of a person who sought nomination as a candidate by a registered constituency association; and

(*c*) the 60th day after the day of selection, in respect of a person who sought to be the leader of a registered party.

Contents of
personal
expense report

(3) The personal expense report shall be in the form established by the Commission and shall set out the details of the personal expenses incurred by or on behalf of the person referred to in subsection (1).

Report of
deceased
candidate

391. The financial agent of a person who dies before the report under section 390 is completed shall make every reasonable effort to prepare a report for that person.

Annual Returns for Registered Parties and Constituency Associations

Duty to file
return

392. (1) The financial agent of every registered party and registered constituency association shall file an annual financial return with the Commission no later than the 90th day after the end of the year.

Section III

Rapports et Remboursements

Rapport des dépenses personnelles

Dépenses
personnelles

390. (1) Le candidat, la personne qui a brigué l'investiture d'une association locale enregistrée ou celle qui aspirait à la direction d'un parti enregistré sont tenus d'envoyer à leur agent financier, un rapport des dépenses personnelles qu'ils ont engagées et qui sont visées par le paragraphe 371(2).

Délai

(2) Le rapport des dépenses personnelles doit être produit au plus tard :

a) le soixantième jour après le jour du scrutin, dans le cas d'un candidat;

b) le quinzième jour après le choix d'un candidat, dans le cas d'une personne qui a brigué l'investiture d'une association locale enregistrée;

c) le soixantième jour après le choix d'un chef, dans le cas d'une personne qui aspirait à la direction d'un parti enregistré.

Teneur du
rapport des
dépenses
personnelles

(3) Le rapport des dépenses personnelles est établi en la forme prévue par la Commission et indique les dépenses personnelles engagées par la personne visée au paragraphe (1) ou en son nom, et le détail de ces dépenses.

Rapport
concernant le
candidat décédé

391. L'agent financier prend toutes mesures utiles pour préparer le rapport prévu par l'article 390 concernant le candidat qui décède avant que ce rapport ne soit terminé.

Rapports annuels des partis enregistrés et des associations locales enregistrées

Production
obligatoire de
rapports

392. (1) L'agent financier de chaque parti enregistré et de chaque association locale enregistrée est tenu de produire auprès de la Commission un rapport annuel au plus tard le quatre-vingt-dixième jour après la fin de l'année.

Contents of returns

(2) The return under subsection (1) shall be in the form established by the Commission and shall set out, in respect of the registered party or registered constituency association,

(*a*) its assets, liabilities and surplus or deficit as at the end of the year;

(*b*) the income it received and the expenses it incurred during the year;

(*c*) the political contributions it received during the year in accordance with section 400;

(*d*) the total amount of all official receipts issued by its financial agent during the year, including official receipts issued in respect of persons who sought nomination as a candidate by a registered constituency association or the leadership of a registered party;

(*e*) all loans and guarantees it received during the year and any conditions attached to them;

(*f*) notes to these statements; and

(*g*) any other information required by the Commission.

Different reporting periods for constituency associations

393. (1) The annual return for a registered constituency association shall not be in respect of the calendar year in the following cases:

(*a*) if a writ is issued for an election in the constituency during the year, the return shall cover the period from January 1st until election day, even if election day falls in the following year;

(*b*) if election day for an election in the constituency occurs in the year, the return shall cover the period from the day following election day to December 31st;

(*c*) if two elections are held in a constituency during the year, in addition to the returns for the periods referred to in paragraphs (*a*) and (*b*), the return shall cover the period from the day following the first election day until the second election day; and

(2) Le rapport visé au paragraphe (1) est préparé en la forme établie par la Commission et contient les renseignements suivants à l'égard du parti enregistré ou de l'association locale enregistrée :

a) l'actif, le passif et l'excédent ou le déficit à la fin de l'année;

b) les recettes et les dépenses de l'année;

c) les contributions reçues pendant l'année rapportées conformément à l'article 400;

d) la somme des montants des reçus officiels délivrés par l'agent financier durant l'année, y compris ceux délivrés en rapport avec les personnes qui ont cherché l'investiture d'une association locale enregistrée ou qui ont aspiré à la direction d'un parti enregistré;

e) les prêts et garanties reçus durant l'année et les conditions qui y sont rattachées;

f) les notes complémentaires afférentes à ces rapports;

g) tout autre renseignement requis par la Commission.

Teneur des rapports

393. (1) Le rapport annuel d'une association locale enregistrée ne vise pas l'année civile dans les cas suivants :

a) si un décret d'élection a été pris au cours de l'année, le rapport vise la période entre le premier janvier et le jour du scrutin, même si l'élection a lieu l'année d'après;

b) si un scrutin a lieu durant l'année, le rapport vise la période commençant le lendemain du jour du scrutin et se terminant le trente et un décembre;

c) si deux élections ont eu lieu dans la circonscription au cours de l'année, le rapport vise, en sus des périodes mentionnées aux alinéas *a*) et *b*), celle commençant le lendemain du jour du premier scrutin et se terminant le jour du second scrutin;

Différentes périodes visées par les rapports pour associations locales

(*d*) if election day occurs during the month of November or December, the reporting periods referred to in paragraphs (*a*) and (*b*) shall be combined.

d) si l'élection a lieu au cours des mois de novembre ou de décembre, les périodes visées aux alinéas *a*) et *b*) sont combinées.

Election in another constituency

(2) Where a registered constituency association incurs election expenses in relation to an election in another constituency, the financial agent shall file the return as if the election were being held in the constituency.

(2) L'agent financier d'une association locale enregistrée qui engage des dépenses relativement à une élection dans une autre circonscription produit un rapport distinct pour ces dépenses tout comme si l'élection avait lieu dans cette autre circonscription.

Élection dans une autre circonscription

Interim return on political contributions

394. (1) The financial agent of every registered party and registered constituency association shall, in addition to the annual return, file with the Commission an interim return in respect of the political contributions received during the first six months of each year.

394. (1) L'agent financier d'un parti enregistré ou d'une association locale enregistrée produit, auprès de la Commission, en sus du rapport annuel, un rapport intérimaire des contributions politiques reçues durant les six premiers mois de l'année.

Rapport semestriel des contributions

Form and deadline

(2) The interim return under subsection (1) shall be filed in the form established by the Commission no later than the end of July each year.

(2) Le rapport visé par le paragraphe (1) est produit au plus tard à la fin du mois de juillet de chaque année, en la forme établie par la Commission.

Délai de production

Election Returns for Registered Parties and Candidates

Rapports des partis enregistrés et des candidats après l'élection

Party's election return

395. (1) Where a registered party endorsed a candidate at an election, the financial agent of the registered party shall file an election return with the Commission disclosing all the election expenses incurred by the party during the election period.

395. (1) L'agent financier du parti enregistré qui a appuyé un candidat lors d'une élection produit auprès de la Commission un rapport des dépenses électorales engagées par le parti durant la période électorale.

Rapport du parti

Form and deadline

(2) The return under subsection (1) shall be filed in the form established by the Commission no later than the 90th day after election day.

(2) Le rapport est produit en la forme établie par la Commission au plus tard le quatre-vingt-dixième jour après le jour du scrutin.

Format et échéance

Consolidated party return

(3) In the case of a general election or where the election periods for more than one election overlap, the returns under subsection (1) may be consolidated.

(3) Dans le cas d'une élection générale ou dans le cas où deux périodes électorales coïncident, l'agent financier peut intégrer les rapports prévus par le paragraphe (1).

Rapports simplifiés

Candidate's election return

396. (1) The financial agent of a candidate shall file an election return with the Commission no later than the 90th day after election day.

396. (1) L'agent financier d'un candidat produit un rapport auprès de la Commission au plus tard le quatre-vingt-dixième jour après le jour du scrutin.

Rapport du candidat

Contents of election return

(2) The return under subsection (1) shall be in the form. established by the Commission and shall set out

(*a*) the candidate's assets, liabilities and surplus or deficit as at the day the return is prepared;

(*b*) the political contributions received during the election period in accordance with section 400;

(*c*) the total amount of all official receipts issued by the financial agent during the election period;

(*d*) all election expenses incurred during the election period;

(*e*) all loans and guarantees received during the election period and any conditions attached to them; and

(*f*) any other information required by the Commission.

Nomination and Leadership Returns

Nomination and leadership returns

397. (1) The financial agent of a person who sought nomination as a candidate by a registered constituency association or a person who sought the leadership of a registered party shall file a financial return with the Commission.

Contents of return

(2) The return under subsection (1) shall be in the form established by the Commission and shall set out

(*a*) the political contributions received during the nomination period or leadership campaign period in accordance with section 400;

(*b*) all nomination expenses or leadership campaign expenses incurred during the period;

(*c*) all loans and guarantees received during the period and any conditions attached to them; and

(*d*) any other information required by the Commission.

Teneur du rapport

(2) Le rapport visé au paragraphe (1) est préparé en la forme établie par la Commission et contient les renseignements suivants :

a) l'actif, le passif et l'excédent ou le déficit à la date du rapport;

b) les contributions reçues pendant la période électorale rapportées par catégories de donateurs conformément à l'article 400;

c) la somme des reçus délivrés par l'agent financier durant la période électorale;

d) les dépenses électorales engagées durant la période électorale;

e) les prêts et garanties reçus durant la période électorale et les conditions qui y sont rattachées;

f) tout autre renseignement requis par la Commission.

Rapports sur la période d'investiture et de campagne de direction

Rapport des personnes qui briguent l'investiture et aspirent à la direction d'un parti

397. (1) L'agent financier d'une personne qui a brigué l'investiture ou d'une personne qui aspirait à la direction d'un parti politique produit un rapport auprès de la Commission.

Teneur du rapport

(2) Le rapport visé au paragraphe (1) est préparé en la forme établie par la Commission et contient les renseignements suivants :

a) les contributions politiques reçues durant la période d'investiture de l'association locale ou durant la campagne à la direction du parti par catégories de donateurs conformément à l'article 400;

b) les dépenses d'investiture ou de campagne à la direction du parti enregistré engagées durant la période;

c) les prêts et garanties reçus durant la période et les conditions qui y sont rattachées;

d) tout autre renseignement requis par la Commission.

Deadline for nomination return

(3) The return for a person who sought nomination as a candidate by a registered constituency association shall be filed no later than

(*a*) the 30th day after the day a candidate is selected; or

(*b*) in the case of a person who is nominated as a candidate, the 90th day after election day, where the selection occurred during the election period or where the 30th day referred to in paragraph (*a*) falls in the election period.

Deadline for leadership return

398. The return for a person who sought the leadership of a party shall be filed no later than the 90th day after the day a leader is selected by the party.

General Provisions on Returns

Accounting principles

399. Each return under sections 392 to 397 shall be prepared in accordance with generally accepted accounting principles.

Minimum political contributions

400. A return that is required to disclose political contributions shall include the information required to be recorded under section 380 but shall not disclose any personal information in respect of any person whose political contributions in aggregate did not exceed $250 during the year.

Condensed return

401. A financial agent may file a condensed return, in the form established by the Commission, where the income and expenses are both less than $5,000.

Retention of records

402. Each financial agent shall retain all vouchers and receipts for two years from the date of filing the return, or for such longer period as the Commission may require.

Auditor's Report

Report to financial agent

403. (1) Subject to section 404, each auditor under this Act shall make a report to the financial agent on the return prepared by the financial agent.

(3) Le rapport concernant la personne qui a brigué l'investiture d'une association locale enregistrée doit être produit :

a) au plus tard le trentième jour après que le candidat a été choisi;

b) dans le cas d'une personne qui a été mise en candidature, au plus tard le quatre-vingt-dixième jour après le jour du scrutin lorsque le choix a été fait durant la période électorale ou lorsque le trentième jour visé à l'alinéa *a*) tombe durant la période électorale.

Délai

398. Le rapport concernant la personne qui aspirait à la direction d'un parti doit être produit au plus tard le quatre-vingt-dixième jour après la date où le chef du parti a été choisi.

Aspirant à la direction du parti

Dispositions communes à certains rapports

399. Chaque rapport prévu aux articles 392 à 397 doit être établi selon les principes comptables généralement reconnus.

Principes comptables

400. Le rapport sur les contributions politiques doit contenir les renseignements requis par l'article 380 mais ne divulgue pas de renseignements sur la personne des donateurs dont les contributions politiques au total ne dépassent pas deux cent cinquante dollars pour l'année.

Contributions politiques minimales

401. L'agent financier peut produire un rapport simplifié en la forme établie par la Commission dans les cas où les recettes et les dépenses s'élèvent toutes deux à moins de cinq mille dollars.

Rapport simplifié

402. L'agent financier conserve les pièces justificatives pendant deux ans à compter de la date du rapport auquel elles ont trait ou pendant une période plus longue si la Commission le requiert.

Conservation des pièces justificatives

Rapport du vérificateur

403. (1) Sous réserve de l'article 404, chaque vérificateur nommé en vertu de la présente loi remet à l'agent financier un rapport sur le rapport que celui-ci a préparé.

Rapport du vérificateur

Audit examination

(2) Subject to any guidelines issued by the Commission, each auditor shall

(a) conduct the audit in accordance with generally accepted auditing standards; and

(b) perform such tests and other procedures as in the auditor's judgment are necessary to determine whether the return has been prepared in accordance with generally accepted accounting principles.

Additional reports

(3) Each auditor shall make such additional reports as the auditor considers necessary if

(a) the auditor has not received all the information and explanations required; or

(b) proper accounting records have not been kept by the financial agent.

Right of access

(4) An auditor

(a) shall have access at all reasonable times to the records, documents, books, accounts and vouchers of the financial agent; and

(b) is entitled to require from the financial agent such information as may be necessary to enable the auditor to report under subsection (1).

Audit exemption

404. (1) No auditor's report is required on

(a) a return where neither the income nor the expenses during the reporting period exceeds $5,000;

(b) an interim political contribution return referred to in section 394; or

(c) a return for a person who sought nomination as a candidate by a registered constituency association.

Required audit

(2) The Commission may, after examining an unaudited return, require an audit to be performed on it.

Increase

(3) The Commission may, by regulation, increase the amount of income and expenses for which an audited return is not required.

Vérification

(2) Sous réserve de toutes lignes directrices établies par la Commission, le vérificateur effectue sa vérification :

a) conformément aux normes de vérification généralement reconnues;

b) fait les sondages et applique les autres procédés qui, selon son jugement, sont nécessaires pour déterminer si le rapport a été établi selon les principes comptables généralement reconnus.

Rapports complémentaires

(3) Le vérificateur prépare les rapports complémentaires qu'il juge nécessaires dans l'un ou l'autre des cas suivants :

a) il n'a pas reçu de l'agent financier toute l'information et les explications requises;

b) l'agent financier n'a pas tenu des registres comptables adéquats.

Droits d'accès aux archives

(4) Le vérificateur a accès à tout moment convenable aux registres, documents, livres, comptes et pièces justificatives de l'agent financier et peut exiger de celui-ci les renseignements nécessaires à l'établissement du rapport prévu par le paragraphe (1).

Dispense de vérification

404. (1) La vérification n'est pas obligatoire dans les cas suivants :

a) ni les recettes ni les dépenses durant la période visée par le rapport pour une personne n'excèdent cinq mille dollars;

b) il s'agit du rapport semestriel visé à l'article 394;

c) il s'agit du rapport de l'agent financier d'une personne qui a cherché l'investiture d'une association locale enregistrée.

Vérification requise

(2) La Commission peut, après examen d'un rapport non vérifié, en exiger la vérification.

Modification des exigences

(3) La Commission peut, par règlement, augmenter le montant des recettes et dépenses pour lesquelles un rapport vérifié n'est pas requis.

Filing the report   **405.** Each financial agent shall file the auditor's report with the Commission when filing the return.

Certificate respecting audit   **406.** (1) Upon receiving an auditor's report, the Commission shall immediately issue a statement to the Receiver General certifying the auditor is entitled to payment under subsection (2).

Payment to auditor   (2) Each auditor in respect of whom a statement is issued under subsection (1) is entitled to be paid by the Receiver General $1,000 or the amount of the auditor's account, whichever is less, where

(*a*) the financial agent has filed the return in compliance with this Part; and

(*b*) the return and the auditor's report have been examined by the Commission.

Return of the Performance Guarantee

Return to candidate   **407.** The Commission shall return to the candidate the performance guarantee that was deposited under section 190 where the candidate and the financial agent have complied with the requirements of this Part.

Entitlement to Reimbursements

Amount of registered party's reimbursement   **408.** A registered party is entitled to be paid a reimbursement by the Receiver General equal to 60 cents, or such greater amount as may be prescribed by regulation, for each vote received by the candidates endorsed by the registered party if the total number of votes received by those candidates represents at least one per cent of all the votes cast.

Amount of candidate's reimbursement   **409.** (1) Each candidate is entitled to be paid a reimbursement by the Receiver General equal to $1, or such greater amount as may be prescribed by regulation, for each vote received by the candidate if

(*a*) the candidate received at least one per cent of the number of votes cast in the constituency in which the candidate stood; and

(*b*) the candidate and the candidate's financial agent have complied with the requirements of this Part.

Production du rapport   **405.** L'agent financier produit auprès de la Commission le rapport du vérificateur en même temps que son propre rapport.

Certificat relatif à la vérification   **406.** (1) Dès qu'elle reçoit le rapport du vérificateur, la Commission transmet au receveur général un certificat par lequel elle atteste que le vérificateur a droit au paiement prévu par le paragraphe (2).

Paiement au vérificateur   (2) Le vérificateur nommé au certificat a droit de recevoir du receveur général la somme de mille dollars ou le montant qu'il a facturé si ce montant est inférieur à mille dollars dans les cas suivants :

a) l'agent financier a fait son rapport conformément à la présente partie;

b) ce rapport et celui du vérificateur ont été examinés par la Commission.

Retour de la garantie de bonne fin

Retour au candidat   **407.** La Commission retourne à un candidat la garantie de bonne fin qu'il a déposée en vertu de l'article 190, lorsque lui et son agent financier se sont conformés aux exigences de la présente partie.

Droit aux remboursements

Montant du remboursement au parti enregistré   **408.** Tout parti enregistré a droit de recevoir du receveur général soixante cents, ou tout montant supérieur que la Commission peut fixer par règlement, pour chaque vote recueilli par les candidats qu'il a appuyés si le nombre de votes recueillis par ces candidats représente au moins un pour cent de toutes les voix exprimées lors de l'élection.

Montant du remboursement des candidats   **409.** (1) Tout candidat a droit de recevoir du receveur général la somme d'un dollar, ou tout montant supérieur que la Commission peut fixer par règlement, pour chaque vote qu'il a recueilli, aux conditions suivantes :

a) il a recueilli au moins un pour cent des voix exprimées dans la circonscription où il était candidat;

b) lui et son agent financier se sont conformés aux exigences de la présente partie.

Increased
amount
(2) The amount under subsection (1) shall be increased by the greater of

(*a*) 25 cents, or such greater amount as may be prescribed by regulation, for each square kilometre in the constituency, where the average density of voters in a constituency is less than 10 per square kilometre; and

(*b*) 50 cents, or such greater amount as may be prescribed by regulation, for each vote received, where the constituency contains isolated areas.

Idem
(3) Where the number of registered voters in a constituency is less than 30,000, the candidate shall be deemed to have obtained a number of votes equal to 30,000 multiplied by the percentage of the total number of votes that the candidate did obtain.

Candidate's
reimbursement
for medical
device or
equipment
410. A candidate who required the use of a medical device or piece of equipment described in subsection 118.2(2) of the *Income Tax Act* during the election period is entitled to be paid a reimbursement by the Receiver General equal to 75 per cent of the cost of using the device or equipment, not exceeding 30 per cent of the limit on the candidate's election expenses, if the candidate received at least one per cent of the number of votes cast in the constituency in which the candidate stood.

Condition of
entitlement
411. A registered party or candidate is not entitled to a reimbursement under this Part if the party's return or the candidate's return, as the case may be, is not filed in compliance with this Part.

Death of
candidate
412. (1) Where a candidate dies before the closing of the polls on election day, the deceased candidate shall be deemed, for the purposes of subsection 409(1), to have obtained a number of votes equal to 30 per cent of the number of votes cast in the constituency.

Montants
supérieurs
(2) Le montant prévu par le paragraphe (1) est augmenté du plus élevé des montants suivants :

a) vingt-cinq cents, ou tout montant supérieur que la Commission peut fixer par règlement, par kilomètre carré dans une circonscription où la densité d'électeurs est inférieure à dix par kilomètre carré;

b) cinquante cents, ou tout montant supérieur que la Commission peut fixer par règlement, pour chaque vote recueilli dans une circonscription comportant des localités éloignées.

Idem
(3) Dans les cas où le nombre d'électeurs inscrits dans une circonscription est inférieur à trente mille, le candidat est réputé avoir recueilli un nombre de votes égal au produit de trente mille multiplié par le pourcentage du nombre total de votes qu'il a recueillis.

Remboursement
du candidat
pour un
appareil ou un
équipement
médical
410. Le candidat qui, durant la période électorale, a dû utiliser un appareil ou de l'équipement médical visé au paragraphe 118.2(2) de la *Loi de l'impôt sur le revenu* a droit, s'il a reçu au moins un pour cent du nombre des voix exprimées dans la circonscription où il était candidat, au remboursement de soixante-quinze pour cent du coût d'utilisation de l'appareil ou de l'équipement jusqu'à concurrence de trente pour cent du plafond de ses dépenses à titre de candidat.

Conditions
411. Le parti enregistré ou le candidat n'a pas droit aux remboursements prévus par la présente partie si son rapport n'a pas été produit conformément à la présente partie.

Décès d'un
candidat
412. (1) Si un candidat décède avant la fermeture des bureaux de vote le jour du scrutin, il est réputé, pour l'application du paragraphe 409(1), avoir recueilli au moins trente pour cent du nombre de voix exprimées dans la circonscription.

Withdrawal of writ

(2) Where a writ is withdrawn, each candidate shall be deemed to have obtained a number of votes equal to 30 per cent of the number of registered voters in the constituency.

(2) Lorsque, dans une circonscription, le décret d'élection est retiré, chaque candidat est réputé avoir recueilli un nombre de votes égal à trente pour cent du nombre d'électeurs inscrits dans la circonscription.

Retrait du décret d'élection

Limit on reimbursement

413. No registered party or candidate shall be paid a reimbursement under section 408 or 409 in an amount exceeding 50 per cent of the lesser of the following amounts:

(*a*) the amount of the election expenses actually incurred; and

(*b*) the limit on the election expenses of the registered party, under section 363, or the candidate, under section 364, as the case may be.

413. Un parti enregistré ou un candidat ne peut recevoir en vertu de l'article 408 ou 409 un remboursement supérieur à cinquante pour cent de la moindre des sommes suivantes :

a) le montant des dépenses électorales effectivement engagées;

b) le plafond des dépenses électorales du parti enregistré selon l'article 363 ou du candidat selon l'article 364.

Plafond des remboursements

Entitlement to increased reimbursement

414. (1) After the second and third general elections following the coming into force of this Act, a registered party with members in the House of Commons is entitled to have the amount of its reimbursement under section 408 increased by the percentage of its members in the House who are women where

(*a*) the percentage of all the members of the House of Commons who are women, after the general election, does not exceed 40 per cent;

(*b*) at least 20 per cent of the party's members of the House of Commons, after the general election, are women; and

(*c*) the percentage of all the members of the House of Commons who were women, after the preceding general election, did not exceed 20 per cent.

414. (1) Un parti enregistré qui a des députés à la Chambre des communes a droit, après les deuxième et troisième élections générales suivant l'entrée en vigueur de la présente loi, à une augmentation de son remboursement en vertu de l'article 408 égale au pourcentage du nombre de ses députés qui sont des femmes, dans les cas suivants :

a) le pourcentage de femmes par rapport à l'ensemble des membres de la Chambre des communes après l'élection générale ne dépasse pas quarante pour cent;

b) au moins vingt pour cent des députés du parti à la Chambre des communes sont des femmes;

c) le pourcentage de femmes par rapport à l'ensemble des membres de la Chambre des communes après l'élection générale précédente ne dépassait pas vingt pour cent.

Droit à un remboursement augmenté

Maximum increase

(2) The increase to which a registered party is entitled under subsection (1) shall not exceed 50 per cent.

(2) L'augmentation du remboursement prévue par le paragraphe (1) ne peut excéder cinquante pour cent.

Maximum

Review by Commission

(3) The Commission shall, after the last general election to which subsection (1) applies, make a report to Parliament on the results of that subsection.

(3) La Commission fait rapport au Parlement des effets du paragraphe (1) après la dernière élection générale à laquelle il s'applique.

Examen par la Commission

Payment of Reimbursements

Paiement des remboursements

Entitlement to interim payment

415. (1) A candidate who received at least one per cent of the number of votes cast is entitled to an interim payment of 25 per cent of the amount of the reimbursement referred to in section 409.

415. (1) Le candidat qui a recueilli au moins un pour cent des voix exprimées a droit à un paiement provisoire de vingt-cinq pour cent du montant du remboursement prévu par l'article 409.

Droit à des paiements provisoires

Interim certificate

(2) When a candidate is declared elected, the Commission shall immediately forward a certificate to the Receiver General, stating

(*a*) the name of every candidate who is entitled to an interim payment;

(*b*) the name and address of the financial agent of the candidate; and

(*c*) the amount of the interim payment to which the candidate is entitled.

(2) Dès qu'un candidat est déclaré élu, la Commission transmet au receveur général du Canada un certificat indiquant :

a) le nom de chaque candidat ayant droit à un paiement provisoire;

b) les nom et adresse de l'agent financier du candidat;

c) le montant du remboursement provisoire auquel a droit le candidat.

Certificat provisoire

Final certificate

(3) The Commission shall forward a certificate to the Receiver General in respect of each candidate who is entitled to a reimbursement under section 409 or 410, stating

(*a*) that the candidate's return has been examined by the Commission;

(*b*) that the candidate and the candidate's financial agent have complied with the requirements of this Part; and

(*c*) the remaining amount, if any, of the reimbursement to which the candidate is entitled.

(3) La Commission transmet au receveur général un certificat au sujet de chaque candidat ayant droit à un remboursement en vertu de l'article 409 ou 410. Le certificat précise :

a) que la Commission a examiné les rapports produits par l'agent financier;

b) que le candidat et son agent financier se sont conformés aux exigences de la présente partie;

c) le cas échéant, le solde du remboursement auquel le candidat a droit.

Certificat définitif

Certificate for registered party

416. The Commission shall forward a certificate to the Receiver General, in respect of each registered party that is entitled to a reimbursement, stating

(*a*) that the party's returns have been reviewed by the Commission; and

(*b*) the amount of the reimbursement to which the party is entitled.

416. La Commission transmet au receveur général un certificat au sujet de chaque parti enregistré ayant droit à un remboursement. Le certificat précise :

a) que la Commission a examiné les rapports du parti enregistré;

b) le montant du remboursement auquel le parti a droit.

Certificat concernant un parti enregistré

Payment from Receiver General

417. On receipt of a certificate from the Commission, the Receiver General shall pay, out of the Consolidated Revenue Fund to the financial agent named in the certificate, the amount of any interim payment or reimbursement to which the registered party or candidate is entitled.

417. Sur réception du certificat, le receveur général verse, sur le Trésor, à l'agent financier nommé dans le certificat, le montant de tout paiement provisoire ou remboursement auquel le parti enregistré ou le candidat a droit.

Paiement par le receveur général

Reimbursement of excess

418. (1) Where the interim amount paid to the financial agent of a candidate is greater than the amount of any reimbursement to which the candidate is entitled, the financial agent or candidate shall immediately remit the excess to the Commission for transmission to the Receiver General.

Responsibility of constituency association

(2) Where the reimbursement of a candidate has been transferred to the registered constituency association in accordance with section 421, the financial agent of the registered constituency association is responsible for remitting the amount of the excess to the Commission.

New Information on Expenses

Supplementary return

419. (1) Each financial agent shall submit to the Commission a supplementary return with respect to any payment of an expense that should have been disclosed in a return, but was omitted or arose after the filing of the return.

Form and deadline

(2) The supplementary return shall be submitted in the form established by the Commission within 30 days after the earlier of the day the error is discovered or the day the payment is made.

No audit requirement

(3) No auditor's report is required on a supplementary return.

Amendment of certificate

(4) On receipt by the Commission of a supplementary return, the Commission shall, if necessary on the basis of the new information, prepare an amended certificate under section 415 or 416 and transmit it to the Receiver General.

Surplus Funds

Amount of surplus

420. For the purposes of this Act, a surplus of a person is the amount, if any, by which the sum of the political contributions and the reimbursements received exceeds the amount of election expenses actually incurred.

Remboursement de l'excédent

418. (1) Lorsque le montant du paiement provisoire déjà fait à un candidat excède le remboursement auquel celui-ci a droit, l'agent financier ou le candidat remet immédiatement cet excédent à la Commission pour transmission au receveur général.

Responsabilité de l'association locale

(2) Lorsque le paiement provisoire a été transféré à l'association locale enregistrée conformément à l'article 421, l'agent financier de l'association est responsable de la remise de l'excédent à la Commission.

Nouveaux renseignements

Rapports supplémentaires

419. (1) L'agent financier produit auprès de la Commission un rapport supplémentaire au sujet de toute dépense électorale qui n'a pas été comptabilisée dans un rapport et qui aurait dû l'être ou qui a été engagée après la production du rapport.

Forme et délais

(2) Le rapport supplémentaire visé au paragraphe (1) est établi en la forme prévue par la Commission et est produit au plus tard le trentième jour après la découverte de l'erreur ou le paiement de la dépense, selon le plus rapproché de ces deux événements.

Vérification non obligatoire

(3) Aucun rapport du vérificateur n'est requis à l'égard d'un rapport supplémentaire.

Modification du certificat

(4) Sur réception d'un rapport supplémentaire, la Commission prépare, le cas échéant, à partir de ce rapport, un certificat modifié en vertu de l'article 415 ou 416 et le transmet au receveur général.

Excédent de fonds

Montant de l'excédent

420. Pour l'application de la présente loi, l'excédent de fonds d'une personne est la différence entre la somme des contributions et des remboursements qu'elle a reçus et le total des dépenses électorales qu'elle a effectivement engagées.

Payment of candidate's surplus

421. The financial agent of a candidate endorsed by a registered party shall, no later than the 120th day after election day, transfer any surplus of a candidate to the registered party or the party's registered constituency association in the constituency and inform the Commission accordingly.

Independent candidate

422. (1) The financial agent of a candidate, who was not endorsed by a registered party, shall, no later than the 180th day after election day, remit any surplus to the Commission to be held in trust for the candidate.

Funds to be paid or forfeited

(2) The funds held in trust under subsection (1), together with any accumulated interest, shall be disposed of as follows:

(*a*) if the candidate is nominated as a candidate at the next election, the funds shall be paid to the financial agent of the candidate;

(*b*) if the candidate is not nominated as a candidate at the next election, the funds shall be forfeited to the Receiver General; or

(*c*) the funds shall, if the candidate is an independent member of the House of Commons, be paid on request to any registered constituency association endorsed by the member.

Payment of leadership contestant's surplus

423. The financial agent of a person who sought to be the leader of a registered party shall pay any surplus of that person, no later than the 90th day after the day the leader was selected, to any of the following in accordance with the wishes of the person:

(*a*) the registered party;

(*b*) a registered constituency association; or

(*c*) a registered party foundation.

Publication of Financial Information

Publication of special report

424. (1) The Commission shall, after each general election, publish a special report containing a summary and analysis of the financial information filed by the registered parties and candidates in respect of the general election.

---

421. L'agent financier du candidat qui a reçu l'appui d'un parti enregistré remet l'excédent de fonds de ce candidat au parti enregistré ou à l'association locale enregistrée de ce parti dans la circonscription concernée au plus tard le cent vingtième jour après le jour du scrutin et en informe la Commission.

Paiement de l'excédent

422. (1) L'agent financier d'un candidat qui n'a pas reçu l'appui d'un parti enregistré remet à la Commission, au plus tard le cent quatre-vingtième jour après le jour du scrutin, tout excédent pour garde en fidéicommis.

Excédent du candidat indépendant

(2) Les fonds gardés en fidéicommis en vertu du paragraphe (1) et les intérêts courus sont :

Paiement ou confiscation

a) soit remis à l'agent financier du candidat si le candidat est mis en candidature à l'élection suivante;

b) soit confisqués au profit du receveur général si le candidat n'est pas mis en candidature à l'élection suivante;

c) soit remis à l'association locale enregistrée du candidat devenu député indépendant si celui-ci le demande.

423. L'agent financier de la personne qui aspirait à la direction d'un parti remet, au plus tard le quatre-vingt-dixième jour après l'élection du chef de ce parti, l'excédent de fonds de cette personne, selon son choix :

Paiement du surplus de fonds de l'aspirant à la direction d'un parti

a) au parti enregistré;

b) à une association locale enregistrée;

c) à une fondation de parti enregistrée.

Publication des rapports

424. (1) La Commission publie, après chaque élection générale, un rapport contenant un sommaire et une analyse des renseignements financiers fournis par les partis enregistrés et les candidats à l'égard de l'élection.

Publication d'un rapport spécial

Publication of summary of financial information

(2) The Commission shall publish, in respect of each election, a summary of the income and expenses of each candidate in at least one newspaper having a general circulation in the constituency or in at least one newspaper of each official language if the constituency is one in which bilingual services were provided during the election.

Audit information

(3) The statement referred to in subsection (2) shall also state

(*a*) whether the applicable returns have been audited;

(*b*) if the returns have been audited, the name and address of the auditor; and

(*c*) where the returns may be examined by the public.

Publication des rapports financiers

(2) La Commission publie, pour chaque élection, un sommaire des recettes et dépenses de chacun des candidats dans au moins un journal à grand tirage de la circonscription ou un journal de langue française et de langue anglaise s'il s'agit d'une circonscription où des services bilingues ont été fournis durant l'élection.

Renseignements concernant les vérifications

(3) Le sommaire visé au paragraphe (2) indique aussi :

a) si les rapports applicables ont été vérifiés;

b) s'ils l'ont été, les nom et adresse du vérificateur;

c) l'endroit où ces rapports peuvent être examinés par le public.

PART IX

ADMINISTRATION

DIVISION I

CANADA ELECTIONS COMMISSION

Establishment and Composition of the Commission

PARTIE IX

ADMINISTRATION

SECTION I

COMMISSION ÉLECTORALE DU CANADA

Constitution et composition de la Commission

Establishment of the Commission

425. There is hereby established the Canada Elections Commission, consisting of seven members including the Chief Electoral Officer, who shall be the president of the Commission, and two vice-presidents.

Appointment of members

426. Commission members shall be appointed by resolution passed by two-thirds of the members of the House of Commons who vote on the issue.

Oath of office of the members

427. Commission members shall, before taking office, take an oath of office before the Chief Justice of the Federal Court or a designate of the Chief Justice.

Constitution

425. Est constituée la Commission électorale du Canada composée de sept membres dont le directeur général des élections, qui en est le président, et deux vice-présidents.

Nomination

426. Les membres de la Commission sont nommés par résolution de la Chambre des communes adoptée par les deux tiers des voix exprimées.

Serment professionnel

427. Préalablement à leur entrée en fonction, les membres de la Commission prêtent et souscrivent un serment professionnel devant le juge en chef de la Cour fédérale ou son substitut.

Full-time and part-time members **428.** The Chief Electoral Officer and the two vice-presidents shall hold office on a full-time basis and all the other members of the Commission shall hold office on a part-time basis.

Terms of office **429.** (1) The term of office of the Chief Electoral Officer is seven years and the term of office of the other members of the Commission is five years.

Staggered terms of office (2) Notwithstanding subsection (1), the term of office of three of the first members appointed to the Commission, other than the Chief Electoral Officer, is seven years.

End of term (3) When their terms of office come to an end, Commission members shall remain in office until replaced or reappointed.

Continuation (4) When a Commission member's term of office ends during the election period of a general election, the member shall continue in office until six months after election day.

Cause for removal from office **430.** (1) A Commission member cannot be removed from office except for one of the reasons set out in paragraphs 65(2)(*a*) to (*d*) of the *Judges Act*.

Inquiry by Judicial Council (2) A majority of the Commission may request the Canadian Judicial Council to inquire into whether there is cause to remove a member of the Commission and to report its recommendation to the Speaker.

Removal from office (3) On the recommendation of the Canadian Judicial Council, the Governor General may, on address of the House of Commons, remove a member of the Commission from office.

428. Le président et les deux vice-présidents sont nommés à temps plein. Les autres membres sont nommés à temps partiel. **Membres à temps plein et à temps partiel**

429. (1) La durée du mandat du directeur général des élections est de sept ans, celle des autres membres étant de cinq. **Durée du mandat**

(2) Malgré le paragraphe (1), la durée du mandat de trois des premiers membres autres que le directeur général des élections est de sept ans. **Exception**

(3) À l'expiration de leur mandat, les membres de la Commission demeurent en fonction jusqu'à ce qu'ils soient remplacés ou nommés de nouveau. **Expiration**

(4) Le mandat d'un membre de la Commission qui prend fin pendant la période électorale lors d'une élection générale est prolongé jusqu'à l'expiration de six mois après le jour du scrutin. **Prolongation**

430. (1) Les membres de la Commission occupent leur poste à titre inamovible. Ils ne peuvent être démis de leurs fonctions que pour l'un ou l'autre des motifs mentionnés aux alinéas 65(2)*a*) à *d*) de la *Loi sur les juges*. **Occupation du poste**

(2) Les membres de la Commission peuvent, à la majorité, requérir du Conseil canadien de la magistrature qu'il enquête sur l'existence de raisons pouvant donner lieu à la révocation d'un membre de la Commission et qu'il fasse rapport sur son enquête au président de la Chambre des communes avec ses recommandations. **Enquête par le Conseil canadien de la magistrature**

(3) Sur l'avis du Conseil canadien de la magistrature, le gouverneur général, sur adresse de la Chambre des communes, peut démettre un membre de la Commission. **Démission d'un membre**

Completion of duties

431. Where a member of the Commission ceases to hold office for any reason, other than one of the reasons referred to in subsection 430(1), the member may, at the request of the president, carry out and complete any duties or responsibilities that the member would otherwise have had, if the member continued to hold office, in connection with any matter in which the member participated.

431. Un membre de la Commission qui cesse d'en faire partie pour un motif autre qu'un motif prévu par le paragraphe 430(1) peut cependant, à l'égard d'une question dont il a été antérieurement saisi, continuer, à la demande du président, d'exercer les responsabilités qui lui sont assignées en vertu de la présente loi pour la période jugée nécessaire à l'examen complet de la question.

Conclusion des affaires en cours

Appointment of substitute Chief Electoral Officer

432. (1) If the Chief Electoral Officer is unable to act when Parliament is not sitting, the Chief Justice of Canada or, in the absence of the Chief Justice of Canada, a judge of the Supreme Court of Canada then present in the National Capital Region, may, on the application of the Minister, appoint a substitute Chief Electoral Officer.

432. (1) Lorsque le directeur général des élections est incapable de remplir les fonctions de sa charge alors que le Parlement n'est pas en session, le juge en chef du Canada, ou, en son absence, l'un des autres juges de la Cour suprême du Canada alors présents dans la région de la Capitale nationale, nomme à la demande du ministre un suppléant.

Nomination d'un suppléant

Office of substitute

(2) A substitute Chief Electoral Officer may exercise the powers and shall perform the duties of the Chief Electoral Officer until 15 days after the commencement of the next session of Parliament.

(2) Le directeur général des élections suppléant exerce dès sa nomination les attributions et fonctions du directeur général des élections et ce jusqu'à l'expiration de quinze jours après le début de la session suivante du Parlement.

Fonctions du suppléant

Functioning of the Commission

Fonctionnement de la Commission

Remuneration

433. (1) The remuneration of Commission members shall be as follows:

(*a*) the Chief Electoral Officer shall receive a salary equal to that of the Chief Justice of the Federal Court of Canada;

(*b*) the two vice-presidents shall each receive a salary equal to that of a judge of the Federal Court of Canada other than the Chief Justice; and

(*c*) the part-time Commission members shall each receive such remuneration as may be established by the Governor in Council.

433. (1) La rémunération des membres de la Commission est comme suit :

a) le directeur général des élections reçoit le même traitement que le juge en chef de la Cour fédérale;

b) chacun des vice-présidents reçoit le même traitement qu'un juge de la Cour fédérale qui n'est pas juge en chef;

c) les commissaires à temps partiel reçoivent le traitement qui est fixé par le gouverneur en conseil.

Traitement

Variation of remuneration

(2) The remuneration of a part-time member of the Commission shall not be reduced during the member's term of office.

(2) Le traitement que reçoit un membre à temps partiel ne peut être réduit durant son mandat.

Modifications au traitement

Compensation for expenses

434. Each member of the Commission is entitled, in accordance with the by-laws of the Commission, to be paid reasonable travel and living expenses incurred by the member while performing duties and functions under this Act.

434. Un membre est indemnisé, conformément au règlement intérieur de la Commission, de ses frais de déplacement et de séjour entraînés par l'accomplissement de ses fonctions.

Indemnités

Pension

435. The Chief Electoral Officer and the two vice-presidents are deemed to be employed in the Public Service for the purposes of the *Public Service Superannuation Act* and to be employed in the public service of Canada for the purposes of the *Government Employees Compensation Act* and any regulations made under section 9 of the *Aeronautics Act*.

Head office

436. The head office of the Commission shall be in the National Capital Region.

Meetings

437. (1) The president of the Commission shall convene and preside over all its meetings.

Inability to act

(2) Where the Chief Electoral Officer is unable to act, the duties and functions of president of the Commission shall be performed by such vice-president as the Commission may designate for this purpose.

Deciding vote

(3) In the event of a tie vote at a meeting of the Commission, the president shall have a deciding vote.

Place of meetings

438. (1) The Commission may meet at such times and places as it considers necessary or desirable for the proper conduct of its business.

Telephone conference call

(2) Meetings of the Commission may be conducted by telephone conference call or other means of communication.

Quorum

439. Two members constitute a quorum of the Commission, unless otherwise specifically provided in this Act.

Official seal

440. The Commission shall have an official seal, which shall be judicially noticed.

Elections Canada

441. The Commission, its staff and those persons acting under its direction may carry on business under the name "Elections Canada".

Communications with the government

442. The Commission shall communicate with the Governor in Council through the Minister.

Pension de retraite

435. Le directeur général des élections et les deux vice-présidents sont réputés faire partie de la fonction publique pour l'application de la *Loi sur la pension de la fonction publique* et de l'administration publique fédérale pour l'application de la *Loi sur l'indemnisation des agents de l'État* et des règlements pris en vertu de l'article 9 de la *Loi sur l'aéronautique*.

Siège

436. Le siège de la Commission est fixé dans la région de la Capitale nationale.

Réunions

437. (1) Le président de la Commission convoque et préside les réunions de la Commission.

Empêchement d'agir

(2) En cas d'empêchement d'agir du président, la présidence est assumée par le vice-président que la Commission désigne à cette fin.

Partage des voix

(3) En cas de partage des voix, la personne qui préside la réunion a voix prépondérante.

Lieu et moment des réunions

438. (1) La Commission peut se réunir aux date, heure et lieu qu'elle juge utiles pour l'exécution de ses travaux.

Conférence téléphonique

(2) Les réunions de la Commission peuvent être tenues par conférence téléphonique ou autres moyens de communication.

Quorum

439. Le quorum est constitué par deux membres sauf dans la mesure prévue expressément par la présente loi.

Sceau officiel

440. La Commission a un sceau officiel dont l'authenticité est admise d'office.

« Élections Canada »

441. La Commission, son personnel et toute personne agissant sous sa direction peuvent publiquement s'identifier sous le nom de « Élections Canada ».

Communications avec le gouvernement

442. La Commission communique avec le gouverneur en conseil par l'intermédiaire du ministre.

Object, Functions and Powers of the Commission

Object of Commission

443. The object of the Commission is to administer the electoral system established under this Act in a manner that ensures the accomplishment of its purposes.

Duties of the Commission

444. To accomplish its object, the Commission shall

(*a*) formulate policies and direct the Chief Electoral Officer regarding their implementation;

(*b*) prepare directives and guidelines on the electoral process for registered parties, registered constituency associations, candidates, financial agents, election officers, election officials and other interested groups or persons;

(*c*) allocate, when necessary, the broadcasting time under Part VII;

(*d*) establish such forms as may be required under this Act;

(*e*) register political parties, constituency associations and party foundations in accordance with Part III and keep a registry of such registration;

(*f*) take measures, when necessary, for a recount under Part VI; and

(*g*) carry out any other functions assigned to it under this Act.

Powers

445. (1) To accomplish its object, the Commission may

(*a*) prepare interpretation bulletins on the interpretation of this Act;

(*b*) conduct public hearings with respect to regulations, policies, directives and guidelines or any issue related to the electoral process;

Mission, fonctions et pouvoirs de la Commission

Mission

443. La Commission a pour mission de veiller à l'administration du régime électoral établi par la présente loi de manière à assurer l'accomplissement de son objet.

Fonctions de la Commission

444. Pour l'accomplissement de sa mission, la Commission exerce notamment les fonctions suivantes :

a) elle élabore des politiques et charge le directeur général des élections de leur mise en œuvre;

b) elle établit des directives et des lignes directrices relativement au processus électoral à l'intention des partis enregistrés, des associations locales enregistrées, des candidats, de leur agent financier, des fonctionnaires d'élection et du personnel électoral et d'autres personnes ou groupements intéressés;

c) elle procède, lorsque nécessaire, à la répartition du temps d'antenne, conformément à la partie VII;

d) elle établit les formules qu'il lui incombe d'établir en vertu de la présente loi;

e) elle procède à l'enregistrement des partis politiques, des associations locales et des fondations de parti selon la partie III et maintient un registre à jour à cet effet;

f) elle fait procéder, le cas échéant, à un nouveau dépouillement des votes comme prévu par la partie VI;

g) généralement, elle accomplit toutes autres fonctions qui lui sont assignées aux termes de la présente loi.

Pouvoirs de la Commission

445. (1) Pour l'accomplissement de sa mission, la Commission peut :

a) préparer des bulletins d'interprétation de la présente loi;

b) tenir des audiences publiques concernant ses règlements, ses politiques, ses directives et ses lignes directrices ou concernant toute question reliée au processus électoral;

(*c*) intervene, without leave, in any proceedings before a court in which a provision of this Act or the regulations is at issue;

(*d*) implement, either alone or in co-operation with the provinces or territories, public education and information programs to make the electoral process better known to the public, particularly those persons and groups most likely to experience difficulties in exercising their democratic rights;

(*e*) establish a program enabling the Commission to receive contributions made in support of the Commission's public education and information programs;

(*f*) make, in Canada or abroad, such agreements as it considers necessary to perform its duties and to improve the Canadian electoral system; and

(*g*) subject to the approval of the relevant committee of the House of Commons, furnish materiel or professional or technical assistance to foreign countries.

Costs of international assistance

(2) Any costs incurred in relation to the international assistance referred to in paragraph (1)(*g*) shall be assumed by the department or agency sponsoring this assistance or shall be paid from the unappropriated moneys forming part of the Consolidated Revenue Fund.

Agreements with the Northwest Territories

446. (1) The Commission may enter into agreements with the government of the Northwest Territories to conduct elections of members to the legislature of the Northwest Territories, in accordance with the laws applicable to those elections.

Payment of election costs

(2) Sections 493 to 500 respecting financial matters apply to elections conducted under subsection (1), subject to such changes as the Commission may consider advisable in the circumstances.

c) intervenir de plein droit et sans permission dans une action, procédure ou autre instance devant un tribunal qui porte sur l'application de la présente loi ou de ses règlements;

d) mettre en œuvre, seule, ou en collaboration avec les provinces ou les territoires, des programmes d'information et d'éducation populaire visant à mieux faire connaître le processus électoral à la population, particulièrement aux personnes et aux groupes de personnes plus susceptibles d'avoir des difficultés à exercer leurs droits démocratiques;

e) établir un programme permettant au grand public de contribuer à ses programmes d'éducation populaire;

f) conclure, au Canada et à l'étranger, les ententes qu'elle estime nécessaires à la réalisation de sa mission et à l'amélioration du régime électoral canadien;

g) fournir, sujet à l'aval du comité compétent de la Chambre des communes, une aide en matériel et des services techniques ou professionnels à des pays étrangers.

(2) Les coûts de l'aide aux pays étrangers prévue par l'alinéa (1)*g*) sont assumés par le ministère ou l'organisme qui commandite cette aide ou sont acquittés sur les deniers non attribués du Trésor.

Coûts de l'aide aux pays étrangers

446. (1) La Commission peut conclure des ententes avec le gouvernement des Territoires du Nord-Ouest pour la conduite d'élections de députés à l'assemblée législative des Territoires du Nord-Ouest conformément aux lois de celles-ci applicables à ces élections.

Accords avec les Territoires du Nord-Ouest

(2) Les articles 493 à 500 sont applicables aux élections visées par le paragraphe (1), sujet aux adaptations que la Commission peut juger indiquées dans les circonstances.

Paiement des coûts

Commission by-laws

447. The Commission may make internal by-laws governing its activities including, in particular, its meetings and the procedure for matters brought before it.

Powers to adapt Act and regulations

448. (1) The Commission may adapt this Act and the regulations to achieve the purposes of this Act where it appears to the Commission during an election period that, because of any mistake, emergency or unusual or unforeseen circumstance, the Act does not accord with the exigencies of the situation.

Exception

(2) The Commission has no power under subsection (1) to extend the nomination period or the time to receive a special ballot.

Adjudicative duties

449. The Commission shall, in addition to the other duties referred to in this Part, adjudicate all matters assigned to it under Part X.

Adjudicative powers

450. For the purpose of performing its duties under Part X, the Commission is a court of record and has, as regards the attendance, swearing and examination of witnesses, the production and inspection of documents, the enforcement of its orders and other matters necessary or proper for the due exercise of its jurisdiction, all such powers, rights and privileges as are vested in a superior court of record.

Order to cease activity or take action

451. (1) The Commission may issue an order requiring a person to

(*a*) take specific action, where it appears to the Commission that the action is required by this Act; or

(*b*) cease an activity, where it appears to the Commission that the activity is in contravention of this Act.

Hearing

(2) No order shall be made under subsection (1) without a hearing unless, in the opinion of the Commission, the length of time needed for the holding of a hearing would be prejudicial to the effectiveness of the order.

447. La Commission peut, par son règlement intérieur, régir son activité, notamment ses réunions et la procédure des affaires qui sont portées devant elle.

Règles de régie interne

448. (1) Si au cours de la période électorale, la Commission estime qu'à cause d'une erreur, d'une urgence ou de circonstances imprévues ou exceptionnelles, la présente loi ou ses règlements d'application ne concordent pas avec les exigences de la situation, elle peut adapter la loi ou ses règlements d'application en vue de permettre la réalisation de leur objet.

Pouvoirs d'adapter la loi

(2) Malgré le paragraphe (1), la Commission ne peut prolonger la période de mise en candidature ou la période fixée pour recevoir un bulletin de vote spécial.

Limitations

449. La Commission, outre les fonctions prévues par la présente partie, exerce les fonctions d'adjudication qui lui sont attribuées par la partie X.

Fonctions prévues à la partie X

450. Lorsqu'elle exerce les fonctions prévues par la partie X, la Commission est un tribunal d'archives qui a, pour la comparution, la prestation de serment et l'interrogatoire des témoins, la production et l'examen des pièces, l'exécution de ses ordonnances, ainsi que pour toutes autres questions liées à l'exercice de sa compétence, les attributions d'une cour supérieure d'archives.

Tribunal d'archives

451. (1) La Commission peut rendre à l'égard de toute personne :

a) une ordonnance de faire si elle estime que la présente loi exige qu'une chose doit être faite;

b) une ordonnance de ne pas faire ou de cesser de faire, si elle estime qu'une activité contrevient à la présente loi.

Ordonnances de la Commission

(2) La personne visée par cette ordonnance a le droit d'être entendue au préalable, à moins que la Commission ne soit d'avis que le délai qu'entraînerait la tenue d'une audience n'ait pour effet de rendre l'ordonnance inefficace.

Audition

Temporary order

(3) An order made under subsection (1) without a hearing shall expire no later than the 15th day after its issue but, where a hearing is commenced before the expiry of the order, the Commission may extend the order for the duration of the hearing, with or without variation.

(3) Une ordonnance de la Commission rendue sans qu'elle ait tenu une audience n'est valable que pour une période de quinze jours. Cependant, si la Commission tient une audience durant cette période, elle peut prolonger la durée de validité de l'ordonnance en vue de permettre la conclusion de l'audience et apporter à l'ordonnance les modifications qu'elle estime nécessaires.

Ordonnance provisoire

Judicial Review

Révision judiciaire

Decisions not to be reviewed by any court

452. (1) Every order or decision of the Commission is final and shall not be questioned or reviewed in any court.

452. (1) Les ordonnances ou décisions de la Commission sont définitives et ne peuvent être ni contestées ni révisées par voie judiciaire.

Caractère définitif

No review by *certiorari*, etc.

(2) No order shall be made, processed or entered nor proceeding taken in any court, whether by way of injunction, *certiorari*, prohibition or *quo warranto*, to contest, review, impeach or limit the action of the Commission.

(2) Il n'est admis aucun recours ou décision judiciaire – notamment par voie d'injonction, de *certiorari*, de prohibition ou de *quo warranto* – visant à contester, réviser, empêcher ou limiter l'action de la Commission.

Interdiction des recours extraordinaires

Review on matters of jurisdiction

(3) Judicial review may, despite subsections (1) and (2), be taken under the *Federal Court Act* to the Trial Division of the Federal Court within 30 days of the decision of the Commission in respect of a question of jurisdiction of the Commission.

(3) Malgré les paragraphes (1) et (2), un recours peut être intenté à la Section de première instance de la Cour fédérale dans les trente jours de la décision de la Commission sur une question de compétence de la Commission.

Recours sur question de compétence

Regulations

Règlements

Power to make regulations

453. The Commission may make regulations respecting

453. La Commission peut, par règlement :

Pouvoir réglementaire

(*a*) rules governing the proceedings, practice and procedures of the Commission;

(*b*) the amendment of Schedule II;

(*c*) the fees, allowances and remuneration payable under this Act;

(*d*) the provision of goods and services in respect of an election;

(*e*) increases to the limits on election expenses and reimbursements under Part VIII;

(*f*) the transmission of documents or information in a manner other than one already provided under this Act; and

a) établir des règles de procédure et de pratique relativement à la conduite de ses travaux et aux affaires dont elle est saisie;

b) ajouter ou retrancher le nom d'une circonscription figurant à l'annexe II;

c) établir un tarif des honoraires, frais, allocations et indemnités payables en application de la présente loi;

d) établir des règles pour la fourniture des biens et services relativement à une élection;

e) rajuster les plafonds des dépenses et les montants des remboursements prévus par la partie VIII;

f) autoriser l'utilisation de mode de transmission de documents et renseignements autres que ceux prévus par la présente loi;

(*g*) any matter that is to be subject to regulations under this Act.

Notice and public hearings on proposed regulations

454. (1) Notice of any proposed regulation of the Commission shall be first published in the *Canada Gazette* and shall be subject to such consultation and public hearings as the Commission may consider advisable.

Approval of the House of Commons

(2) Every regulation made by the Commission must be approved by the House of Commons to take effect.

Regulations to the Speaker

(3) The Commission shall forward every regulation it makes to the Speaker, who shall immediately table it for consideration by the House of Commons.

Deemed approval by House

455. A regulation shall be deemed to have been approved by the House of Commons if it has not been debated by the House, or referred to a committee of the House for consideration, within 15 sitting days of its receipt by the Speaker.

Registration of regulations

456. A regulation made by the Commission, once approved by the House of Commons, shall be registered as a regulation without further examination.

Annual Report

Annual report

457. (1) The Commission shall present its annual report to the Speaker, no later than the 90th day after the end of the year.

Contents of report

(2) The annual report shall include, in particular,

(*a*) a summary of the Commission's activities during the year;

(*b*) a report on the conduct of elections held in the course of the year;

(*c*) a report on the cost of all activities paid out of the Consolidated Revenue Fund;

(*d*) a report containing a summary and analysis of the information submitted during the year under Part VIII;

g) généralement, établir ce qui est prescrit par règlement en vertu de la présente loi.

454. (1) Tout règlement que la Commission se propose de prendre est d'abord publié dans la *Gazette du Canada* et peut faire l'objet de discussions dans le cadre de séances publiques de la Commission ou de consultations.

Publication des règlements

(2) Le règlement pris par la Commission n'a pas d'effet à moins d'être approuvé par la Chambre des communes.

Approbation nécessaire

(3) La Commission transmet tout règlement qu'elle prend au président de la Chambre des communes pour dépôt immédiat par celui-ci pour examen par la Chambre.

Transmission au président de la Chambre

455. Est réputé avoir été approuvé le règlement qui n'a pas fait l'objet d'un débat à la Chambre des communes ou d'un renvoi à l'un de ses comités pour débat, dans les quinze jours de séance suivant sa réception par le président.

Présomption

456. Le règlement pris par la Commission, une fois approuvé par la Chambre des communes, est enregistré sans autre examen, à titre de règlement.

Enregistrement

Rapport annuel

457. (1) La Commission présente au président de la Chambre des communes, dans les quatre-vingt-dix jours suivant la fin de l'année, son rapport annuel.

Rapport annuel

(2) Le rapport annuel inclut notamment :

Contenu

a) un sommaire des activités de la Commission durant l'année;

b) un rapport sur la conduite des élections tenues au cours de l'année;

c) un rapport sur les dépenses payées sur le Trésor;

d) un rapport contenant un sommaire et l'analyse des renseignements produits durant l'année en application de la partie VIII;

(*e*) a report on any instance where the Commission exercised the power to adapt this Act during an election period under section 448 and where the Chief Electoral Officer authorized the extension of the voting period under subsection 236(3);

(*f*) a list of all returning officers and assistant returning officers with their names and addresses and their constituencies;

(*g*) recommendations to improve this Act and the election process; and

(*h*) as an appendix, a statistical report of the Director of Enforcement on the complaints, investigations and prosecutions under this Act and the outcome of those prosecutions before the Commission or the courts.

Tabling   (3) The Speaker shall, upon receiving the annual report, table it before the House of Commons for referral to the committee responsible for dealing with electoral matters.

Examination by committee   (4) The committee of the House shall examine the report and respond to the recommendations found in it.

Meeting with the Commission   (5) The committee of the House shall meet with the Chief Electoral Officer and the other Commission members at least once a year.

Commission Staff

Staff   **458.** (1) Such staff as is necessary for the proper conduct of the work of the Commission shall be appointed in accordance with the *Public Service Employment Act*.

Designated employees   (2) The staff of the Commission shall be deemed to be designated employees for the purposes of the *Public Service Staff Relations Act*.

Contracting services   **459.** The Commission may hire, in the manner authorized by the *Public Service Employment Act*, such additional staff on a temporary basis to assist the Commission to perform its functions and, for specific work, may contract for the services of specialists or experts and determine their remuneration.

e) une description des circonstances ayant donné lieu à l'exercice par la Commission du pouvoir d'adapter la présente loi en vertu de l'article 448 et à l'exercice par le directeur général des élections de son pouvoir de prolonger les heures d'ouverture du scrutin prévu par le paragraphe 236(3);

f) la liste des directeurs du scrutin et des directeurs adjoints du scrutin, incluant leur nom, leur adresse et leur circonscription;

g) les recommandations visant l'amélioration de la présente loi et du processus électoral;

h) en annexe, le rapport statistique du directeur des enquêtes et poursuites sur les plaintes, les enquêtes et les poursuites faites en application de la présente loi et leur conclusion.

(3) Dès la remise du rapport annuel au président, ce dernier en saisit la Chambre des communes pour renvoi au comité responsable des questions électorales.   **Dépôt**

(4) Le comité étudie le rapport et répond aux recommandations qu'il contient.   **Étude par le comité**

(5) Le comité de la Chambre rencontre le directeur général des élections et les autres membres de la Commission au moins une fois l'an.   **Rencontre avec le comité**

Personnel de la Commission

458. (1) Le personnel nécessaire à l'exécution des travaux de la Commission est nommé conformément à la *Loi sur l'emploi dans la fonction publique*.   **Personnel**

(2) Les membres du personnel de la Commission sont considérés comme des fonctionnaires désignés au sens de la *Loi sur les relations de travail dans la fonction publique*.   **Fonctionnaires désignés**

459. La Commission peut engager de la manière autorisée par la *Loi sur l'emploi dans la fonction publique* du personnel temporaire pour l'assister dans des domaines relevant de son champ d'activité ou engager à contrat des experts compétents pour des travaux déterminés et fixer leur rémunération.   **Assistance contractuelle**

DIVISION II

ELECTION OFFICERS

Chief Electoral Officer

Status of Chief Electoral Officer

460. The Chief Electoral Officer shall rank as and have all the powers of a deputy head of a department.

Functions

461. The Chief Electoral Officer is the chief executive officer of the Commission and, in this capacity, shall

(*a*) provide direction to and manage the Commission's staff;

(*b*) exercise general direction and supervision over the administration of elections;

(*c*) issue directives to returning officers, assistant returning officers and election officials;

(*d*) ensure the supply and distribution of the material necessary for the administration of this Act;

(*e*) supply the official receipt forms to financial agents of candidates and registered constituency associations of independent members of Parliament;

(*f*) establish such forms, not otherwise provided for, as may be necessary for the proper administration of this Act in accordance with the policies of the Commission; and

(*g*) exercise any other powers and perform any other functions assigned to the Chief Electoral Officer by this Act or by the Commission.

Deputy Chief Electoral Officer

462. (1) The Commission shall appoint a Deputy Chief Electoral Officer who, once appointed, shall become a member of the staff of the Commission.

Functions of Deputy Chief Electoral Officer

(2) The Deputy Chief Electoral Officer shall attend meetings of the Commission.

SECTION II

FONCTIONNAIRES D'ÉLECTION

Directeur général des élections

460. Le directeur général des élections a tous les pouvoirs d'un administrateur général de ministère.

Statut

461. Le directeur général des élections est le premier dirigeant de la Commission et à ce titre :

Fonctions

a) en assure la direction et assume la gestion de son personnel;

b) voit à la bonne conduite des élections et en assure la gestion et la direction;

c) prépare des instructions et des directives à l'intention des directeurs du scrutin, des directeurs adjoints du scrutin et des membres du personnel électoral;

d) voit à la fourniture du matériel nécessaire à l'administration de la présente loi;

e) fournit aux agents financiers des candidats et aux agents financiers des associations locales de députés indépendants les reçus destinés à être délivrés par eux pour des contributions politiques;

f) peut établir les formules qui n'ont pas été prévues par la présente loi mais qui sont nécessaires à la bonne administration de celle-ci dans le cadre des politiques de la Commission;

g) généralement, exerce toutes les fonctions et les pouvoirs qui lui sont attribués par la présente loi ou que lui délègue la Commission.

462. (1) La Commission nomme un sous-directeur général des élections qui, une fois nommé, est réputé appartenir au personnel de la Commission.

Sous-directeur général des élections

(2) Le sous-directeur général des élections assiste aux réunions de la Commission.

Fonctions

Inability to act

(3) Where the Chief Electoral Officer is unable to act, the Deputy Chief Electoral Officer shall act as Chief Electoral Officer, except for the function of president of the Commission.

(3) En cas d'empêchement d'agir du directeur général des élections, le sous-directeur général des élections le remplace dans ses fonctions et attributions, à l'exception des fonctions de président de la Commission.

Empêchement d'agir

Director of Enforcement

Directeur des enquêtes et poursuites

Appointment

463. (1) The Governor in Council shall appoint a Director of Enforcement and fix the Director's remuneration.

463. (1) Le gouverneur en conseil nomme un directeur des enquêtes et poursuites et fixe son traitement.

Directeur des enquêtes et poursuites

Oath of office

(2) The Director of Enforcement shall, before taking office, take an oath of office before the Chief Justice of the Federal Court or a designate of the Chief Justice.

(2) Préalablement à son entrée en fonction, le directeur des enquêtes et poursuites prête et souscrit un serment professionnel devant le juge en chef de la Cour fédérale ou son substitut.

Serment professionnel

Term of office

464. (1) The Director of Enforcement shall hold office for a term of five years.

464. (1) Le mandat du directeur est de cinq ans.

Durée du mandat

Reappointment

(2) The Director of Enforcement may be reappointed by the Governor in Council.

(2) Le mandat du directeur des enquêtes et poursuites peut être renouvelé par le gouverneur en conseil.

Renouvellement du mandat

Tenure of office

(3) The Director of Enforcement may only be removed from office for cause by the Governor in Council on unanimous recommendation of the Commission.

(3) Le directeur des enquêtes et poursuites ne peut être démis de ses fonctions que pour motif valable, par le gouverneur en conseil, sur recommandation unanime de la Commission.

Inamovibilité

Pension

465. The Director of Enforcement is deemed to be employed in the Public Service for the purposes of the *Public Service Superannuation Act* and to be employed in the public service of Canada for the purposes of the *Government Employees Compensation Act* and any regulations made under section 9 of the *Aeronautics Act*.

465. Le directeur des enquêtes et poursuites est réputé faire partie de la fonction publique pour l'application de la *Loi sur la pension de la fonction publique* et de l'administration publique fédérale pour l'application de la *Loi sur l'indemnisation des agents de l'État* et des règlements pris en vertu de l'article 9 de la *Loi sur l'aéronautique*.

Pension de retraite

Control of enforcement staff

466. The Director of Enforcement shall exercise exclusive control over the staff of the Commission assigned to the Director in matters relating to the enforcement of this Act, including investigations and prosecutions under Part X.

466. Le directeur des enquêtes et poursuites a seul l'autorité sur l'assignation du personnel de la Commission dont il est doté pour le seconder dans la conduite de ses enquêtes et poursuites selon la partie X.

Autorité sur le personnel

Contracting services

467. The Director of Enforcement may contract for the services of specialists or experts to assist in the enforcement of this Act.

467. Le directeur des enquêtes et poursuites peut pour l'étude d'une plainte ou la poursuite d'une infraction engager à contrat des experts compétents pour des travaux déterminés.

Assistance contractuelle

Functions of Director	**468.** The Director of Enforcement shall (*a*) receive complaints respecting contraventions of this Act or the regulations; (*b*) investigate those contraventions; (*c*) institute proceedings where appropriate; and (*d*) perform such other functions and exercise such other powers as are assigned to the Director under this Act.

468. Le directeur des enquêtes et poursuites a la charge de recevoir les plaintes, de mener les enquêtes et d'engager, le cas échéant, les poursuites concernant l'application de la présente loi et accomplit toute autre fonction ou exerce tout autre pouvoir que lui confère la présente loi.

Fonctions

Returning Officers

Directeurs du scrutin

Appointment

469. (1) The Governor in Council shall, for each constituency, appoint a returning officer.

469. (1) Le gouverneur en conseil nomme pour chaque circonscription un directeur du scrutin.

Nomination des directeurs du scrutin

Eligibility

(2) A returning officer shall be a voter who is resident in the constituency.

(2) Un directeur du scrutin doit être un électeur de la circonscription pour laquelle il est nommé.

Éligibilité

Publication of appointment

470. The Commission shall, without delay, publish notice of the appointment of a returning officer in at least one newspaper of general circulation in the constituency.

470. Dès la nomination du directeur du scrutin, la Commission fait publier un avis de la nomination dans un journal à grand tirage de la circonscription pour laquelle il est nommé.

Avis

Term of office

471. (1) Each returning officer shall hold office for a term of seven years.

471. (1) Le mandat du directeur du scrutin est de sept ans.

Durée du mandat

Reappointment

(2) A returning officer may be reappointed by the Governor in Council on the recommendation of the Commission.

(2) Le mandat du directeur du scrutin peut être renouvelé par le gouverneur en conseil lorsque la Commission le recommande.

Renouvellement

End of term of office

472. (1) Subject to subsection (2), the term of office of any returning officer ceases upon a representation order coming into force under Part IV.

472. (1) La mise en vigueur du décret de représentation électorale prévu par la partie IV a pour effet de mettre fin au mandat du directeur du scrutin d'une circonscription sauf dans le cas prévu par le paragraphe (2).

Fin de mandat

Continuation in office

(2) The term of office of a returning officer shall continue where the boundaries of the constituency established by a representation order under Part IV are not, in the opinion of the Commission, substantially different from those of the constituency for which the returning officer was appointed.

(2) Le mandat d'un directeur du scrutin est continué lorsque la Commission estime que les limites de la circonscription établie par le décret de représentation électorale ne sont pas substantiellement différentes de celles de la circonscription pour laquelle il a été nommé.

Maintien en fonctions

Determination of change in boundaries

(3) The Commission shall determine whether the boundaries of a constituency are substantially different for the purposes of subsection (2) no later than the 30th day after the representation order is published.

Resignation

473. Any resignation of a returning officer shall not take effect earlier than the day it is accepted by the Commission.

Dismissal of returning officer

474. The Commission may, on the recommendation of the Chief Electoral Officer, remove any returning officer from office on the grounds that the returning officer

(*a*) has not, for any reason, performed the returning officer's duties in a satisfactory manner;

(*b*) has not followed the directives of the Chief Electoral Officer or the Commission;

(*c*) has not acted impartially while in office; or

(*d*) no longer resides in the constituency for which the returning officer was appointed or is otherwise no longer eligible to be a returning officer.

Vacancy of returning officer

475. (1) The Chief Electoral Officer shall immediately advise the Governor in Council upon becoming aware that the position of a returning officer is vacant.

Appointment

(2) The Commission may appoint a returning officer where the Governor in Council has not appointed a replacement within 90 days of the date of the notice under subsection (1).

Duties of office

476. Each returning officer shall, subject to the direction of the Chief Electoral Officer,

(*a*) take whatever measures are necessary for the proper conduct of an election;

(*b*) ensure that election officials are properly trained;

(*c*) take whatever measures as are necessary to ensure that voter participation in the election is facilitated; and

---

Décision de la Commission

(3) Pour l'application du paragraphe (2), la Commission est tenue de déterminer, dans les trente jours suivant la date de la publication du décret de représentation électorale, si les limites d'une circonscription électorale sont substantiellement différentes.

Démission

473. La démission d'un directeur du scrutin ne prend effet que le jour où elle est acceptée par la Commission.

Renvoi

474. La Commission peut, sur l'avis du directeur général des élections, démettre de ses fonctions tout directeur du scrutin au motif, selon le cas :

a) qu'il ne s'acquitte pas de ses fonctions, pour quelque raison que ce soit, d'une manière satisfaisante;

b) n'a pas suivi les directives du directeur général des élections ou de la Commission;

c) qu'il a fait preuve, depuis sa nomination, de partialité politique;

d) qu'il ne réside plus dans la circonscription électorale pour laquelle il a été nommé ou qu'il n'a plus qualité pour agir à titre de directeur du scrutin.

Vacance de poste

475. (1) Le directeur général des élections transmet un avis d'une vacance de poste de directeur du scrutin au gouverneur en conseil dès qu'il en a connaissance.

Nomination

(2) La Commission peut combler la vacance si le gouverneur en conseil n'a pas nommé un remplaçant dans un délai de quatre-vingt-dix jours après la date de l'avis prévu par le paragraphe (1).

Fonctions

476. Sous l'autorité du directeur général des élections, le directeur du scrutin :

a) prend les mesures nécessaires à la conduite d'une élection;

b) voit à la formation du personnel électoral;

c) prend les mesures qu'il estime utiles pour faciliter la participation au scrutin du plus grand nombre possible d'électeurs de sa circonscription;

(*d*) perform such other functions as may be assigned to a returning officer by the Commission, by the Chief Electoral Officer or otherwise under this Act.

Delegation

477. (1) A returning officer may, with the approval of the Chief Electoral Officer, delegate the returning officer's functions and powers under this Act to the assistant returning officer or a staff member.

Delegation in writing

(2) The returning officer's delegation shall be in writing and shall be dated and signed by the returning officer.

Office of returning officer

478. (1) The returning officer shall establish an office in a place that is easily accessible to most of the voters in the constituency.

Maintenance of office

(2) The returning officer shall keep the office open to the public and be available there during the election period in accordance with the directives of the Chief Electoral Officer.

Barrier-free access

(3) The returning officer shall ensure that the office is situated in such a place that a person can move from the sidewalk to the inside of the office without having to go up or down a step or use an escalator.

Official language services

479. (1) Services to voters in respect of an election shall be provided in both official languages in the following constituencies in accordance with the directives of the Commission:

(*a*) a constituency in which at least three per cent of the population belongs to an official language minority;

(*b*) a constituency in any province or territory where, pursuant to its legislation, French and English are the official languages;

(*c*) a constituency in any province or territory where French and English are the official languages pursuant to the *Canadian Charter of Rights and Freedoms*; and

(*d*) any constituency in the National Capital Region.

477. (1) Le directeur du scrutin peut, avec l'autorisation du directeur général des élections, autoriser le directeur adjoint du scrutin et d'autres membres du personnel de son bureau à exercer les fonctions que lui attribue la présente loi.

Délégation

(2) La délégation se fait par écrit, est signée par le directeur du scrutin et porte la date de cette signature.

Délégation par écrit

478. (1) Le directeur du scrutin établit un bureau dans un endroit qui est facilement accessible à la plupart des électeurs de la circonscription.

Bureau du directeur du scrutin

(2) Le directeur du scrutin maintient son bureau ouvert au public et doit y être lui-même présent durant la période électorale, le tout selon les directives du directeur général des élections.

Ouverture du bureau

(3) Le directeur du scrutin établit son bureau dans un endroit offrant la possibilité de passer de la chaussée à l'intérieur du bureau sans devoir monter ou descendre une marche ni prendre un escalier roulant.

Accès de plain-pied

479. (1) Pour la tenue d'une élection, les services aux électeurs sont offerts, conformément aux directives de la Commission, dans les deux langues officielles, dans les circonscriptions suivantes :

Services dans les deux langues officielles

a) celles dont au moins trois pour cent de la population appartient à une minorité de langue officielle;

b) celles qui sont situées dans une province ou un territoire où l'anglais et le français sont les langues officielles selon sa législation;

c) celles qui sont situées dans une province ou un territoire où l'anglais et le français sont les langues officielles selon la *Charte canadienne des droits et libertés*;

d) celles situées dans la région de la Capitale nationale.

d) exécute toutes autres fonctions que la Commission, le directeur général des élections ou la présente loi peut lui confier.

(2) For the purposes of an election in an aboriginal constituency,

(*a*) services to voters in respect of the election shall be provided in accordance with directives established by the Commission in consultation with aboriginal organizations; and

(*b*) the returning officer shall, in accordance with the directives of the Commission, send to each voter on the voters lists in the aboriginal constituency a booklet containing a statement from and a photograph of each candidate who wishes to be included.

(3) The returning officer shall have due regard to the needs of voters in the constituency who do not speak an official language.

(2) Pour la tenue d'une élection dans une circonscription autochtone :

a) les services aux électeurs sont offerts en conformité avec les directives que la Commission a adoptées en consultation avec les organisations autochtones;

b) le directeur du scrutin, en conformité avec les directives de la Commission, fait parvenir à tous les électeurs inscrits sur la liste des électeurs d'une circonscription autochtone une brochure contenant la photo et une déclaration de chaque candidat qui désire y figurer.

(3) Le directeur du scrutin tient compte des besoins des électeurs de sa circonscription qui ne parlent aucune des deux langues officielles du Canada.

Assistant Returning Officer

480. (1) Each returning officer shall, without delay after being appointed, appoint in writing an assistant returning officer from among the voters in the constituency.

(2) Where services must be provided in a constituency in both official languages under subsection 479(1) and the returning officer is fluent in only one official language, the returning officer shall appoint a person who is fluent in the other official language as the assistant returning officer.

481. (1) An assistant returning officer shall hold office at pleasure of the returning officer.

(2) A returning officer who intends to revoke the appointment of an assistant returning officer shall do so in writing and state the reasons for the revocation.

482. An assistant returning officer may resign by informing the returning officer or, when the position of returning officer is vacant, the Chief Electoral Officer.

Directeur adjoint du scrutin

480. (1) Le plus tôt possible après sa nomination, le directeur du scrutin d'une circonscription nomme par écrit une personne parmi les électeurs de la circonscription au poste de directeur adjoint du scrutin.

(2) Le directeur du scrutin qui est tenu d'offrir ses services dans les deux langues officielles selon le paragraphe 479(1) et qui ne connaît pas l'une d'elles doit s'assurer que le directeur adjoint du scrutin qu'il nomme connaît bien l'autre langue officielle.

481. (1) Le directeur adjoint du scrutin reste en fonction suivant le bon plaisir du directeur du scrutin.

(2) Le directeur du scrutin qui entend démettre de ses fonctions le directeur adjoint du scrutin est tenu de le faire par écrit et d'en donner les motifs.

482. Le directeur adjoint du scrutin qui entend démissionner est tenu d'en aviser par écrit le directeur du scrutin ou, en cas de vacance de ce poste, le directeur général des élections.

Notification of Chief Electoral Officer

483. The returning officer shall notify the Chief Electoral Officer where the appointment of an assistant returning officer is revoked, or where the assistant returning officer resigns or dies.

483. Le directeur du scrutin donne avis au directeur général des élections du renvoi, de la démission ou du décès du directeur adjoint du scrutin.

Avis au directeur général des élections

Functions

484. (1) The assistant returning officer shall perform such functions as the returning officer may assign.

484. (1) Le directeur adjoint du scrutin seconde le directeur du scrutin et accomplit les fonctions que ce dernier lui assigne.

Fonctions

Inability of returning officer

(2) Where the returning officer is unable to act, the assistant returning officer shall inform the Chief Electoral Officer and shall perform the functions of the returning officer on an interim basis.

(2) En cas d'incapacité d'agir du directeur du scrutin, le directeur adjoint du scrutin en informe le directeur général des élections et assure l'intérim.

Intérim

Interim assistant returning officer

(3) The assistant returning officer who assumes the functions of a returning officer shall appoint an assistant returning officer on an interim basis.

(3) Le directeur adjoint du scrutin qui assure l'intérim nomme un directeur adjoint du scrutin intérimaire.

Idem

Temporary appointment

485. Where both the returning officer and assistant returning officer are unable to act, the Chief Electoral Officer may designate a voter from any constituency to act as returning officer until an appointment is made.

485. En cas d'incapacité d'agir simultanée du directeur du scrutin et du directeur adjoint du scrutin, le directeur général des élections peut désigner un électeur à titre de directeur du scrutin jusqu'à ce qu'un nouveau directeur du scrutin soit nommé. Cet électeur n'est pas tenu d'être un électeur de la circonscription.

Nomination temporaire

Other assistant returning officers

486. At the request of the returning officer, the Chief Electoral Officer may, in writing,

(*a*) designate zones in a constituency;

(*b*) authorize the returning officer to appoint an assistant returning officer for each zone from among the voters in the constituency; and

(*c*) authorize the establishment of an office in each zone.

486. À la demande du directeur du scrutin, le directeur général des élections peut désigner des zones dans une circonscription et autoriser par écrit le directeur du scrutin à nommer pour chacune de ces zones un directeur adjoint du scrutin, choisi parmi les électeurs de la circonscription, et à y établir un bureau.

Autres directeurs adjoints

Holding a single office

487. The returning officer and assistant returning officer shall not hold any other office under this Act unless otherwise provided.

487. Le directeur du scrutin et le directeur adjoint du scrutin ne peuvent occuper aucune autre fonction prévue par la présente loi sauf disposition contraire.

Un seul poste

DIVISION III

GENERAL MATTERS

Duties

Duty of impartiality

488. The members of the Commission, its staff, election officers and election officials shall act impartially and shall not, in the performance of their functions or the exercise of their powers under this Act, in any way show favour to a particular political party or candidate.

Prohibited activities

489. (1) The members and staff of the Commission, election officers and election officials shall not, while in office,

(*a*) accept or hold any office or employment or participate in any activity that is inconsistent with the person's functions under this Act;

(*b*) make a political contribution or make a contribution to a party foundation;

(*c*) incur an election expense;

(*d*) be a candidate;

(*e*) be a financial agent;

(*f*) be a judge;

(*g*) be a member of the Senate or the House of Commons; or

(*h*) be a member of the legislature of a province or territory.

Ineligibility for office

(2) The members and staff of the Commission and election officers shall not, while in office, belong to, be an employee of or hold a position in any political party, constituency association or party foundation.

Idem

(3) The following persons shall not be appointed as an election official:

(*a*) a person listed in paragraphs (1)(*d*) to (*h*); or

(*b*) a person convicted of an offence under this Act within the preceding five years.

SECTION III

DISPOSITIONS GÉNÉRALES

Obligations

488. Les membres de la Commission, son personnel, les fonctionnaires électoraux et les membres du personnel électoral sont tenus d'agir avec impartialité et, dans l'exercice de leurs fonctions, de ne montrer aucun préjugé en faveur d'un parti politique ou d'un candidat.

Impartialité

489. (1) Les membres de la Commission, son personnel, les fonctionnaires électoraux et les membres du personnel électoral ne peuvent, durant leur mandat :

Activités interdites

a) accepter ou occuper une charge ou une fonction ni se livrer à une activité incompatible avec l'exercice des attributions que leur confère la présente loi;

b) faire une contribution politique ou une contribution à la fondation d'un parti politique;

c) engager une dépense électorale;

d) être candidat à une élection;

e) être un agent financier;

f) être juge d'un tribunal judiciaire;

g) être député à la Chambre des communes ou sénateur;

h) être député à la législature d'une province ou d'un territoire.

(2) Il est interdit aux membres de la Commission, son personnel et les fonctionnaires électoraux, durant leur mandat, d'appartenir à un parti politique, à une association locale ou à une fondation de parti, d'être à son emploi ou d'y occuper un poste.

Éligibilité

(3) N'ont pas qualité pour être membre du personnel électoral :

Idem

a) les personnes mentionnées aux alinéas (1)*d*) à *h*);

b) les personnes reconnues coupables d'une infraction à la présente loi au cours des cinq années précédentes.

Related persons

(4) No member of the immediate family of the returning officer is eligible to be an assistant returning officer in the constituency.

Oath of office

490. Every returning officer, assistant returning officer and election official shall, before taking office, take an oath of office in the form and manner established by the Commission.

Election supplies and documents

491. Any election official who has received election supplies and documents shall be responsible for their use and shall only dispose of them in accordance with the directives of the Chief Electoral Officer.

Status of Certain Instruments

Inapplicability of _Statutory Instruments Act_

492. The following are not statutory instruments within the meaning of the _Statutory Instruments Act_:

(a) the by-laws, directives and guidelines of the Commission;

(b) any interpretation bulletins;

(c) any directives of the Chief Electoral Officer; and

(d) the rules of a boundaries commission.

Financial Matters

Fees and allowances

493. Returning officers, assistant returning officers and all election officials shall receive fees and allowances in accordance with tariffs set by regulation of the Commission.

Failure to carry out functions

494. (1) Where a returning officer is of the opinion that an election official has failed to carry out any of the functions required to be performed by the election official at an election, the returning officer shall notify the Chief Electoral Officer in writing.

Loss of payment

(2) On receipt of a notice under subsection (1), the Chief Electoral Officer may, as a disciplinary measure, refuse to authorize payment of some or all of the amount due to the election official for services and expenses.

Liens familiaux

(4) Le directeur adjoint du scrutin ne peut être membre de la famille immédiate du directeur du scrutin.

Serment professionnel

490. Préalablement à leur entrée en fonction, le directeur du scrutin, le directeur adjoint du scrutin et les membres du personnel électoral prêtent et souscrivent un serment professionnel en la forme et en la manière établies par la Commission.

Matériel et documents

491. Un membre du personnel électoral qui reçoit du matériel électoral ou des documents électoraux en a la responsabilité et n'en dispose que conformément aux directives du directeur général des élections.

Textes réglementaires

Textes réglementaires

492. Ne sont pas des règlements au sens de la _Loi sur les textes réglementaires_ les textes suivants prévus par la présente loi :

a) le règlement intérieur, les directives et les lignes directrices de la Commission;

b) les bulletins d'interprétation;

c) les directives et instructions du directeur général des élections;

d) les règles d'une commission de délimination.

Dispositions financières

Traitement du personnel électoral

493. Le directeur du scrutin, le directeur adjoint du scrutin et les membres du personnel électoral ont droit aux honoraires, frais, allocations et indemnités conformément au tarif établi par règlement de la Commission.

Défaut d'accomplir ses fonctions

494. (1) Le directeur du scrutin qui estime qu'un membre du personnel électoral a omis d'accomplir à sa satisfaction l'une des fonctions qui incombent à ce membre communique au directeur général des élections un rapport à cet effet.

Refus de payer

(2) Sur réception du rapport visé au paragraphe (1), le directeur général des élections peut, en fonction des circonstances, comme sanction disciplinaire, refuser d'autoriser le paiement, en partie ou en totalité, des honoraires et dépenses de la personne visée par le rapport.

Appeal

(3) An election official who is subject to a disciplinary measure may appeal the measure to the Commission within 30 days of the decision to impose it.

Fees and allowances

495. The Commission may, by regulation, establish

(*a*) tariffs of the fees and allowances that are payable to election officers and election officials in the performance of their functions under this Act;

(*b*) tariffs of the fees that are payable for any goods and services provided at an election;

(*c*) tariffs of the fees and allowances that are payable in respect of matters under Part IV; and

(*d*) the procedure for paying, taxing and recovering the fees and allowances.

Accountable advance

496. The Chief Electoral Officer may authorize an accountable advance to a returning officer to defray office or other expenses.

Payment of additional amounts

497. The Chief Electoral Officer may authorize the payment of such additional amounts as are reasonable in the circumstances where the prescribed amounts in a tariff are not sufficient.

Certificate

498. Each returning officer shall certify, to the Chief Electoral Officer, all accounts submitted to the returning officer and shall assume responsibility for their correctness once certified.

Taxation of accounts

499. The Chief Electoral Officer shall tax all accounts relating to an election and shall transmit those accounts to the Receiver General for payment.

Statutory appropriation

500. The following payments shall be paid out of any unappropriated moneys forming part of the Consolidated Revenue Fund:

(*a*) remuneration and expenses paid to members of the Commission, to the Deputy Chief Electoral Officer and to the Director of Enforcement;

Appel

(3) La personne qui est l'objet de cette sanction peut en appeler dans les trente jours devant la Commission.

Tarif

495. La Commission peut, par règlement, établir un tarif prévoyant, notamment :

a) les honoraires, frais, allocations et indemnités payables aux fonctionnaires d'élection et aux membres du personnel électoral en application de la présente loi;

b) les montants alloués pour les biens et services fournis aux fins d'une élection;

c) les honoraires, frais, allocations et indemnités payables en application de la partie IV;

d) la procédure de paiement ou de remboursement qui est applicable.

Avances

496. Le directeur général des élections peut prévoir les avances qui peuvent être faites à un directeur du scrutin en vue de pourvoir à ses frais de bureau et autres dépenses imprévues.

Sommes additionnelles

497. Le directeur général des élections peut autoriser le paiement de sommes additionnelles non prévues par le tarif lorsqu'il estime que les sommes au tarif sont insuffisantes eu égard aux circonstances.

Certificats

498. Le directeur du scrutin certifie tous les comptes soumis par le personnel électoral de sa circonscription et les transmet au directeur général des élections. Le directeur du scrutin assume la responsabilité de l'exactitude des comptes ainsi établis.

Taxation des comptes

499. Le directeur général des élections examine tous les comptes relatifs à une élection et les transmet, avec ou sans modification, au receveur général pour paiement.

Deniers non attribués du Trésor

500. Sont acquittés sur les deniers non attribués du Trésor les montants suivants :

a) le traitement et les indemnités des membres de la Commission, du sous-directeur général des élections et du directeur des enquêtes et poursuites;

(*b*) remuneration paid to persons hired or contracted for by the Commission under section 459;

(*c*) annual payments to registered party foundations under Part III;

(*d*) the costs of all investigations and prosecutions under Part X;

(*e*) the remuneration of auditors under Part VIII;

(*f*) expenditures incurred in respect of matters under Part IV;

(*g*) costs of information and public education programs; and

(*h*) expenditures resulting from the preparation for and conduct of an election, including

  (i) remuneration paid to the staff of the Commission for overtime to prepare for or conduct an election,

  (ii) fees and allowances referred to in section 497,

  (iii) reimbursements paid to registered parties and candidates under Part VIII, and

  (iv) expenses incurred by the Chief Electoral Officer to prepare for or print election material or acquire, assemble and ship election supplies.

b) le traitement du personnel contractuel ou temporaire de la Commission nommé conformément à l'article 459;

c) le versement annuel à une fondation de parti enregistrée en application de la partie III;

d) les coûts de toute enquête ou instance en vertu de la partie X;

e) les honoraires des vérificateurs en vertu de la partie VIII;

f) les dépenses engagées en vertu de la partie IV;

g) les dépenses nécessaires aux programmes d'éducation populaire à l'intention des électeurs;

h) les dépenses engagées pour la préparation et la conduite d'une élection, notamment :

  (i) la rémunération nécessaire au titre des heures supplémentaires consacrées par le personnel de la Commission à la préparation et à la conduite d'une élection,

  (ii) les honoraires et indemnités versés conformément au tarif visé par l'article 497,

  (iii) le remboursement versé à un candidat et à un parti enregistré en application de la partie VIII,

  (iv) les dépenses engagées par le directeur général des élections pour l'impression de matériel d'élection et la préparation, l'achat et l'expédition d'accessoires d'élection.

PART X

ENFORCEMENT

DIVISION I

ENFORCEMENT PROCEEDINGS

Investigations

Investigations by the Director of Enforcement

501. The Director of Enforcement may investigate any situation that might constitute an offence under this Act.

Duty of the Director of Enforcement

502. (1) Where a complaint is made to the Director of Enforcement alleging an offence under this Act, the Director of Enforcement shall decide whether it shall be investigated.

Refusal to investigate

(2) The Director of Enforcement may refuse to investigate any complaint that

(*a*) does not sufficiently identify the complainant; or

(*b*) was made later than 180 days after the subject matter of the event giving rise to the complaint arose.

Idem

(3) The Director of Enforcement shall refuse to investigate any complaint that appears to the Director to be frivolous, vexatious, obviously unfounded or beyond the Director's jurisdiction.

Notice

(4) Where the complaint was made in writing, the Director of Enforcement shall notify the complainant in writing of the reasons for any refusal to investigate it.

Assistance

503. The Director of Enforcement may seek the assistance of a police force or any other person to assist in an investigation.

Inspection power

504. The Director of Enforcement and any member of the Director's staff have a right of access to and may inspect any record or other information that is required to be kept or recorded pursuant to this Act.

PARTIE X

APPLICATION

SECTION I

PROCÉDURE

Enquêtes

Enquête du directeur des enquêtes et poursuites

501. Le directeur des enquêtes et poursuites peut enquêter sur toute situation qui pourrait constituer une infraction à la présente loi.

Obligation du directeur

502. (1) Le directeur des enquêtes et poursuites détermine si une plainte dont il est saisi voulant qu'une infraction ait été commise doit faire l'objet d'une enquête.

Refus

(2) Le directeur peut refuser d'enquêter sur une plainte dont l'auteur ne s'est pas suffisamment identifié ou qui a été portée plus de cent quatre-vingts jours après la date où est survenu le fait en cause.

Idem

(3) Le directeur refuse d'enquêter sur une plainte qui lui semble frivole, vexatoire, manifestement non fondée ou qui n'est pas de sa compétence.

Avis

(4) Le directeur avise par écrit l'auteur d'une plainte écrite des motifs à l'appui de son refus d'enquêter.

Assistance

503. Le directeur des enquêtes et poursuites peut, pour la conduite d'une enquête, avoir recours aux services d'un corps policier ou de toute personne.

Pouvoir d'entrée

504. Le directeur des enquêtes et poursuites et les membres de son personnel ont droit d'accès aux documents et renseignements dont la présente loi exige le maintien et peuvent inspecter ceux-ci.

Search warrant **505.** (1) The Director of Enforcement or a member of the Director's staff may apply for authorization under a search warrant issued pursuant to the *Criminal Code* to search and seize evidence with respect to an offence under this Act.

Use of force (2) A person executing a search warrant referred to in subsection (1) shall not use force unless the person is a peace officer or is accompanied by a peace officer and the use of force has been specifically authorized in the warrant.

Production of records (3) A person authorized to search any place pursuant to a search warrant referred to in subsection (1) may require any individual found at the place to produce, for the purpose of inspecting, copying or obtaining an extract, any record within the meaning of the *Access to Information Act* that appears to contain any matter relevant to the investigation being conducted by the person.

Obstruction **506.** No person shall obstruct or hinder the Director of Enforcement or a member of the Director's staff who is performing functions under this Act.

Notice of investigation **507.** The Director of Enforcement shall notify any person who is the subject of an investigation under this Act that the person is being investigated, unless the Director believes that to do so would compromise or impede the investigation.

Notice of findings of investigation **508.** (1) The Director of Enforcement shall, after concluding an investigation and before commencing any proceedings under this Part, notify any complainant and the person who is the subject of the investigation in writing of the findings of the investigation.

Contents of notice (2) The notice of the findings of an investigation shall be in the form established by the Director of Enforcement and shall set out

(*a*) the allegations against the person;

(*b*) the alleged offence and the maximum penalty for that offence;

505. (1) Le directeur des enquêtes et poursuites ou un membre de son personnel peut demander un mandat en vertu du *Code criminel* l'autorisant à perquisitionner et à saisir des éléments de preuve en rapport avec une infraction à la présente loi. Mandat de perquisition

(2) La personne qui exécute le mandat visé au paragraphe (1) ne peut recourir à la force sauf si le mandat l'y autorise expressément ou si elle est un agent de la paix ou est accompagnée d'un agent de la paix. Usage de la force

(3) La personne autorisée à perquisitionner en vertu du mandat prévu par le paragraphe (1) peut obliger toute personne trouvée sur les lieux à produire, pour examen, reproduction ou établissement d'extraits, tous documents au sens de la définition de la *Loi sur l'accès à l'information* qui semblent contenir des renseignements pertinents. Assistance

506. Il est interdit à toute personne d'entraver l'action du directeur des enquêtes et poursuites ou d'un membre de son personnel dans l'accomplissement de ses fonctions en vertu de la présente loi. Entrave

507. Le directeur des enquêtes et poursuites avise la personne qui fait l'objet d'une enquête qu'une enquête est conduite à son sujet à moins qu'il ne juge que cet avis serait de nature à entraver ou compromettre l'enquête. Avis d'enquête

508. (1) Une fois qu'il a terminé son enquête et avant qu'il n'introduise une instance en vertu de la présente partie, le directeur des enquêtes et poursuites informe par écrit toute personne ayant fait l'objet de l'enquête et, le cas échéant, le plaignant, des conclusions de celle-ci. Résultats de l'enquête

(2) L'avis des conclusions de l'enquête, en la forme établie par le directeur des enquêtes et poursuites, énonce ce qui suit : Teneur de l'avis

a) les faits reprochés à la personne qui a fait l'objet de l'enquête;

b) l'infraction qui lui est reprochée et la peine maximale pour cette infraction;

(*c*) the findings of the investigation; and

(*d*) whether the Director has decided to commence proceedings under this Part against the person.

Service of notice

509. Any notice under this Part shall be served personally or by certified mail to the last known address of the person.

Voluntary Compliance Procedure

Voluntary compliance agreement

510. (1) The Director of Enforcement may offer to enter into a voluntary compliance agreement with any person who is alleged to have committed an offence under this Act at any time before the filing of a notice of proceedings under section 523.

Idem

(2) A voluntary compliance agreement may not be entered into where the offence is listed in Division III.

Written offer

511. The offer to enter into a voluntary compliance agreement shall be in writing and shall

(*a*) inform the alleged offender that a voluntary compliance agreement is being offered;

(*b*) set out the proposed clauses of the voluntary compliance agreement; and

(*c*) inform the alleged offender that, in exchange for the agreement, no prosecution in respect of the offence will be commenced.

Duty of the Director of Enforcement

512. (1) Before entering into a voluntary compliance agreement, the Director of Enforcement shall take into account the following factors:

(*a*) the nature and gravity of the alleged offence;

(*b*) the penalty provided for the alleged offence;

(*c*) the public interest;

(*d*) fairness to the alleged offender; and

(*e*) any other factor that the Director of Enforcement considers relevant.

c) les conclusions de l'enquête;

d) la décision du directeur concernant l'introduction d'une instance contre la personne qui a fait l'objet de l'enquête.

509. Tout avis en vertu de la présente partie est signifié personnellement ou par courrier certifié à la dernière adresse connue du destinataire.

Signification de l'avis

Engagement d'exécution de sanction

510. (1) Le directeur des enquêtes et poursuites peut offrir à une personne à qui est reprochée une infraction à la présente loi de prendre, avant le dépôt de l'avis d'introduction d'instance prévu par l'article 523, un engagement d'exécution de sanction.

Engagement d'exécution de sanction

(2) Un engagement d'exécution de sanction ne peut être pris dans le cas d'infractions qui figurent à la section III.

Idem

511. L'offre d'engagement d'exécution de sanction est faite par écrit. Sa teneur est comme suit :

Offre écrite

a) elle propose à la personne concernée qu'elle prenne un engagement d'exécution de sanction;

b) elle en énonce les modalités;

c) elle l'avise qu'en retour il n'y aura pas introduction d'instance à l'égard de l'infraction.

512. (1) Le directeur des enquêtes et poursuites tient compte, avant de conclure une entente portant engagement d'exécution de sanction, des facteurs suivants :

Obligation du directeur

a) la nature et la gravité de l'infraction;

b) la peine prévue pour celle-ci;

c) l'intérêt public;

d) l'équité à l'endroit de la personne en cause;

e) tout autre facteur qu'il estime pertinent.

Negotiations without prejudice

(2) Evidence obtained through the negotiation of a voluntary compliance agreement shall be inadmissible in any subsequent proceedings relating to the offence.

Restrictions

(2) Les éléments de preuve recueillis au cours de la négociation de l'engagement sont inadmissibles dans toute instance subséquente reliée à l'infraction.

Agreement taking effect

513. A voluntary compliance agreement shall not take effect before it is approved by a member of the Commission.

Entrée en vigueur

513. L'engagement ne prend pas effet s'il n'est pas d'abord approuvé par un membre de la Commission.

Grounds of approval

514. (1) A member of the Commission who is considering whether to approve a voluntary compliance agreement shall take into account the factors listed in paragraphs 512(1)(*a*) to (*d*) and any other factor that the member considers relevant.

Motifs d'approbation

514. (1) Le membre de la Commission qui est saisi d'une demande d'approbation prend en considération les facteurs énumérés aux alinéas 512(1)*a*) à *d*) et tout autre facteur qu'il estime pertinent.

Changes

(2) The member of the Commission may suggest that changes be made to a voluntary compliance agreement submitted by the Director of Enforcement for approval.

Modifications

(2) Il peut suggérer des changements au projet présenté par le directeur des enquêtes et poursuites pour approbation.

Notice of decision

(3) The member of the Commission shall notify the parties of the decision regarding approval of a voluntary compliance agreement.

Avis de la décision

(3) Il informe les parties de sa décision.

Effect of approval

(4) A voluntary compliance agreement that is approved by a member of the Commission has the force and effect of a decision of the Commission.

Effet de l'approbation

(4) L'engagement d'exécution de sanction approuvé par le membre de la Commission vaut décision de la Commission.

Confidentiality

515. A decision not to approve a voluntary compliance agreement shall not be made public.

Caractère confidentiel

515. La décision de ne pas approuver l'engagement d'exécution de sanction n'est pas rendue publique.

Approved agreement is public

516. The Director of Enforcement shall, in the National Capital Region and in the constituency where the offence allegedly occurred, make public any approved voluntary compliance agreement, including the name of the alleged offender, the nature of the alleged offence and the main clauses of the agreement.

Divulgation de l'engagement

516. Le directeur des enquêtes et poursuites divulgue, dans la région de la Capitale nationale et dans la circonscription où l'infraction reprochée a été commise, l'engagement qui a été approuvé, y compris le nom de l'intéressé, la nature de l'infraction reprochée et les principales modalités de l'engagement.

No further proceedings

517. Where a voluntary compliance agreement is approved, no further proceedings under this Part shall be taken against the person in respect of the alleged offence, unless the person has not complied with the terms or conditions of the agreement.

Effet de l'engagement

517. Une instance n'est pas introduite en vertu de la présente partie en rapport avec l'infraction reprochée lorsqu'un engagement a été pris et approuvé sauf si l'intéressé n'en observe pas les modalités.

Confidentiality

Duty of confidentiality **518.** (1) Subject to subsection (2), the Director of Enforcement and any member or staff member of the Commission who acquires knowledge of a complaint, an investigation or a decision not to approve a voluntary compliance agreement shall keep it confidential and, in particular, shall not reveal the name of a complainant or a person being investigated, without consent.

Exception (2) A person may reveal information respecting a complaint or an investigation under this Part where

(*a*) required to do so under this Act or any other Act of the Parliament of Canada;

(*b*) it is necessary for an investigation or proceedings before the Commission or a court; or

(*c*) required in respect of a voluntary compliance agreement under section 516.

Commencement of Proceedings

Commencement of proceedings **519.** (1) The Director of Enforcement may, following an investigation, commence proceedings to bring an offence before the Commission or the appropriate court of competent jurisdiction.

Criminal Code offence (2) The Director of Enforcement shall advise the appropriate attorney general of any situation arising under this Act that is an offence under the *Criminal Code* or any other enactment.

Limitation period **520.** (1) No proceedings may be commenced in respect of an offence under this Act more than one year following the time when the subject matter of the proceedings arose.

Breach of voluntary compliance agreement (2) Where a person has not complied with the terms or conditions of a voluntary compliance agreement, the limitation period in subsection (1) commences from the time when the non-compliance arose.

Caractère privilégié

Obligation **518.** (1) Sous réserve du paragraphe (2), le directeur des enquêtes et poursuites et tout membre de son personnel sont tenus au secret relativement à une plainte, une enquête ou la décision de ne pas approuver un engagement d'exécution de sanction, en particulier en ce qui concerne le nom d'un plaignant ou d'une personne qui fait l'objet d'une enquête, sauf consentement.

Exception (2) Une personne peut divulguer des renseignements en rapport avec une plainte ou une enquête faite en vertu de la présente loi dans l'un ou l'autre des cas suivants :

a) la divulgation est requise par la présente loi ou toute autre loi du Parlement du Canada;

b) elle est nécessaire à une enquête ou à une instance devant la Commission ou un tribunal;

c) elle est requise en rapport avec un engagement d'exécution de sanction en vertu de l'article 516.

Introduction d'instance

Début de l'instance **519.** (1) Le directeur des enquêtes et poursuites peut, à la conclusion d'une enquête, introduire une instance devant la Commission ou devant le tribunal compétent.

Infraction au *Code criminel* (2) Le directeur avise le procureur général concerné de toute situation sous le régime de la présente loi qui constitue une infraction au *Code criminel* ou à tout autre texte législatif.

Prescription **520.** (1) Une instance ne peut être introduite relativement à une infraction à la présente loi pas plus d'un an après la date où est survenu le fait en cause.

Inobservation de l'engagement (2) La prescription prévue par le paragraphe (1) court, dans le cas de l'inobservation d'un engagement d'exécution de sanction, à partir du moment où cette inobservation a commencé.

Jurisdiction of Commission

521. (1) The Commission has exclusive jurisdiction over all proceedings in respect of any offence under this Act, unless otherwise provided.

Jurisdiction of courts

(2) The provincial and territorial courts of competent jurisdiction have exclusive jurisdiction over all proceedings in respect of any offence set out in Division III.

Application of the *Criminal Code*

522. The offences under this Act are punishable on summary conviction and the provisions of the *Criminal Code* that apply in respect of summary conviction offences apply to offences under this Act, unless otherwise expressly provided.

Hearing by the Commission

Notice of proceedings

523. (1) Proceedings to bring an offence under this Act before the Commission shall be initiated by a notice of proceedings signed by the Director of Enforcement and served on the person who is alleged to have committed the offence.

Contents of notice

(2) A notice of proceedings shall be in the form prescribed by the regulations and shall

(*a*) disclose the alleged offence and the maximum penalty for that offence;

(*b*) summarize the findings of the investigation on which the Director of Enforcement intends to rely; and

(*c*) summon the alleged offender to appear before the Commission.

Failure to appear before the panel

524. Where an alleged offender summoned to appear before the Commission fails to appear at the time and place required, the Commission shall consider the evidence presented by the Director of Enforcement in respect of the alleged offence.

Panel

525. (1) The president of the Commission shall appoint an odd number of members of the Commission to hear any offence set out in Division II and in the event that more than one member is appointed shall designate one of the members to preside over the hearing.

---

521. (1) La Commission a juridiction exclusive pour toute instance relativement à une infraction prévue par la présente loi sauf dispositions contraires.

Compétence de la Commission

(2) Les tribunaux provinciaux et territoriaux compétents ont juridiction exclusive pour toute instance relativement à une infraction prévue par la section III.

Compétence des tribunaux

522. Les infractions à la présente loi sont punissables par procédure sommaire et les dispositions du *Code criminel* applicables aux infractions punissables par procédure sommaire s'appliquent, sauf indication contraire de la présente loi.

Application du *Code criminel*

Audiences devant la Commission

523. (1) Avis de l'introduction d'une instance devant la Commission relativement à une infraction à la présente loi est donné par le directeur des enquêtes et poursuites et signifié à la personne à qui l'infraction est reprochée.

Avis d'introduction d'instance

(2) L'avis, en la forme établie par règlement :

Teneur de l'avis

a) fait état de l'infraction reprochée et la peine maximale prévue pour celle-ci;

b) résume les conclusions de l'enquête sur lesquelles le directeur entend s'appuyer;

c) assigne le prétendu auteur de l'infraction à comparaître devant la Commission.

524. Si le prétendu auteur de l'infraction fait défaut de comparaître devant la Commission à l'heure et à l'endroit mentionnés à l'avis, la Commission examine la preuve présentée par le directeur des enquêtes et poursuites.

Défaut de comparaître

525. (1) Le président de la Commission assigne un nombre impair de membres de la Commission, pour entendre toute infraction prévue par la section II; s'il assigne plus d'un membre il désigne parmi eux un président.

Comité

Disqualification of member (2) A member of the Commission who was involved in considering a voluntary compliance agreement in a case shall not be a member of the panel to hear the same case.

Hearings **526.** (1) At any hearing before it, the Commission shall provide the Director of Enforcement and the alleged offender with a full opportunity, consistent with procedural fairness and natural justice, to present evidence before it and make representations in relation to the alleged offence.

Limit on evidence (2) The Commission shall not admit as evidence anything that would be inadmissible in a court by reason of any privilege under the law of evidence.

Public hearing (3) The Commission shall conduct its hearings in public but, if satisfied that a public hearing would not be in the public interest, may hold all or part of a hearing in private.

Witness fees (4) Any witness summoned to attend a hearing pursuant to this section is entitled, at the discretion of the Commission, to receive the same fees and allowances for so doing as if summoned to attend before the Trial Division of the Federal Court.

Burden of proof **527.** (1) The burden of proving that a person has committed an offence under this Act is on the Director of Enforcement.

Self-incrimination (2) No person alleged to have committed an offence under this Act is required or compellable to give any evidence or testimony in the matter.

Proceedings to be recorded **528.** The Commission shall cause a record to be taken of all proceedings in respect of its hearings, including all evidence taken and all determinations and findings made in respect of the proceedings.

Decision **529.** The Commission shall, after the conclusion of a hearing, render a decision and send a copy of the decision with reasons to the parties.

(2) Le membre de la Commission qui a participé à l'examen d'un engagement d'exécution de sanction est inhabile à faire partie du comité qui connaîtra du cas visé par cet examen. **Inhabilité d'un des membres**

526. (1) La Commission donne au directeur des enquêtes et poursuites et au prétendu auteur de l'infraction toute possibilité de présenter leurs éléments de preuve et leurs observations conformément aux principes de l'équité procédurale et de la justice naturelle. **Audiences**

(2) N'est pas recevable par la Commission tout élément de preuve qui dans le droit de la preuve n'est pas admissible devant les tribunaux judiciaires en raison de son caractère privilégié. **Restrictions**

(3) Les audiences de la Commission sont publiques mais peuvent être conduites en privé, entièrement ou partiellement, si la Commission estime qu'une audience publique ne serait pas dans l'intérêt public. **Audience publique**

(4) Les témoins assignés à comparaître à une audience prévue par le présent article ont droit, à l'appréciation de la Commission, de recevoir les indemnités auxquelles ils auraient droit s'ils avaient été assignés à comparaître devant la Section de première instance de la Cour fédérale. **Indemnités de témoins**

527. (1) Le directeur des enquêtes et poursuites a le fardeau de prouver qu'une personne a commis une infraction à la présente loi. **Fardeau de la preuve**

(2) La personne à qui il est reproché une infraction à la présente loi ne peut être requise ou contrainte de témoigner relativement à cette infraction. **Auto-incrimination**

528. La Commission est tenue de garder un procès-verbal des audiences, y compris les éléments de preuve présentés, les décisions prises et les conclusions auxquelles elle en est venue. **Procès-verbal**

529. À l'issue d'une audience, la Commission rend sa décision dont elle envoie une copie, avec motifs, aux parties à l'instance. **Décision**

Enforceability

530. The Director of Enforcement may file, in the Registry of the Federal Court, a certified copy of the decision or order of the Commission, whereupon the decision or order has the same force and effect as a decision or order of that Court.

Publication

531. The Commission shall make its decisions under this Part public in the National Capital Region and in the constituency where the offence allegedly occurred.

DIVISION II

OFFENCES HEARD BY THE COMMISSION

General offence

532. Unless otherwise provided in this Act, every person who contravenes this Act or the regulations is guilty of an offence.

Secrecy of the vote

533. (1) A person who makes representations to another person that the ballot or the manner of voting at an election is not secret is guilty of an offence.

Marking a ballot

(2) A person who places on any ballot any writing, number or mark that could identify the voter to whom the ballot is to be or has been given is guilty of an offence.

Undue influence on a voter

534. A person is guilty of an offence if the person, by intimidation, duress or misrepresentation,

(*a*) induces a person to vote or refrain from voting at an election; or

(*b*) influences the decision of a person to vote for or to refrain from voting for a particular candidate or political party.

Multiple voting

535. (1) A person who votes more than once at an election is guilty of an offence.

Deception in voting

(2) A person who votes at an election in the name of another person is guilty of an offence.

530. Le directeur des enquêtes et poursuites peut produire au greffe de la Cour fédérale une copie certifiée conforme de la décision ou de l'ordonnance de la Commission. La décision ou l'ordonnance ainsi produite est alors assimilée à une décision ou une ordonnance de la Cour.

Exécution

531. La décision de la Commission en vertu de la présente partie est rendue publique dans la région de la Capitale nationale et dans la circonscription où l'infraction reprochée a été commise.

Publication

SECTION II

INFRACTIONS POURSUIVIES DEVANT LA COMMISSION

532. Sauf disposition contraire de la présente loi, quiconque enfreint la présente loi ou ses règlements d'application est coupable d'une infraction.

Disposition générale

533. (1) Quiconque fait valoir à quelqu'un que le vote d'un électeur n'est pas secret ou que l'acte de voter ne l'est pas commet une infraction.

Secret du vote

(2) Quiconque appose un écrit, des chiffres ou toute autre marque sur un bulletin de vote remis ou à remettre à un électeur en vue d'identifier celui-ci commet une infraction.

Marques sur un bulletin de vote

534. Commet une infraction quiconque, par intimidation, contrainte, faux prétexte ou mensonge :

Abus d'influence

a) soit incite une personne à voter ou à s'abstenir de voter à une élection;

b) soit incite un électeur à voter pour un candidat ou un parti en particulier ou à ne pas voter pour ce candidat ou ce parti.

535. (1) Quiconque vote plus d'une fois à une élection commet une infraction.

Action de voter plus d'une fois

(2) Quiconque vote à une élection sous le nom d'une autre personne commet une infraction.

Supercherie

Voters list

536. A person is guilty of an offence if the person

(*a*) applies to be included in a voters list under the name of another person; or

(*b*) applies to have included in a voters list the name of an animal or object.

Time to vote

537. (1) An employer who fails to grant the consecutive hours for voting required by section 16 is guilty of an offence.

Time off

(2) An employer who, directly or indirectly, does not pay the amounts required under section 16 to a voter who is entitled to them is guilty of an offence.

Exception

(3) An employer who is required by subsection 16(1) to grant a voter time off work for voting does not contravene subsection (1) or (2) if the voter agrees to work during all or part of that time pursuant to a written agreement or collective agreement with the employer.

Unauthorized assistance

538. A person who, unless authorized under this Act, assists more than one voter to vote at an election is guilty of an offence.

Illegal removal of election advertising

539. A person is guilty of an offence if the person, without authority, takes down any posted election advertising.

Penalty for advertising offences

540. A person who is guilty of an offence in respect of sections 312 to 314 is liable to a fine of not less than $1,000 and not more than $25,000.

Excess free broadcasting time

541. Any person operating a broadcasting undertaking who, during an election period, makes available free broadcasting time to a political party in excess of the time required to be provided by that person under Part VII is guilty of an offence and liable to a fine of not less than $1,000 and not more than $25,000.

Advertising by government

542. A person in a department or agency of the government of Canada who causes a contravention of section 315 is guilty of an offence.

---

536. Commet une infraction quiconque, selon le cas :

a) demande l'inscription sur une liste des électeurs sous le nom d'une autre personne;

b) demande l'inscription sur une liste des électeurs du nom d'un objet ou d'un animal.

Listes des électeurs

537. (1) L'employeur qui fait défaut d'accorder à un employé qui y a droit les heures consécutives de congé pour voter prévues par l'article 16 commet une infraction.

Temps pour voter

(2) L'employeur qui, directement ou indirectement, ne verse pas à l'électeur qui y a droit les montants prévus par l'article 16 commet une infraction.

Congé

(3) L'employeur à qui il incombe en vertu du paragraphe 16(1) d'accorder à un employé des heures consécutives de congé pour voter n'enfreint pas les paragraphes (1) et (2) du présent article si l'employé accepte de travailler durant une partie ou la totalité de ce congé en vertu d'une entente écrite ou d'une convention collective avec l'employeur.

Exception

538. Commet une infraction quiconque, à moins d'y être autorisé par la présente loi, aide plus d'un électeur à voter lors d'une élection.

Assistance non autorisée

539. Commet une infraction quiconque, sans droit, arrache toute propagande électorale affichée.

Propagande électorale illicite

540. Quiconque enfreint les articles 312 à 314 encourt une amende minimale de mille dollars mais n'excédant pas vingt-cinq mille dollars.

Infractions reliées à la propagande électorale

541. Toute personne exploitant une entreprise de radiodiffusion qui, pendant la période électorale, met à la disposition d'un parti politique du temps gratuit d'antenne au-delà du temps maximal qu'elle doit fournir en vertu de la partie VII commet une infraction et encourt une amende minimale de mille dollars mais n'excédant pas vingt-cinq mille dollars.

Temps d'antenne gratuit

542. Commet une infraction quiconque, dans un ministère ou dans un organisme du gouvernement du Canada, cause une infraction à l'article 315.

Publicité gouvernementale

Illegal political contribution

543. A person who accepts or uses an anonymous political contribution or a foreign political contribution contrary to section 387 or 388 is guilty of an offence and liable to a fine not exceeding the aggregate of $5,000 and twice the amount of the political contribution.

Defence

544. A person who took action in accordance with section 389 is not guilty of an offence under section 543.

Official receipts

545. A person who issues an official receipt without authority or contrary to this Act or the *Income Tax Act* is guilty of an offence and liable to a fine not exceeding the aggregate of $5,000 and twice the face value of the official receipt.

Carrying a weapon

546. A person who enters the office of an election officer or any polling station or other place of voting with a weapon, without lawful authority, is guilty of an offence.

Ballot

547. A person is guilty of an offence if the person

(*a*) forges a ballot or utters a forged ballot;

(*b*) fraudulently alters, defaces or destroys a ballot or the initials of a deputy returning officer on a ballot;

(*c*) supplies a ballot to another person, unless authorized under this Act;

(*d*) has a ballot in the person's possession, unless authorized under this Act;

(*e*) fraudulently puts or causes to be put a ballot or other paper in a ballot box;

(*f*) fraudulently takes a ballot out of a polling station;

(*g*) destroys, takes, opens or otherwise interferes with a ballot box or packet of ballots, unless authorized under this Act;

543. Quiconque accepte ou utilise une contribution politique anonyme ou de source étrangère contrairement aux articles 387 ou 388 commet une infraction et encourt une amende ne dépassant pas la somme totale de cinq mille dollars et du double du montant de la contribution politique.

Contribution politique illicite

544. La personne qui a agi conformément à l'article 389 n'est pas coupable d'une infraction prévue par l'article 543.

Défense

545. Quiconque délivre un reçu officiel sans autorisation ou contrairement à la présente loi ou à la *Loi de l'impôt sur le revenu* commet une infraction et encourt une amende ne dépassant pas la somme totale de cinq mille dollars et du double du montant inscrit au reçu.

Reçus officiels

546. Quiconque, non autorisé à porter une arme, pénètre armé dans le bureau d'un fonctionnaire d'élection ou dans un bureau de vote ou autre endroit où se déroule le vote, commet une infraction.

Port d'arme

547. Commet une infraction quiconque, selon le cas :

Bulletin de vote

a) forge un bulletin de vote ou met en circulation un bulletin de vote forgé;

b) frauduleusement modifie ou barbouille un bulletin de vote ou les initiales du scrutateur y sont apposées ou qui détruit le bulletin qui porte ces initiales;

c) remet un bulletin de vote à une autre personne à moins d'y être autorisé par la présente loi;

d) a un bulletin de vote en sa possession à moins d'y être autorisé par la présente loi;

e) frauduleusement dépose ou fait déposer un bulletin de vote ou autre papier dans une urne;

f) frauduleusement sort un bulletin de vote d'un bureau de vote;

g) détruit, ouvre ou trafique une urne, un livret ou un paquet de bulletins de vote ou s'empare d'un de ces objets à moins d'y être autorisé par la présente loi;

(*h*) prints a ballot or what purports to be or is capable of being used as a ballot at an election, unless authorized under this Act;

(*i*) is authorized under this Act to print ballots but fraudulently prints more ballots than authorized; or

(*j*) makes, imports, possesses, supplies or uses a ballot box that is capable of secretly storing ballots or improperly affecting any ballot placed inside it.

Obstructing an election officer and officials

548. A person who impedes or obstructs an election officer or election official in the performance of their functions under this Act is guilty of an offence.

Counting of the vote

549. A person who counts the votes cast at an election at a time or a place not provided for under this Act is guilty of an offence.

Election expense improperly incurred

550. A person who incurs an election expense on behalf of a registered party, a registered constituency association or a candidate but who is not the financial agent of the party, association or candidate, or a person authorized by the financial agent, is guilty of an offence and is liable to a fine not exceeding the aggregate of $5,000 and twice the value of the election expense.

Excess election expense

551. (1) A person who incurs an election expense, a nomination expense, an expense in respect of the process of nominating a candidate or a leadership campaign expense in excess of the limits on those expenses under Part VIII is guilty of an offence.

Joint offence

(2) Where the expense referred to in subsection (1) was incurred on behalf of another person, the other person is also guilty of an offence.

h) quiconque, à moins d'y être autorisé par la présente loi, imprime un bulletin de vote ou ce qui pourrait passer pour un bulletin de vote ou est susceptible d'être utilisé comme bulletin de vote à une élection;

i) étant autorisé par la présente loi à imprimer des bulletins de vote, frauduleusement, en imprime plus que le nombre autorisé;

j) fabrique, importe, possède, fournit ou utilise une urne avec compartiment où sont secrètement emmagasinés des bulletins de vote ou qui est de nature à affecter tout bulletin de vote qui y est déposé.

548. Quiconque entrave un fonctionnaire d'élection ou un membre du personnel électoral dans l'exécution de ses fonctions en vertu de la présente loi ou qui l'empêche de remplir celles-ci commet une infraction.

Entraves

549. Quiconque fait un dépouillement de bulletins de vote ou de bulletins de vote spéciaux à un moment ou à un endroit non spécifié par la présente loi commet une infraction.

Dépouillement de votes

550. Quiconque autre que l'agent financier ou son délégué engage une dépense électorale au nom du parti enregistré, de l'association locale enregistrée ou du candidat commet une infraction et encourt une amende ne dépassant pas la somme totale de cinq mille dollars et du double du montant de la dépense.

Dépense d'élection incorrectement engagée

551. (1) Quiconque engage des dépenses électorales, des dépenses en vue d'obtenir l'investiture d'une association locale enregistrée ou des dépenses pour une campagne à la direction d'un parti au-delà des plafonds prévus par la partie VIII commet une infraction.

Dépenses électorales au-delà du plafond

(2) Si la personne visée par le paragraphe (1) a engagé les dépenses au nom d'une autre personne, les deux personnes en cause commettent une infraction.

Autre personne

Penalty

(3) A person who is guilty of an offence under subsection (1) or (2) is liable to a fine not exceeding the aggregate of twice the amount of the excess and either $5,000 or, in the case of a registered party or a financial agent or other person acting on behalf of a registered party, $10,000.

Failure to meet reporting deadline

552. (1) Where a financial agent fails to file a return in accordance with Part VIII, the financial agent and the person on whose behalf the return is to be filed are both guilty of an offence.

Penalty

(2) A person who is guilty of an offence under subsection (1) is liable to a fine not exceeding, for each day of non-compliance,

(*a*) $100;

(*b*) $500, in the case of a financial agent of a registered party; or

(*c*) $1,000, in the case of a registered party.

Forfeit reimbursements and tax status

553. Where a person is convicted of an offence under section 552 and a return was not filed within 30 days after the deadline provided under Part VIII, in addition to any other penalty, the Commission may make one or more of the following orders:

(*a*) that the registered party or candidate forfeit any entitlement to reimbursements under Part VIII; and

(*b*) that the registered party, registered constituency association or candidate lose the right to issue official receipts for such time as the Commission may deem advisable.

Failure of financial agent to appear

554. A financial agent who fails to appear before the Commission after being duly notified to appear before it is guilty of an offence.

Peine

(3) La personne qui commet l'infraction visée au paragraphe (1) ou au paragraphe (2) encourt une amende ne dépassant pas la somme totale du double de l'excédent de dépense et cinq mille dollars ou dix mille dollars dans le cas d'un parti enregistré ou de l'agent financier d'un parti enregistré ou de toute autre personne agissant au nom du parti enregistré.

Défaut de produire un rapport en temps

552. (1) L'agent financier qui fait défaut de produire un rapport requis par la partie VIII et toute autre personne au nom de qui le rapport doit être produit commettent tous deux une infraction.

Peine

(2) La personne qui commet l'infraction visée au paragraphe (1) encourt, pour chaque jour que dure l'inobservation, une amende ne dépassant pas les montants suivants :

a) cent dollars;

b) cinq cents dollars, dans le cas de l'agent financier d'un parti;

c) mille dollars dans le cas d'un parti enregistré.

Perte de remboursements et d'avantages

553. Lorsqu'une personne est reconnue coupable d'une infraction visée à l'article 552 et que le rapport n'est pas produit dans les trente jours après l'échéance prévue par la partie VIII, la Commission peut, en sus de toute autre peine, ordonner que :

a) le parti enregistré ou le candidat perdent tout remboursement auquel ils ont droit en vertu de la partie VIII;

b) le parti enregistré, l'association locale enregistrée ou le candidat perdent, pour la durée de temps qu'elle détermine, le droit de délivrer des reçus officiels conformément à la *Loi de l'impôt sur le revenu*.

Défaut de comparaître de l'agent financier

554. L'agent financier qui fait défaut de comparaître devant la Commission après avoir été dûment convoqué à comparaître commet une infraction.

DIVISION III

OFFENCES TO BE HEARD BY THE COURTS

Eligibility to vote

555. A person is guilty of an offence if the person

(*a*) votes at an election knowing that the person does not have the right to vote at the election; or

(*b*) induces or procures any other person to vote at an election knowing that the other person does not have the right to vote at the election.

Right to be a candidate

556. A person who knowingly is nominated as a candidate in an election without the right to be a candidate in the election is guilty of an offence.

Voters list

557. A person is guilty of an offence if the person knowingly

(*a*) applies to be included in more than one voters list at the same election, unless authorized by this Act;

(*b*) applies to be included in a voters list for a polling division in which the person is not entitled to be included; or

(*c*) applies to have included in a voters list the name of a person who is not a voter, or any animal or object.

Influence or vary the result of an election

558. A person who commits an offence under this Act with the intent of varying or influencing the outcome or the result of an election is guilty of an offence and is liable to one or more of the following penalties:

(*a*) a fine of not less than $1,000 and not more than twice the amount of the fine otherwise provided for the offence under this Act;

(*b*) imprisonment for a term not exceeding two years;

(*c*) loss of the right to be a candidate at an election until after the general election following the conviction; and

SECTION III

INFRACTIONS À ÊTRE POURSUIVIES DEVANT LES TRIBUNAUX

Qualité d'électeur

555. Commet une infraction quiconque :

a) soit vote à une élection sachant qu'il n'a pas qualité d'électeur;

b) soit incite une personne à voter ou fait voter une personne sachant qu'elle n'a pas qualité d'électeur.

Éligibilité

556. Quiconque sachant qu'il est inéligible accepte d'être mis en candidature ou essaie de l'être commet une infraction.

Listes d'électeurs

557. Commet une infraction quiconque, sciemment, selon le cas :

a) demande l'inscription de son nom sur plus d'une liste d'électeurs pour la même élection, sauf autorisation de la présente loi;

b) demande l'inscription de son nom sur une liste d'électeurs d'une section de vote où il n'a pas droit de voter;

c) demande l'inscription sur une liste d'électeurs du nom d'une personne qui n'a pas qualité d'électeur ou le nom d'un animal ou d'un objet.

Intention d'influencer le résultat d'une élection

558. Quiconque commet une infraction à la présente loi avec l'intention de modifier ou d'influencer l'issue d'une élection commet une infraction et encourt les peines suivantes ou l'une ou l'autre d'entre elles :

a) une amende minimale de mille dollars mais n'excédant pas le double de celle autrement prévue pour cette infraction en vertu de la présente loi;

b) un emprisonnement maximal de deux ans;

c) la perte du droit d'être candidat à une élection jusqu'après l'élection générale suivant la condamnation;

(*d*) loss of the right to be a member of the House of Commons until after the general election following the conviction.

False or misleading return or report

559. A financial agent or other person who files a report or return under Part VIII containing false or misleading information is guilty of an offence and liable to a fine of not less than $500 and not more than $10,000 or to imprisonment for a term not exceeding two years, or to both.

Report or return for individuals

560. (1) Where a financial agent or other person commits the offence referred to in section 559 in respect of the return or report of a candidate, a person who sought nomination as a candidate or a person who sought leadership of a registered party, the person on whose behalf the report or return is filed is also guilty of an offence and liable to a fine of not less than $500 and not more than $10,000 or to imprisonment for a term not exceeding two years, or to both.

Party or association return

(2) Where a financial agent or other person commits the offence referred to in section 559 in respect of the return of a political party or a registered constituency association, the party or association is also guilty of an offence and liable to a fine of not less than $500 and not more than $25,000.

Duties of election officer

561. An election officer or election official is guilty of an offence if the officer or official knowingly

(*a*) includes in any voters list the name of any person who does not have the right to vote, or any animal or object; or

(*b*) omits to include in any voters list prepared by the election officer or election official the name of any person who has the right to vote.

(*d*) la perte du droit d'être député à la Chambre des communes jusqu'après l'élection générale suivant la condamnation.

559. L'agent financier ou toute autre personne qui produit un rapport en vertu de la partie VIII contenant des renseignements faux ou trompeurs commet une infraction et encourt une amende minimale de cinq cents dollars mais n'excédant pas dix mille dollars et un emprisonnement maximal de deux ans ou l'une de ces peines.

Faux rapports

560. (1) Lorsque l'agent financier ou une autre personne commet l'infraction visée à l'article 559 relativement au rapport d'un candidat, d'une personne qui a cherché l'investiture, d'une personne qui a aspiré à la direction d'un parti enregistré, le candidat ou la personne au nom de qui le rapport est produit commet aussi une infraction et encourt une amende minimale de cinq cents dollars mais n'excédant pas dix mille dollars et un emprisonnement d'une durée maximale de deux ans ou l'une de ces peines.

Rapport concernant des individus

(2) Lorsque l'agent financier ou une autre personne commet l'infraction visée à l'article 559 relativement au rapport d'un parti politique ou d'une association locale enregistrée, le parti ou l'association commet aussi une infraction et encourt une amende minimale de cinq cents dollars mais n'excédant pas vingt-cinq mille dollars.

Rapport d'un parti ou d'une association locale

561. Est coupable d'une infraction le fonctionnaire d'élection ou le membre du personnel électoral qui sciemment :

a) inscrit sur une liste d'électeurs le nom d'une personne qui n'a pas qualité d'électeur ou le nom d'un animal ou d'un objet;

b) néglige d'inscrire sur une liste d'électeurs qu'il a compilée le nom d'une personne qui a qualité d'électeur.

Obligations des fonctionnaires électoraux

Impersonation

562. A person who, without authority, impersonates an election officer or election official or carries or uses false identification intended to be used by an election officer or election official is guilty of an offence.

562. Quiconque, sans autorisation, se présente comme un membre du personnel électoral ou un fonctionnaire d'élection ou qui porte avec lui de faux papiers d'identification pour usage par un fonctionnaire d'élection ou un membre du personnel électoral commet une infraction.

Supposition de personne

Ineligible election officer

563. A person who knowingly is appointed as an election officer or election official without being eligible is guilty of an offence.

563. Quiconque accepte de devenir un membre du personnel électoral ou un fonctionnaire d'élection, sachant qu'il est inhabile, est coupable d'une infraction.

Fonctionnaire d'élection inhabile

Ineligible financial agent or auditor

564. A person who knowingly is appointed as a financial agent or an auditor without being eligible is guilty of an offence.

564. Quiconque accepte d'être nommé agent financier ou vérificateur sachant qu'il est inhabile à occuper ces fonctions commet une infraction.

Agent financier ou vérificateur inhabile

Non-compliance with order of the Commission

565. Any person who does not comply with an order of the Commission issued under this Act is guilty of an offence and liable to a fine not exceeding $50,000, imprisonment not exceeding two years, or to both.

565. Quiconque fait défaut d'observer une ordonnance de la Commission commet une infraction et encourt une amende maximale de cinquante mille dollars et un emprisonnement maximal de deux ans ou l'une de ces peines.

Défaut d'observation d'une ordonnance de la Commission

DIVISION IV

GENERAL MATTERS

SECTION IV

DISPOSITIONS GÉNÉRALES

General penalty

566. Every person who is found guilty of an offence under this Act for which a penalty is not specifically provided is liable, for a first offence, to a fine not exceeding $5,000 and for any subsequent offence, to a fine not exceeding $10,000.

566. Quiconque est déclaré coupable d'une infraction à la présente loi pour laquelle une peine n'est pas spécifiquement prévue encourt, pour une première infraction, une amende maximale de cinq mille dollars et, en cas de récidive, une amende maximale de dix mille dollars.

Peine universelle

Attempts, accessories, etc.

567. A person is guilty of the offence referred to in Division II or III, as the case may be, if the person

(*a*) attempts to commit or is an accessory after the fact to the commission of the offence;

(*b*) counsels, aids or abets another person to commit the offence; or

(*c*) conspires with any other person to commit the offence.

567. Commet l'infraction prévue par la section II ou la section III, selon le cas, quiconque :

a) tente de commettre cette infraction ou est complice de celle-ci après le fait;

b) conseille, aide ou encourage quelqu'un à commettre cette infraction;

c) complote avec quelqu'un de commettre cette infraction.

Tentatives, complices, etc.

Continuing offence

568. Where an offence under this Act is committed or continued on more than one day, each day shall constitute a separate offence.

568. Il est compté une infraction distincte pour chaque jour au cours duquel se commet ou se continue une infraction à la présente loi.

Infractions continues

Offences by corporate officers, etc.

569. Where a corporation, a political party or a constituency association commits an offence under this Act, any of its officers, directors or agents who directed, authorized, assented to, acquiesced in or participated in the commission of the offence shall be a party to and guilty of the same offence, whether or not the corporation, the political party or the constituency association is prosecuted.

Offences by employee

570. (1) A person may be convicted of an offence under this Act where it is established that the offence was committed by an employee or agent of the person, in the performance of the employee's or agent's duties, whether or not the employee or agent is identified or is prosecuted for the offence.

Defence

(2) No person shall be convicted of an offence pursuant to subsection (1) if the person establishes that the offence was committed without the person's knowledge or consent.

Defence of due diligence

571. No person shall be convicted of an offence under this Act if the person establishes that the person

(*a*) exercised due diligence to prevent the commission of the offence; or

(*b*) held a reasonable and honest belief in the existence of facts that, if true, would render the person's conduct innocent.

Additional penalty

572. Where a person is convicted of an offence under this Act and the Commission or the court, as the case may be, is satisfied that as a result of committing the offence the person directly or indirectly acquired or will acquire monetary benefits, the Commission or the court may, in addition to the maximum amount of any fine that may otherwise be imposed under this Act, order the person to pay an additional fine equal to the amount or estimated amount of the monetary benefit.

569. En cas de perpétration par une personne morale, un parti politique ou une association locale d'une infraction à la présente loi, ceux de ses dirigeants, administrateurs ou mandataires qui l'ont ordonnée ou autorisée, ou qui y ont consenti ou participé, sont considérés comme des coauteurs de l'infraction, que la personne morale, le parti politique ou l'association locale ait été ou non poursuivie.

Responsabilité des dirigeants

570. (1) Une personne peut être déclarée coupable d'une infraction à la présente loi s'il est démontré que l'infraction a été commise par un employé ou mandataire de cette personne dans l'exécution de ses fonctions, que l'employé ou le mandataire soit ou non identifié ou poursuivi pour l'infraction.

Infractions par les employés

(2) Une personne ne peut être déclarée coupable d'une infraction au présent article si elle démontre que l'infraction a été commise sans son consentement ou sans qu'elle en ait eu connaissance.

Défense

571. Une personne ne peut être déclarée coupable d'une infraction à la présente loi si elle démontre :

a) soit qu'elle a fait preuve de diligence raisonnable pour empêcher la commission de l'infraction;

b) soit qu'elle croyait sincèrement, sur la base de motifs raisonnables, à l'existence de faits qui, s'ils étaient authentiques, rendraient innocente la conduite de cette personne.

Diligence raisonnable

572. Lorsqu'une personne est déclarée coupable d'une infraction à la présente loi et que la Commission ou le tribunal est convaincu que la commission de l'infraction a valu, directement ou indirectement, des bénéfices monétaires à cette personne, la Commission ou le tribunal, selon le cas, peut ordonner qu'elle verse, en sus du montant maximal de toute amende pouvant lui être imposée en vertu de la présente loi, une amende supplémentaire égale au montant ou au montant estimé, des bénéfices monétaires.

Amende supplémentaire

573. Where a registered party, a registered constituency association or a registered party foundation is convicted of an offence under this Act, the Commission or the court may order that it be deregistered for any period the Commission or the court considers appropriate and may require it to comply with terms and conditions before being re-registered.

574. (1) Where a person is convicted of an offence under this Act, in addition to any penalty imposed, the Commission or the court may, having regard to the nature of the offence and the circumstances surrounding its commission, make an order

(*a*) directing the person to take any action the Commission or the court considers appropriate to remedy or avoid any harm that resulted or may result from the commission of the offence;

(*b*) directing the person to publish, in any manner the Commission or the court considers appropriate, the facts relating to the commission of the offence;

(*c*) directing the person to perform community service in accordance with any reasonable conditions that may be specified in the order;

(*d*) directing the person to post a bond for a value the Commission or the court considers appropriate for the purpose of ensuring compliance with any prohibition, directive or requirement imposed under this section; and

(*e*) requiring the person to comply with any other conditions that the Commission or the court considers appropriate for securing the person's good conduct and for preventing the person from repeating the offence or committing other offences under this Act.

573. Lorsqu'un parti enregistré, une association locale enregistrée ou une fondation de parti enregistrée est déclarée coupable d'une infraction prévue par la présente loi, la Commission ou le tribunal peut ordonner que :

a) l'enregistrement du parti politique, de l'association locale ou de la fondation de parti soit suspendu pour le temps que la Commission ou le tribunal estime indiqué;

b) le parti politique, l'association locale ou la fondation de parti se conforme à certaines conditions avant d'être de nouveau enregistrés.

574. (1) Lorsqu'une personne est déclarée coupable d'une infraction à la présente loi, la Commission ou le tribunal peut, en sus de toute peine imposée, ordonner, compte tenu de la nature de l'infraction et des circonstances l'entourant :

a) de prendre toute mesure que la Commission ou le tribunal juge indiquée pour corriger le préjudice causé ou susceptible d'être causé par la commission de l'infraction ou pour empêcher qu'elle n'en cause;

b) de rendre public, de la manière que la Commission ou le tribunal juge indiquée, les faits relatifs à la commission de l'infraction;

c) d'accomplir des travaux communautaires conformément aux conditions que la Commission ou le tribunal estime raisonnables et qui sont spécifiées dans l'ordonnance;

d) de déposer un cautionnement d'une valeur que la Commission ou le tribunal estime indiquée en vue de garantir l'observation de toutes interdictions, directives ou exigences mentionnées au présent article;

e) de se conformer à toutes autres conditions que la Commission ou le tribunal estime indiquées pour s'assurer de sa bonne conduite et empêcher qu'elle ne récidive ou commette d'autres infractions à la présente loi.

Debt due to Her Majesty

(2) Any amount that is payable under this section and any interest on that amount constitute a debt due to Her Majesty and may be recovered as such in any court of competent jurisdiction.

Publication

(3) Where a person fails to comply with an order made under subsection (1) directing the person to publish the facts relating to the commission of an offence, the Director of Enforcement may publish those facts and recover the costs of publication from the person.

Variation of orders

575. (1) Where the court or the Commission has made an order under section 574, it may, on application by the Director of Enforcement or the person to whom the order applies, require that the person appear before it and, after hearing the person and the Director of Enforcement, may vary the order where the court or the Commission considers it appropriate because of a change in circumstances since the order was made.

Leave

(2) Where an application was heard by the Commission or a court under subsection (1), no other application may be made in respect of the same order except with leave of the Commission or the court.

Non-compliance with order

576. (1) A person convicted of an offence under this Act who subsequently contravenes an order made under section 574 is guilty of an offence and liable to a fine not exceeding $50,000, imprisonment not exceeding two years, or to both.

Jurisdiction

(2) The offence under subsection (1) shall be prosecuted as if it were one set out in Division III.

Treatment of fines

577. Any amount received by the Commission in execution of an order to pay a penalty under this Act shall be deemed to be public money within the meaning of the *Financial Administration Act*.

(2) Toute somme payable en vertu du présent article et les intérêts courus sur cette somme constituent une créance de Sa Majesté dont le recouvrement peut être poursuivi à ce titre devant tout tribunal compétent.

Créance de Sa Majesté

(3) Le directeur des enquêtes et poursuites, lorsqu'une personne à qui il a été ordonné de rendre public les faits relatifs à la commission d'une infraction néglige de le faire, peut procéder à cette publication et en recouvrer les coûts de cette personne.

Publication

575. (1) La Commission ou le tribunal peut, à la demande du directeur des enquêtes et poursuites ou à la demande de la personne visée par une ordonnance rendue en vertu de l'article 574, enjoindre cette personne de comparaître devant la Commission ou le tribunal, et après l'avoir entendue ou avoir entendu le directeur, modifier l'ordonnance si la Commission ou le tribunal le juge à propos compte tenu des changements de circonstances depuis que l'ordonnance a été rendue.

Modification des ordonnances

(2) Lorsqu'une demande a été entendue par la Commission ou un tribunal en application du paragraphe (1), aucune autre demande ne peut être faite relativement à la même ordonnance sauf avec la permission de la Commission ou du tribunal.

Permission

576. (1) La personne déclarée coupable d'une infraction à la présente loi et qui par la suite contrevient à une ordonnance rendue en vertu de l'article 574 commet une infraction et encourt une amende maximale de cinquante mille dollars et un emprisonnement maximal de deux ans ou l'une de ces peines.

Inobservation de l'ordonnance

(2) L'infraction visée au paragraphe (1) est poursuivie comme une infraction prévue par la section III.

Compétence

577. Toute somme d'argent reçue par la Commission en exécution d'une ordonnance de paiement d'une amende en vertu de la présente loi est réputée constituer des fonds publics au sens de la *Loi sur la gestion des finances publiques*.

Amendes

PART XI

TRANSITIONAL PROVISIONS, REPEALS AND CONSEQUENTIAL AMENDMENTS

Transitional Provisions

Proceedings in progress

578. Every proceeding in which the Chief Electoral Officer, as defined in the former *Canada Elections Act*, is a party when this Act comes into force may be continued by or against the Commission in the same manner and to the same extent as could have been done by or against the Chief Electoral Officer immediately before this Act came into force.

Property, rights, etc.

579. The Commission shall have all the property, rights, obligations and liabilities of the Chief Electoral Officer that existed immediately before this Act came into force.

Director of Enforcement

580. The Director of Enforcement shall carry out and complete any duty or responsibility for which the Commissioner, referred to in section 255 of the former *Canada Elections Act*, was responsible immediately before this Act came into force.

Reference to previous election

581. Where a provision of this Act refers to matters arising from a previous election and that election was one that occurred before this Act came into force, the Commission shall make whatever determination in respect of the matters is necessary to give effect to the intent of the provision.

Returning officers

582. Any returning officer holding office on the day this Act comes into force shall be deemed to have been appointed under this Act on the date the original appointment was made and shall continue to hold office until the term of office expires or the returning officer is replaced, whichever is later.

PARTIE XI

DISPOSITIONS TRANSITOIRES, ABROGATIONS ET MODIFICATIONS CORRÉLATIVES

Dispositions transitoires

Procédures pendantes

578. Toute instance ou autre procédure à laquelle le directeur général des élections au sens de la *Loi électorale du Canada* en sa version existante au moment de l'entrée en vigueur de la présente loi est partie à ce moment-là peut être poursuivie par la Commission ou contre celle-ci dans la même mesure qu'elle aurait pu être poursuivie par le directeur général des élections ou contre celui-ci avant l'entrée en vigueur de la présente loi.

Substitution

579. La Commission remplace dans ses droits et obligations le directeur général des élections nommé en vertu de la *Loi électorale du Canada*, en sa version existante au moment de l'entrée en vigueur de la présente loi.

Responsabilité du directeur des enquêtes et poursuites

580. Le directeur des enquêtes et poursuites est chargé de continuer toute affaire commencée par le commissaire visé par l'article 255 de la *Loi électorale du Canada* en sa version existante au moment de l'entrée en vigueur de la présente loi et d'assumer à cet égard les mêmes responsabilités que ce dernier exerçait en vertu de cette loi.

Renvoi à une élection précédente

581. Pour l'application de toute disposition de la présente loi où il est référé à l'élection précédente pour la détermination d'une question, la Commission peut, dans le cas où l'élection précédente s'est tenue avant l'entrée en vigueur de la présente loi, prendre pour la détermination de cette question toute mesure supplétive nécessaire pour assurer la réalisation de l'objet de la disposition.

Directeur du scrutin

582. Un directeur du scrutin en fonction lors de l'entrée en vigueur de la présente loi est considéré avoir été nommé en vertu de celle-ci à la date de sa nomination et demeure en fonction jusqu'à l'expiration de son mandat original ou jusqu'à ce qu'il soit remplacé, selon le plus éloigné de ces événements.

Previously registered parties

583. Any political party that was registered, or whose application had been accepted, under the *Canada Elections Act* on the day this Act comes into force shall continue as a registered party under this Act, but the party shall be deregistered if, within one year of election day at the general election following the coming into force of this Act, the party does not file with the Commission a constitution that complies with the requirements of section 24 and was adopted at a general meeting of its members called for this purpose.

583. Le parti déjà enregistré en vertu de la *Loi électorale du Canada* ou dont la demande d'enregistrement avait déjà été acceptée en vertu de celle-ci lors de l'entrée en vigueur de la présente loi est réputé être enregistré en vertu de cette dernière; ce parti perd toutefois son enregistrement à moins que dans l'année qui suit la première élection générale après l'entrée en vigueur de la présente loi, il ne produise, auprès de la Commission, des statuts et règlements rédigés conformément à l'article 24 et adoptés par une assemblée générale de ses membres convoquée à cette fin.

Parti déjà enregistré

Initial regulations

584. Any regulation made to implement this Act before the day this Act comes into force shall, despite section 454, take effect on that day and shall remain valid for six months, unless repealed earlier by a regulation made in accordance with section 454.

584. Malgré l'article 454, la Commission peut antérieurement à l'entrée en vigueur de la présente loi prendre des règlements transitoires pour sa mise en œuvre; ces règlements prennent effet à l'entrée en vigueur de la présente loi et le demeurent pour une période de six mois sauf abrogation par règlement pris en vertu de l'article 454.

Règlements transitoires

Repealed Statutes

Abrogations

Repealed statutes

585. The following statutes are repealed:

(*a*) the *Canada Elections Act*, Chapter E-2, R.S.C. 1985;

(*b*) the *Corrupt Practices Inquiries Act*, Chapter C-45, R.S.C. 1985;

(*c*) the *Disfranchising Act*, Chapter D-3, R.S.C. 1985;

(*d*) the *Dominion Controverted Elections Act*, Chapter C-39, R.S.C. 1985; and

(*e*) the *Electoral Boundaries Readjustment Act*, Chapter E-3, R.S.C. 1985.

585. La *Loi sur les élections fédérales contestées* – Chapitre C-39 des Lois révisées du Canada (1985) – la *Loi électorale du Canada*, – Chapitre E-2 des Lois révisées du Canada (1985) – la *Loi sur la privation du droit de vote* – Chapitre D-3 des Lois révisées du Canada (1985) –, la *Loi relative aux enquêtes sur les manœuvres frauduleuses* – Chapitre C-45 des Lois révisées du Canada (1985) – et la *Loi sur la révision des limites des circonscriptions électorales* – Chapitre E-3 des Lois révisées du Canada (1985) – sont abrogées.

Abrogations

Consequential Amendments

Modifications corrélatives

Access to Information Act

Loi sur l'accès à l'information

586. Schedule I to the *Access to Information Act* is amended by adding, in alphabetical order, under the heading "Other Federal Institutions" the words "Canada Elections Commission".

586. L'annexe I de la *Loi sur l'accès à l'information* est modifiée par insertion, suivant l'ordre alphabétique, sous l'intertitre « Autres institutions fédérales », de « Commission électorale du Canada ».

587. Schedule II to that Act is amended by adding, in alphabetical order, "Canada Elections Act   303(3) and (4)".

587. L'annexe II de la même loi est modifiée par insertion, après Loi canadienne sur les droits de la personne de « Loi électorale du Canada   303(3) et (4) ».

EXPLANATORY NOTES

Canada Post Corporation Act

Clause 588. — Subsection 35(5) at present reads as follows:

"(5) The privileges provided under subsections (2) and (3) to a person who is a member of the House of Commons begin on the day that notice of his election to serve in the House of Commons is given by the Chief Electoral Officer in the *Canada Gazette* and end ten days after the day he ceases to be a member of that House."

Income Tax Act

Clause 589. — Paragraph 63(3)(*a*) at present reads as follows:

"(*a*) "child care expense" means an expense incurred in a taxation year for the purpose of providing in Canada, for an eligible child of a taxpayer, child care services including baby sitting services, day nursery services or services provided at a boarding school or camp if the services were provided

(i) to enable the taxpayer, or the supporting person of the child for the year, who resided with the child at the time the expense was incurred,

(A) to perform the duties of an office or employment,

(B) to carry on a business either alone or as a partner actively engaged in the business,

(C) to undertake an occupational training course in respect of which he received a training allowance paid to him under the *National Training Act*, or

(D) to carry on research or any similar work in respect of which he received a grant, and"

Clause 590. — Subsections 127(3) and (3.1) at present read as follows:

"(3) deducted from the tax otherwise payable by a taxpayer under this Part for a taxation year in respect of the aggregate of all amounts each of which is an amount contributed by the taxpayer in the year to a registered party or to an officially nominated candidate at an election of a member or members to serve in the House of Commons of Canada (in this section referred to as "the aggregate"),

(*a*) 75% of the aggregate if the aggregate does not exceed $100,

(*b*) $75 plus 50% of the amount by which the aggregate exceeds $100 if the aggregate exceeds $100 and does not exceed $550, or

(*c*) the lesser of

(i) $300 plus 33 1/3% of the amount by which the aggregate exceeds $550 if the aggregate exceeds $550, and

(ii) $500,

if payment of each amount contributed that is included in the aggregate is proven by filing a receipt with the Minister, signed by a registered agent of the registered party or by the official agent of the officially nominated candidate, as the case may be, that contains prescribed information.

(3.1) A receipt referred to in subsection (3) shall not be issued

(*a*) by a registered agent of a registered party, or

(*b*) by an official agent of an officially nominated candidate otherwise than in respect of an amount contributed and to the contributor thereof."

NOTES EXPLICATIVES

Loi sur la Société canadienne des postes

Article 588. — Texte actuel du paragraphe 35(5) :

« (5) La franchise accordée à un député en vertu des paragraphes (2) et (3) court depuis la date où avis de son élection est donné dans la *Gazette du Canada* par le directeur général des élections jusqu'au dixième jour suivant la date à laquelle il cesse d'être député. »

Loi de l'impôt sur le revenu

Article 589. — Texte actuel de l'alinéa 63(3)*a*) :

« *a*) « frais de garde d'enfants » s'entend des frais engagés au cours d'une année d'imposition dans le but de faire assurer au Canada la garde de tout enfant admissible du contribuable, en le confiant à des services de garde d'enfants, y compris des services de gardiennes d'enfants ou de garderie ou encore des services assurés dans un pensionnat ou dans une colonie de vacances, si les services étaient assurés :

(i) pour permettre au contribuable, ou à la personne assurant les frais d'entretien de l'enfant pour l'année, qui résidait avec l'enfant au moment où les frais ont été engagés,

(A) de remplir les fonctions d'une charge ou d'un emploi,

(B) d'exploiter une entreprise, soit seul, soit comme associé participant activement à l'exploitation de l'entreprise,

(C) d'entreprendre un cours de formation professionnelle à l'égard duquel il a reçu une allocation en vertu de la *Loi nationale sur la formation*, ou

(D) de mener des recherches ou tous travaux similaires relativement auxquels il a reçu une subvention, et »

Article 590. — Texte actuel des paragraphes 127(3) et (3.1)

« (3) Il peut être déduit de l'impôt payable par ailleurs par un contribuable sous le régime de la présente Partie pour une année d'imposition, au titre du total de tous les montants dont chacun est une contribution versée par le contribuable, au cours de l'année, à un parti enregistré ou à un candidat officiellement présenté, pour l'élection d'un ou de plusieurs députés à la Chambre des communes du Canada (appelé au présent article « le total »),

a) 75% du total lorsque celui-ci ne dépasse pas 100 $,

b) 75 $ plus 50% de la différence entre 100 $ et le total si celui-ci dépasse 100 $ sans dépasser 550 $, ou

c) le moindre des montants suivants :

i) 300 $ plus 33 1/3% de la différence entre 550 $ et le total si celui-ci dépasse 550 $, ou

ii) 500 $,

si le versement de chaque contribution comprise dans le total est prouvé en produisant au Ministre un reçu signé d'un agent enregistré du parti enregistré ou de l'agent officiel du candidat officiellement présenté, selon le cas, qui contient les renseignements requis. »

« (3.1) Le reçu visé au paragraphe (3) n'est délivré que

a) par un agent enregistré d'un parti enregistré, ou

b) par un agent officiel d'un candidat officiellement présenté, que relativement à une contribution et qu'à l'auteur de celle-ci. »

Canada Post Corporation Act

588. Subsection 35(5) of the *Canada Post Corporation Act* is repealed and replaced by the following:

Duration of free mailing privileges

(5) The privileges provided under subsections (2) and (3) to a person who is a member of the House of Commons begin on the day that notice of the person's election is published in the *Canada Gazette* by the Chief Electoral Officer and <u>end on the day that Parliament is dissolved.</u>

Income Tax Act

589. Subparagraph 63(3)(*a*)(i) of the *Income Tax Act* is amended by deleting the word "or" after clause (*C*), deleting the word "and" after clause (*D*) and adding the following clause:

(*E*) to be a candidate at an election of a member or members to serve in the House of Commons of Canada during the election period or to seek nomination as a candidate by a registered constituency association during the nomination period, and

590. Subsections 127(3) and (3.1) of that Act are repealed and replaced by the following:

Contributions to registered parties or candidates

(3) There may be deducted from the tax otherwise payable by a taxpayer under this Part for a taxation year in respect of the aggregate of all amounts each of which is an amount contributed by the taxpayer in the year to a registered party, <u>a registered constituency association</u> or a candidate (in this section referred to as the "aggregate")

(*a*) 75% of the aggregate if the aggregate does not exceed $100,

(*b*) $75 plus 50% of the amount by which the aggregate exceeds $100 if the aggregate exceeds $100 but does not exceed $550, or

Loi sur la Société canadienne des postes

588. Le paragraphe 35(5) de la *Loi sur la Société canadienne des postes* est abrogé et remplacé par ce qui suit :

Durée de la franchise pour les députés

(5) La franchise accordée à un député en vertu des paragraphes (2) et (3) court depuis la date où l'avis de son élection est donné dans la *Gazette du Canada* par le directeur général des élections <u>jusqu'à la date de la dissolution du Parlement.</u>

Loi de l'impôt sur le revenu

589. Le sous-alinéa 63(3)*a*)(*i*) de la *Loi de l'impôt sur le revenu* est modifié par la suppression, à la fin de la division C, de « ou » et par la suppression à la fin de la division D de « et » et par l'addition, après cette division, de ce qui suit:

(E) de briguer l'investiture d'une association locale enregistrée durant la période de mise en candidature établie par cette association ou d'être candidat à l'élection d'un membre de la Chambre des communes, pendant la période électorale, et

590. Les paragraphes 127(3) et 127(3.1) de la *Loi de l'impôt sur le revenu* sont abrogés et remplacés par ce qui suit :

Contribution aux partis enregistrés ou aux candidats

(3) Il peut être déduit de l'impôt payable par ailleurs par un contribuable sous le régime de la présente partie, pour une année d'imposition, au titre du total de tous les montants dont chacun est une contribution versée par le contribuable, au cours de l'année, à un parti enregistré, <u>à une association locale enregistrée</u> ou à un candidat, (appelé au présent article « le total »),

a) 75 % du total lorsque celui-ci ne dépasse pas 100 $;

b) 75 $ plus 50 % de la différence entre 100 $ et le total si celui-ci dépasse 100 $ sans dépasser 550 $ ou

(*c*) the lesser of

    (i) $300 plus 33 1/3% of the amount by which the aggregate exceeds $550 if the aggregate exceeds $500, and

    (ii) $500,

if payment of each amount contributed that is included in the aggregate is proven by filing a receipt with the Minister, signed by <u>a person described in subsection (3.1)</u> that contains prescribed information.

Amount contributed in prescribed manner

(3.01) For the purposes of subsection (3), the aggregate of all amounts each of which is an amount contributed by the taxpayer in the year to a registered party can include an amount, as prescribed by regulation, indicated in the manner set out in the income tax return filed by the taxpayer for the year pursuant to subsection 150(1) (in this section referred to as the "amount indicated") where the return is filed within the time stipulated in paragraphs 150(1)(*a*) to (*e*).

Amount indicated

(3.02) For the purposes of subsection (3.01), in order for an amount indicated to be included in the aggregate of all amounts each of which is an amount contributed by the taxpayer in the year to a registered party, the taxpayer must,

    (*a*) where the taxpayer is entitled to receive a refund for that year pursuant to section 164, either

        (i) make payment of the amount indicated at the time the return is filed, or

        (ii) authorize, in the prescribed manner, the Minister to withhold from the refund to which the taxpayer is otherwise entitled an amount equal to the amount indicated; or

    (*b*) in any other case, make payment of the amount indicated at the time the return is filed.

---

c) le moindre des montants suivants :

    (i) 300 $ plus 33 1/3 % de la différence entre 550 $ et le total si celui-ci dépasse 550 $, ou

    (ii) 500 $,

si le versement de chaque contribution comprise dans le total est prouvé en produisant au Ministre un reçu signé d'une <u>personne visée au paragraphe (3.1)</u> qui contient les renseignements requis.

Contribution versée de la façon prescrite

(3.01) Pour les fins du paragraphe (3), le total de tous les montants dont chacun est une contribution versée par le contribuable au cours de l'année à un parti enregistré, peut inclure, tel que prescrit par règlement, un montant indiqué de la façon prévue par la déclaration de revenu produite par le contribuable pour l'année, en application du paragraphe 150(1) (ci-après appelé au présent article « montant indiqué ») dans les cas ou la déclaration est produite dans le délai prévu par les alinéas *a*) à *e*) du paragraphe 150(1).

Montant indiqué

(3.02) Pour les fins du paragraphe (3.01), pour qu'un montant indiqué soit inclus dans le total de tous les montants dont chacun est une contribution versée par le contribuable durant l'année à un parti enregistré, le contribuable doit :

    a) s'il a droit à un remboursement en vertu de l'article 164 :

        (i) verser le montant indiqué au moment de la production de sa déclaration, ou

        (ii) autoriser le Ministre, de la façon prescrite, à retenir du remboursement auquel le contribuable a autrement droit un montant égal au montant indiqué, ou

    b) dans tout autre cas, verser le montant indiqué au moment de la production de la réclamation.

Clause 591. — Subsection 127(4) at present reads as follows:

"**(4) For the purposes of subsections (3), (3.1), (3.2) and (4.1), the terms "official agent", "registered agent" and "registered party" have the meanings assigned to them by section 2 of the *Canada Elections Act* and the term "officially nominated candidate" means a person in respect of whom a nomination paper and deposit have been filed as referred to in the definition "official nomination" in that section of that Act.**"

Article 591. — Texte actuel du paragraphe 127(4)

« (4) Aux fins des paragraphes (3), (3.1), (3.2) et (4.1), les expressions « agent officiel » et « parti enregistré » ont le sens que leur donne l'article 2 de la *Loi électorale du Canada*, et l'expression « candidat officiellement présenté » désigne une personne à l'égard de laquelle un bulletin de présentation et un dépôt ont été produits tel que prévu au dit article de ladite loi, à la définition de « présentation officielle. » »

Clause 592. — The portion of the text preceding paragraph 127(4.1)(*b*) at present read as follows:

"**(4.1) For the purposes of subsections (3), (3.1) and (3.2) and section 230.1, "amount contributed" by a taxpayer means a contribution by the taxpayer to a registered party or an officially nominated candidate in the form of cash or in the form of a negotiable instrument issued by the taxpayer, but does not include**

(*a*) a contribution made by an official agent of an officially nominated candidate or a registered agent of a registered party (in his capacity as such official agent or registered agent, as the case may be) to another such official agent or registered agent, as the case may be; or"

Article 592. — Texte actuel du passage introductif du paragraphe 127(4.1)*b*)

« (4.1) Aux fins des paragraphes (3), (3.1) et (3.2) et de l'article 230.1, « contribution » d'un contribuable signifie un montant versé par le contribuable à un parti enregistré ou à un candidat officiellement présenté, sous forme d'argent liquide ou au moyen d'un effet négociable officiellement présenté, sous forme d'argent liquide ou au moyen d'un effet négociable émis par le contribuable, à l'exclusion

a) d'un montant versé par un agent officiel d'un candidat officiellement présenté ou par un agent enregistré d'un parti enregistré (en sa qualité d'agent officiel ou d'agent enregistré, selon le cas) à un autre agent officiel ou à un autre agent enregistré, selon le cas »

Issue of receipts

(3.1) No person shall issue the receipt referred to in subsection (3) except the financial agent of a registered party, registered constituency association or candidate and no receipt shall be issued for an amount greater than the amount of the contribution or issued to a person other than the contributor.

591. Subsection 127(4) of that Act is repealed and replaced by the following:

Interpretation

(4) For the purposes of subsections (3), (3.01), (3.02), (3.1), (3.2) and (4.1),

(*a*) "candidate" has the meaning assigned to it by section 3 of the *Canada Elections Act* and includes a person who, in accordance with that Act, seeks to be the leader of a registered party or seeks to be nominated as a candidate by a registered constituency association; and

(*b*) "financial agent", "registered constituency association" and "registered party" have the meanings assigned to them by section 3 of the *Canada Elections Act*.

592. All that portion of subsection 127(4.1) of that Act preceding paragraph (*b*) is repealed and replaced by the following:

Definition of contribution

(4.1) For the purposes of subsections (3), (3.01), (3.02), (3.1) and (3.2) and section 230.1, "amount contributed" by a taxpayer means a contribution by the taxpayer to a registered party, a registered constituency association or a candidate in the form of cash or a negotiable instrument, but does not include

(*a*) a contribution made by a financial agent described in subsection (3.1) in that capacity to another financial agent; or

Délivrance de reçu

(3.1) Le reçu visé au paragraphe (3) n'est délivré que par l'agent financier d'un parti enregistré, l'agent financier d'une association locale enregistrée ou l'agent financier d'un candidat et ne peut être fait pour un montant plus élevé que le montant de la contribution ni être délivré à une autre personne qu'à l'auteur de celle-ci.

591. Le paragraphe 127(4) de la même loi est abrogé et remplacé par ce qui suit :

Interprétation

(4) Les définitions suivantes s'appliquent aux paragraphes (3), (3.01), (3.02), (3.1), (3.2) et (4.1) :

a) « candidat » comprend outre le candidat au sens de la *Loi électorale du Canada*, une personne cherchant l'investiture d'une association locale enregistrée et une personne aspirant à la direction d'un parti enregistré conformément à cette loi;

b) les expressions « agent financier », « association locale enregistrée », « parti enregistré », s'entendent au sens de l'article 3 de la *Loi électorale du Canada*.

592. Le passage introductif et l'alinéa a) du paragraphe 127(4.1) de la même loi est abrogé et remplacé par ce qui suit :

Définition de contribution

(4.1) Aux fins des paragraphes (3), (3.01), (3.02), (3.1) et (3.2) et de l'article 230.1 « contribution » d'un contribuable signifie un montant versé par le contribuable à un parti enregistré, à une association locale enregistrée ou à un candidat, sous forme d'argent liquide ou au moyen d'un effet négociable émis par le contribuable, à l'exclusion

a) d'un montant versé ès qualité par une personne visée au paragraphe (3.1) à une autre personne visée par ce paragraphe; ou

Clause 593. — Section 230.1 at present reads as follows:

"(1) Every registered agent of a registered party and the official agent of each candidate at an election of a member or members to serve in the House of Commons of Canada shall keep records and books of account sufficient to enable the amounts contributed received by him and expenditures made by him to be verified (including duplicates of all receipts for amounts contributed, signed by the registered agent or official agent, as the case may be, other than any such duplicate receipts filed by him under subsection (2)) at

(*a*) in the case of a registered agent, his address recorded in the registry maintained by the Chief Electoral Officer pursuant to subsection 13.1(1) of the *Canada Elections Act*; and

(*b*) in the case of an official agent, an address in Canada recorded with or designated by the Minister.

(2) Each person to whom subsection (1) applies shall,

(*a*) in the case of a registered agent, at such times, not more frequently than annually, as are prescribed by the Minister, and

(*b*) in the case of an official agent, within the time within which a return is required to be submitted by him to a returning officer pursuant to section 63 of the *Canada Elections Act*,

file with the Minister a return of information, in prescribed form and containing prescribed information, together with duplicates of all receipts referred to in that subsection signed by him since the later of the day any previous such information return was filed by him and the coming into force of this section.

(3) Subsections 230(3) to (8) apply, with such modifications as the circumstances require, in respect of the records and books of account required by subsection (1) to be kept and in respect of the persons thereby required to keep them.

(4) The Minister shall, notwithstanding section 241, as soon as is reasonably possible after each election and at such other time as is appropriate having regard to the time of receipt by him of returns of information under subsection (2), forward to the Chief Electoral Officer a report based on all such returns of information and duplicate receipts as have been received by him since the most recent such report, setting out the aggregate of amounts contributed to each registered party and the aggregate of amounts contributed to each candidate at an election of a member or members to serve in the House of Commons of Canada since the most recent such report, and, upon receipt thereof by the Chief Electoral Officer, the report is a public record and may be inspected by any person upon request during normal business hours.

(5) No report under subsection (4) shall contain information that would enable any person to identify a person by whom a contribution to a registered party or candidate was made.

(6) For the purposes of this section, the terms "candidate", "official agent", "registered agent" and "registered party" have the meaning assigned to them by section 2 of the *Canada Elections Act*."

Article 593. — Texte actuel de l'article 230.1

« (1) Tout agent enregistré d'un parti enregistré et l'agent officiel de chaque candidat à une élection d'un ou plusieurs députés à la Chambre des communes du Canada doit tenir des registres et des livres de comptes assez détaillés pour permettre le contrôle des contributions qu'il a reçues et des dépenses qu'il a engagées (y compris des doubles de tous les reçus relatifs aux contributions, portant sa signature, autres que les doubles des reçus de cette nature qu'il a déposés en vertu du paragraphe (2))

a) dans le cas d'un agent enregistré à son adresse figurant dans le registre que tient le directeur général des élections conformément au paragraphe 13.1(1) de la *Loi électorale du Canada*, et

b) dans le cas d'un agent officiel, à une adresse au Canada, que le Ministre a enregistrée ou désignée.

(2) Toute personne à laquelle s'applique le paragraphe (1) doit,

a) dans le cas d'un agent enregistré, aux époques que prescrit le Ministre, et au plus une fois par année, et

b) dans le cas d'un agent officiel, dans le délai au cours duquel elle doit remettre un rapport au président d'élection conformément à l'article 63 de la *Loi électorale du Canada*,

déposer auprès du Ministre un état de renseignements, en la forme prescrite et contenant les renseignements prescrits, ainsi que les doubles de tous les reçus qu'elle a signés, que mentionne ce paragraphe, depuis le jour du dépôt par ses soins d'un précédent état de renseignements ou le jour de l'entrée en vigueur du présent article, selon la plus récente de ces deux dates.

(3) Les paragraphes 230(3) à (8) s'appliquent, compte tenu des adaptations de circonstance, aux livres et registres de comptes dont le paragraphe (1) exige la tenue et aux personnes que ledit paragraphe requiert de les tenir.

(4) Nonobstant l'article 241, le Ministre doit, dès qu'il est raisonnablement possible de le faire après chaque élection et à toute autre date qui convient, eu égard à la date à laquelle il a reçu les états de renseignements prévus au paragraphe (2), transmettre au directeur général des élections un rapport établi d'après tous ces états de renseignements et doubles des reçus qui lui ont été adressés depuis le dernier rapport de cette nature, énonçant le montant total des contributions versées à chaque parti enregistré et le montant total des contributions versées à chaque candidat à l'élection d'un ou plusieurs députés à la Chambre des communes du Canada depuis le dernier rapport de cette nature; lorsque le directeur général des élections reçoit ce rapport, celui-ci est un document public et toute personne peut l'examiner, sur demande, pendant les heures de bureau.

(5) Aucun rapport établi en vertu du paragraphe (4) ne doit contenir de renseignements qui permettraient à quiconque d'identifier une personne ayant versé une contribution à un parti enregistré ou à un candidat.

(6) Aux fins du présent article, les termes « agent enregistré », « agent officiel », « candidat » et « parti enregistré » ont le sens que leur donne l'article 2 de la *Loi électorale du Canada*. »

593. Section 230.1 of that Act is repealed and replaced by the following:

Books and returns on political contributions

230.1 (1) Every <u>financial agent</u> of a registered party, <u>financial agent</u> of a candidate at an election of a member or members to serve in the House of Commons of Canada <u>and financial agent of a registered constituency association</u> shall keep records and books of account sufficient to enable the amounts contributed received by the <u>financial agent</u> and expenditures made by the <u>financial agent</u> to be verified (including duplicates of all receipts for amounts contributed, signed by the <u>financial agent</u> other than any such duplicate receipts filed under subsection (2)) at the <u>agent's address recorded in the registry maintained by the Chief Electoral Officer pursuant to subsection 34(1) of the *Canada Elections Act.*</u>

Return of information

(2) <u>Each financial agent to whom subsection (1) applies</u> shall file with the Minister a return of information, in prescribed form and containing prescribed information together with duplicates of all receipts referred to in that subsection signed by the <u>financial agent</u> since the later of the date any previous such information return was filed and the coming into force of this section.

Application of subsections 230(3) to (8)

(3) Subsections 230(3) to (8) apply, with such modifications as the circumstances require, in respect of the records and books of account required by subsection (1) to be kept and in respect of the persons thereby required to keep them.

593. L'article 230.1 de cette loi est abrogé et remplacé par ce qui suit :

Rapport sur les contributions politiques

230.1 (1) Tout <u>agent financier</u> d'un parti enregistré ou d'un candidat à une élection d'un ou plusieurs députés à la Chambre des communes du Canada <u>ou tout agent financier d'une association locale enregistrée</u> doit tenir des registres et des livres de comptes assez détaillés pour permettre le contrôle des contributions qu'il a reçues et des dépenses qu'il a engagées (y compris des doubles de tous les reçus relatifs aux contributions, portant sa signature, autres que les doubles des reçus de cette nature qu'il a déposés en vertu du paragraphe (2)) à son adresse figurant dans le registre que tient le directeur général des élections conformément au <u>paragraphe 34(1) de la *Loi électorale du Canada.*</u>

État des renseignements

(2) <u>Tout agent financier à qui s'applique le paragraphe (1)</u> doit déposer auprès du Ministre un état de renseignements, en la forme prescrite et contenant les renseignements prescrits, ainsi que le doubles de tous les reçus qu'il a signés, que mentionne ce paragraphe, depuis le jour du dépôt par ses soins d'un précédent état de renseignements ou le jour de l'entrée en vigueur du présent article, selon la plus récente de ces deux dates.

Application des paragraphes 230(3) à (8)

(3) Les paragraphes 230(3) à (8) s'appliquent, compte tenu des adaptations de circonstance, aux livres et registres de comptes dont le paragraphe (1) exige la tenue et aux personnes que ledit paragraphe requiert de les tenir.

Official Languages Act

Clause 595. — Subsection 24(3) at present reads as follows:

"(3) Without restricting the generality of subsection (2), the duty set out in that subsection applies in respect of

(*a*) the Office of the Commissioner of Official Languages;

(*b*) the Office of the Chief Electoral Officer;

(*c*) the Office of the Auditor General;

(*d*) the Office of the Information Commissioner; and"

Loi sur les langues officielles

Article 595. — Texte actuel du paragraphe 24(3)

« (3) Cette obligation vise notamment :

a) le commissariat aux langues officielles;

b) le bureau du directeur général des élections;

c) le bureau du vérificateur général;

d) le commissariat à l'information;

e) le commissariat à la protection de la vie privée. »

Reports to
Chief Electoral
Officer

(4) The Minister shall, notwithstanding section 241, as soon as is reasonably possible after each election and at such other time as is appropriate having regard to the time of receipt by <u>the Minister</u> of returns of information under subsection (2), forward to the Chief Electoral Officer a report based on all such returns of information and duplicate receipts as have been received by <u>the Minister</u> since the most recent such report, setting out the aggregate of amounts contributed to each registered party, the aggregate of amounts contributed to each candidate <u>and the aggregate of amounts contributed to each registered constituency association</u> since the most recent such report, and, upon receipt thereof by the Chief Electoral Officer, the report is a public record and may be inspected by any person upon request during normal business hours.

No report to
enable
identification of
contributor

(5) No report under subsection (4) shall contain information that would enable any person to identify a person by whom a contribution to a registered party or candidate was made.

Interpretation

(6) For the purposes of this section, the terms "candidate", "financial agent", "registered party" and "registered constituency association" have the meaning assigned to them by section 3 of the *Canada Elections Act*.

Financial Administration Act

594. Schedule II to the *Financial Administration Act* is amended by adding, in alphabetical order, the words "Canada Elections Act".

Official Languages Act

595. Subsection 24(3) of the *Official Languages Act* is amended by deleting the words "office of the Chief Electoral Officer" and by adding, in alphabetical order, the words "Canada Elections Commission".

(4) Nonobstant l'article 241, le Ministre doit, dès qu'il est raisonnablement possible de le faire après chaque élection et à toute autre date qui convient, eu égard à la date à laquelle il a reçu les états de renseignements prévus au paragraphe (2), transmettre au directeur général des élections un rapport établi d'après tous ces états de renseignements et doubles des reçus qui lui ont été adressés depuis le dernier rapport de cette nature, énonçant le montant total des contributions versées à chaque parti enregistré, le montant total des contributions versées à chaque candidat à l'élection d'un ou plusieurs députés à la Chambre des communes du Canada <u>et le montant total des contributions versées à chaque association locale enregistrée</u> depuis le dernier rapport de cette nature; lorsque le directeur général des élections reçoit ce rapport, celui-ci est un document public et toute personne peut l'examiner, sur demande, pendant les heures de bureau.

Rapports au
directeur
général des
élections

(5) Aucun rapport établi en vertu du paragraphe (4) ne doit contenir des renseignements qui permettraient à quiconque d'identifier une personne ayant versé une contribution à un parti enregistré ou à un candidat.

Caractère
privilégié

(6) Aux fins du présent article, les termes « agent financier », « candidat », « parti enregistré » et « association locale enregistrée » ont le sens que leur donne l'article 3 de la *Loi électorale du Canada*.

Définitions

Loi sur la gestion des finances publiques

594. L'annexe II de la *Loi sur la gestion des finances publiques* est modifiée par l'addition, suivant l'ordre alphabétique, de la « Loi électorale du Canada ».

Loi sur les langues officielles

595. Le paragraphe 24(3) de la *Loi sur les langues officielles* est modifié par substitution à « directeur général des élections » de « Commission électorale du Canada ».

Parliament of Canada Act

Clause 596. — Sections 21 and 22 and the headings preceding them at present read as follows:

Simultaneous Candidacies

"21. No person shall be nominated and consent to be nominated so as to be a candidate for election as a member of the House of Commons for more than one electoral district at the same time and, if any person is nominated contrary to this section and consents thereto, all the nominations are void. R.S., c. H-9, s. 14.

Members of Provincial Legislature

22. (1) No person who, on the day of the nomination at any election to the House of Commons, is a member of the legislature of any province is eligible to be a member of the House of Commons or is capable of being nominated or voted for at that election or of being elected to, or of sitting or voting in, the House of Commons.

(2) If any person declared ineligible by subsection (1) is elected and returned as a member of the House of Commons, the election of that person is void. R.S., c. H-9, s. 2."

Clause 597. — Subsection 23(1) at present reads as follows:

"23. (1) If any member of the House of Commons is elected and returned to the legislature of any province and accepts the seat, that member's election as a member of the House of Commons thereupon becomes void, the seat of that member is vacated and a writ shall issue forthwith for the election of a member to fill the vacancy."

Clause 598. — Subsection 25(1) of the French version at present reads as follows:

"25. (1) Tout député peut se démettre de ses fonctions

a) soit en annonçant en cours de séance son intention de démissionner, auquel cas le président, immédiatement après enregistrement de cet avis par le greffier dans les journaux de la Chambre, adresse au directeur général des élections l'ordre officiel, signé de sa main, d'émettre un bref d'élection en vue de pourvoir au remplacement du démissionnaire;

b) soit en faisant parvenir au président, en cours de session ou durant l'intersession, une déclaration écrite, et signée devant deux témoins, de son intention de démissionner, auquel cas le président, sur réception de celle-ci, adresse au directeur général des élections l'ordre officiel, signé de sa main, d'émettre un bref d'élection en vue de pourvoir au remplacement du démissionnaire."

Loi sur le Parlement du Canada

Article 596. — Texte actuel des intertitres qui précèdent les articles 21 et 22 et des articles 21 et 22.

« Candidatures multiples

21. Il est interdit de briguer les suffrages dans plus d'une circonscription électorale à la fois; le cas échéant, les candidatures multiples sont nulles.

Membres d'une législature provinciale

22. (1) Quiconque est membre d'une législature provinciale au jour de la présentation des candidatures à une élection fédérale est inéligible à la Chambre des communes.

(2) L'élection à la Chambre des communes de tout député d'une législature provinciale est nulle. »

Article 597. — Texte actuel du paragraphe 23(1)

« 23. (1) Le député qui est déclaré élu à une législature provinciale et accepte ce mandat est automatiquement invalidé; son siège à la Chambre des communes devient vacant et un bref d'élection est immédiatement émis en vue de pourvoir à cette vacance. »

Article 598. — Texte actuel du paragraphe 25(1)

« 25. (1) Tout député peut se démettre de ses fonctions :

a) soit en annonçant en cours de séance son intention de démissionner, auquel cas le président, immédiatement après enregistrement de cet avis par le greffier dans les journaux de la Chambre, adresse au directeur général des élections l'ordre officiel, signé de sa main, d'émettre un bref d'élection en vue de pourvoir au remplacement du démissionnaire;

b) soit en faisant parvenir au président, en cours de session ou durant l'intersession, une déclaration écrite, et signée devant deux témoins, de son intention de démissionner, auquel cas le président, sur réception de celle-ci, adresse au directeur général des élections l'ordre officiel, signé de sa main, d'émettre un bref d'élection en vue de pourvoir au remplacement du démissionnaire. »

Parliament of Canada Act	*Loi sur le Parlement du Canada*

596. Sections 21 and 22 of the *Parliament of Canada Act* and the headings preceding those sections are repealed.

597. Subsection 23(1) of that Act is repealed and replaced by the following:

Forfeiture of membership

23. (1) A member of the House of Commons forfeits that membership if, at any time during the member's term of office,

(*a*) the member is elected to the legislature of a province or territory and accepts membership in that legislature; or

(*b*) the member ceases to remain eligible to be a candidate at an election.

Warrant for election

(1.1) Where the Speaker has knowledge of the forfeiture under subsection (1), the Speaker shall address a warrant to the Chief Electoral Officer for the issue of a writ for an election to fill the vacancy.

598. Section 25 of the French version of that Act is repealed and replaced by the following:

Procédure normale

25. (1) Tout député peut se démettre de ses fonctions :

(*a*) soit en annonçant en cours de séance son intention de démissionner, auquel cas le président, immédiatement après enregistrement de cet avis par le greffier dans les journaux de la Chambre, adresse au directeur général des élections l'ordre officiel, signé de sa main, de prendre un décret d'élection en vue de pourvoir au remplacement du démissionnaire;

(*b*) soit en faisant parvenir au président, en cours de session ou durant l'intersession, une déclaration écrite, et signée devant deux témoins, de son intention de démissionner, auquel cas le président, sur réception de celle-ci, adresse au directeur général des élections l'ordre officiel, signé de sa main, de prendre un décret d'élection en vue de pourvoir au remplacement du démissionnaire.

596. Les articles 21 et 22 de la *Loi sur le Parlement* sont abrogés.

597. Le paragraphe 23(1) de la même loi est abrogé et remplacé par ce qui suit :

Déchéance

23. (1) Sont déchus de leur siège :

a) le député qui est déclaré élu à une législature provinciale et accepte ce mandat;

b) le député qui, pendant la durée de son mandat, cesse d'être éligible.

Décret d'élection

(1.1) Lorsqu'il constate qu'un député est déchu de son siège en vertu du paragraphe (1), le président de la Chambre des communes adresse au directeur général des élections l'ordre officiel, signé de sa main, de prendre un décret d'élection pour combler la vacance.

598. La version française de l'article 25 de la même loi est abrogé et remplacé par ce qui suit :

Procédure normale

25. (1) Tout député peut se démettre de ses fonctions :

a) soit en annonçant en cours de séance son intention de démissionner, auquel cas le président, immédiatement après enregistrement de cet avis par le greffier dans les journaux de la Chambre, adresse au directeur général des élections l'ordre officiel, signé de sa main, de prendre un décret d'élection en vue de pourvoir au remplacement du démissionnaire;

b) soit en faisant parvenir au président, en cours de session ou durant l'intersession, une déclaration écrite, et signée devant deux témoins, de son intention de démissionner, auquel cas le président, sur réception de celle-ci, adresse au directeur général des élections l'ordre officiel, signé de sa main, de prendre un décret d'élection en vue de pourvoir au remplacement du démissionnaire. »

Clause 599. — Subsection 26(2) of the French version at present reads as follows:

"(2) Dès réception de la déclaration, les deux députés adressent au directeur général des élections l'ordre officiel, signé de leur main, d'émettre un bref d'élection en vue de pourvoir au remplacement du député ayant ainsi notifié son intention de démissionner."

Article 599. — Texte actuel du paragraphe 26(2)

« (2) Dès réception de la déclaration, les deux députés adressent au directeur général des élections l'ordre officiel, signé de leur main, d'émettre un bref d'élection en vue de pourvoir au remplacement du député ayant ainsi notifié son intention de démissionner. »

Clause 600. — Sections 28 and 29 of the French version at present read as follows:

"28. (1) En cas de vacance à la Chambre des communes par suite du décès du titulaire ou de son acceptation d'une autre charge, le président, dès qu'il en est informé par un député en cours de séance ou par avis écrit signé de deux députés, adresse au directeur général des élections l'ordre officiel d'émettre un bref d'élection en vue de pourvoir à cette vacance.

(2) Si, au moment où surviennent les cas de vacance visés au paragraphe (1), la présidence est vacante ou le président est absent du Canada, deux des membres de la Chambre peuvent adresser au directeur général des élections l'ordre officiel, signé de leur main, d'émettre un bref d'élection en vue de pourvoir aux vacances en question; la procédure reste la même lorsque l'intéressé est le président. S.R., ch. H-9, art. 10 et 11.

29. (1) L'ordre officiel d'émettre un bref relatif à une élection partielle peut être adressé au directeur général des élections dans le cas d'une vacance survenue, par suite du décès du titulaire ou de son acceptation d'une autre charge, avant la première session de la nouvelle législature.

(2) Le bref peut être émis à tout moment après le décès ou l'acceptation de la charge."

Article 600. — Texte actuel des articles 28 et 29

« 28. (1) En cas de vacance à la Chambre des communes par suite du décès du titulaire ou de son acceptation d'une autre charge, le président, dès qu'il en est informé par un député en cours de séance ou par avis écrit signé de deux députés, adresse au directeur général des élections l'ordre officiel d'émettre un bref d'élection en vue de pourvoir à cette vacance.

(2) Si, au moment où surviennent les cas de vacance visés au paragraphe (1), la présidence est vacante ou le président est absent du Canada, deux des membres de la Chambre peuvent adresser au directeur général des élections l'ordre officiel, signé de leur main, d'émettre un bref d'élection en vue de pourvoir aux vacances en question; la procédure reste la même lorsque l'intéressé est le président. S.R., ch. H-9, art. 10 et 11.

29. (1) L'ordre officiel d'émettre un bref relatif à une élection partielle peut être adressé au directeur général des élections dans le cas d'une vacance survenue, par suite du décès du titulaire ou de son acceptation d'une autre charge, avant la première session de la nouvelle législature.

(2) Le bref peut être émis à tout moment après le décès ou l'acceptation de la charge. »

Clause 601. — Section 31 of the French version at present reads as follows:

"31. (1) En cas de vacance à la Chambre des communes, le bref relatif à une élection partielle doit être émis dans les six mois qui suivent la réception, par le directeur général des élections, de l'ordre officiel d'émission d'un bref relatif à la nouvelle élection.

(2) Le présent article ne s'applique pas lorsque la vacance se produit dans les six mois qui suivent l'expiration de la législature.

(3) Toute dissolution du Parlement survenant après l'émission du bref annule ce dernier."

Article 601. — Texte actuel de l'article 31

« 31. (1) En cas de vacance à la Chambre des communes, le bref relatif à une élection partielle doit être émis dans les six mois qui suivent la réception, par le directeur général des élections, de l'ordre officiel d'émission d'un bref relatif à la nouvelle élection.

(2) Le présent article ne s'applique pas lorsque la vacance se produit dans les six mois qui suivent l'expiration de la législature.

(3) Toute dissolution du Parlement survenant après l'émission du bref annule ce dernier. »

599. Subsection 26(2) of the French version of that Act is repealed and replaced by the following:

Ordre en vue de la prise d'un décret d'élection

(2) Dès réception de la déclaration, les deux députés adressent au directeur général des élections l'ordre officiel, signé de leur main, de prendre un décret d'élection en vue de pourvoir au remplacement du député ayant ainsi notifié son intention de démissionner.

600. Sections 28 and 29 of the French version of that Act are repealed and replaced by the following:

Décès ou acceptation d'une autre charge

28. (1) En cas de vacance à la Chambre des communes par suite du décès du titulaire ou de son acceptation d'une autre charge, le président, dès qu'il en est informé par un député en cours de séance ou par avis écrit signé de deux députés, adresse au directeur général des élections l'ordre officiel signé de sa main de prendre un décret d'élection en vue de pourvoir à cette vacance.

Procédures en l'absence du président

(2) Si, au moment où surviennent un cas de vacance visé au paragraphe (1), la présidence est vacante ou le président est absent du Canada, deux des membres de la Chambre peuvent adresser au directeur général des élections l'ordre officiel, signé de leur main de prendre un décret d'élection en vue de pourvoir à la vacance en question; la procédure reste la même lorsque l'intéressé est le président.

Vacance avant le début d'une nouvelle législature

29. (1) L'ordre officiel de prendre un décret d'élection peut être adressé au directeur général des élections dans le cas d'une vacance survenue, par suite du décès du titulaire ou de son acceptation d'une autre charge, avant la première session de la nouvelle législature.

Date du décret d'élection

(2) Le décret peut être pris n'importe quand après le décès ou l'acceptation de la charge.

601. Section 31 of that Act is repealed.

---

599. La version française du paragraphe 26(2) de la même loi est abrogé et remplacé par ce qui suit :

Ordre en vue de la prise d'un décret d'élection

« (2) Dès réception de la déclaration, les deux députés adressent au directeur général des élections l'ordre officiel, signé de leur main, de prendre un décret d'élection en vue de pourvoir au remplacement du député ayant ainsi notifié son intention de démissionner. »

600. La version française des articles 28 et 29 de la même loi sont abrogés et remplacés par ce qui suit :

Décès ou acceptation d'une autre charge

28. (1) En cas de vacance à la Chambre des communes par suite du décès du titulaire ou de son acceptation d'une autre charge, le président, dès qu'il en est informé par un député en cours de séance ou par avis écrit signé de deux députés, adresse au directeur général des élections l'ordre officiel signé de sa main de prendre un décret d'élection en vue de pourvoir à cette vacance.

Procédures en l'absence du président

(2) Si, au moment où survient un cas de vacance visé au paragraphe (1), la présidence est vacante ou le président est absent du Canada, deux des membres de la Chambre peuvent adresser au directeur général des élections l'ordre officiel, signé de leur main, de prendre un décret d'élection en vue de pourvoir à la vacance en question; la procédure reste la même lorsque l'intéressé est le président.

Vacance avant le début d'une nouvelle législature

29. (1) L'ordre officiel de prendre un décret d'élection peut être adressé au directeur général des élections dans le cas d'une vacance survenue, par suite du décès du titulaire ou de son acceptation d'une autre charge, avant la première session de la nouvelle législature.

Date du décret d'élection

(2) Le décret peut être pris n'importe quand après le décès ou l'acceptation de la charge.

601. L'article 31 de la même loi est abrogé.

Clause 602. — 41.1 — new   *Article 602.* — 41.1 — Nouveau

Public Service Employment Act

Clause 604. — Subsection 33(3) at present reads as follows:

"(3) Notwithstanding any other Act, on application made to the Commission by an employee, the Commission may, if it is of the opinion that the usefulness to the Public Service of the employee in the position the employee then occupies would not be impaired by reason of that employee having been a candidate, grant to the employee leave of absence without pay to seek nomination as a candidate and to be a candidate for election, for a period ending on the day on which the results of the election are officially declared or on such earlier day as may be requested by the employee if the employee has ceased to be a candidate."

Loi sur l'emploi dans la fonction publique

Article 604. — Texte actuel du paragraphe 33(3)

« (3) Le fonctionnaire désireux de se porter ou d'être choisi comme candidat peut demander à la Commission un congé non payé pour une période se terminant le jour de la proclamation des résultats de l'élection ou, à sa demande, à toute date antérieure marquant la fin de sa candidature. Nonobstant toute autre loi, la Commission peut accorder un tel congé si elle estime que la candidature du fonctionnaire ne nuira pas par la suite à son efficacité, pour la fonction publique, dans le poste qu'il occupe alors. »

602. That Act is further amended by adding the following section after section 41:

Duty to file report

41.1 (1) Each member of the House of Commons shall, by the end of March of each year, submit a report to the Speaker on the political contributions received by the member during the previous year.

Contents of report

(2) The report on political contributions shall disclose the same information on political contributions as is required to be disclosed in an annual return for a registered constituency association under Part VIII of the *Canada Elections Act*.

Tabling of reports

(3) The Speaker of the House of Commons shall table the reports submitted under subsection (1) by the next sitting day after receiving them.

Privacy Act

603. The Schedule to the *Privacy Act* is amended by deleting, under the heading "Federal Institutions", the words "office of the Chief Electoral Officer" and by adding, in alphabetical order, the words "Canada Elections Commission".

Public Service Employment Act

604. Subsection 33(3) of the *Public Service Employment Act* is repealed and replaced by the following:

Exception

(2.1) Subsection (1) does not apply to any employee who is granted a leave of absence to be a candidate under subsection (3).

---

602. La même loi est modifiée par l'insertion, après l'article 41, de ce qui suit :

Rapport des contributions politiques

41.1 (1) Tout député est tenu de faire au président de la Chambre des communes, au plus tard le 31 mars de chaque année, un rapport des contributions politiques qu'il a reçues au cours de l'année précédente.

Teneur du rapport

(2) Le rapport des contributions politiques contient, sur les contributions reçues par le député, les mêmes informations que celles exigées à cet égard, d'une association locale enregistrée d'un parti politique par la partie VIII de la *Loi électorale du Canada* qu'elle a reçue.

Dépôt du rapport

(3) Le président de la Chambre des communes dépose le rapport de contributions politiques de chaque député devant la Chambre des communes lors de la séance qui suit sa réception.

Loi sur la protection des renseignements personnels

603. L'annexe de la *Loi sur la protection des renseignements personnels* est modifiée par radiation, sous l'intertitre « Institutions fédérales » de « Bureau du directeur général des élections » et par l'insertion, suivant l'ordre alphabétique, de « Commission électorale du Canada. »

Loi sur l'emploi dans la fonction publique

604. L'article 33 de la *Loi sur l'emploi dans la fonction publique* est modifié par la suppression du paragraphe (3) et l'addition de ce qui suit :

Exception

(2.1) Le paragraphe (1) ne s'applique pas à un fonctionnaire qui a obtenu un congé pour se porter candidat en vertu du paragraphe (3).

Leave of absence

(3) Notwithstanding any other Act, an employee may apply to the Commission for a leave of absence without pay for the purpose of being a candidate, in which case the Commission shall dispose of the application as follows:

(*a*) if the employee is seeking to be a candidate in an election for a member of the House of Commons, the Commission shall grant the employee a leave of absence, in accordance with section 20 of the *Canada Elections Act*, if the employee has a right to the leave under that section; and

(*b*) in any other case, the Commission may grant the employee the same leave of absence as that referred to in paragraph (*a*), if the employee is entitled to be a candidate under the law of the province or territory and if the Commission is of the opinion that the usefulness to the Public Service of the employee in the position then occupied would not be impaired.

(3) Malgré toute autre disposition législative, la Commission accorde un congé sans solde au fonctionnaire qui désire se porter candidat à une élection selon les règles suivantes :

a) dans le cas d'une candidature à l'élection d'un député à la Chambre des communes, la Commission est tenue d'accorder le congé conformément à l'article 20 de la *Loi électorale du Canada*;

b) dans le cas d'une candidature à une autre élection, la Commission peut accorder le congé prévu par l'alinéa 3*a*) si le fonctionnaire est éligible selon la loi applicable à cette élection et si elle estime que son absence ne nuira pas à l'efficacité du service où il est employé.

Congé sans solde

Public Service Staff Relations Act

605. **Part 2 of Schedule I to the *Public Service Staff Relations Act* is amended by deleting the words** "office of the Chief Electoral Officer" **and by adding, in alphabetical order, the words** "Canada Elections Commission".

Loi sur les relations de travail dans la fonction publique

605. La partie II de l'annexe I de la *Loi sur les relations de travail dans la fonction publique* est modifiée par substitution de « Bureau du directeur général des élections » **par** « Commission électorale du Canada ».

Public Service Superannuation Act

606. **Part II of Schedule I to the *Public Service Superannuation Act* is amended by deleting the words** "Chief Electoral Officer and Office of the Chief Electoral Officer" **and by adding, in alphabetical order, the words** "Canada Elections Commission (Full-time members of the Commission and its staff)".

Loi sur la pension de la fonction publique

606. La partie II de l'annexe I de la *Loi sur la pension de la fonction publique* est modifiée par substitution de « Directeur général des élections et Bureau du directeur général des élections » **par** « Commission électorale du Canada et ses employés (Les membres à temps plein de la Commission et les membres de son personnel). »

Amendments to this Act

607. (1) No amendment to this Act applies to any election for which the writ is issued within six months of the enactment of the amendment unless, before the issue of the writ, the Commission has published in the *Canada Gazette* a notice that the necessary preparations for bringing the amendment into force have been made and that the amendment may apply to the election.

Consolidation of amendments

(2) Where this Act is amended, the Commission shall, without delay,

(*a*) prepare consolidated copies of this Act for use at the election;

(*b*) correct and reprint any forms, guidelines or directives affected by the amendment; and

(*c*) publish a notice in the *Canada Gazette* as soon as the Commission has performed its duties under paragraphs (*a*) and (*b*).

Coming into Force

608. This Act shall come into force on a day or days to be fixed by order of the Governor in Council.

Modifications à la présente loi

607. (1) Aucune modification de la présente loi ne s'applique à une élection ordonnée par un décret dont la date est éloignée de moins de six mois de la date de l'adoption de la modification, à moins qu'avant la prise du décret la Commission n'ait publié dans la *Gazette du Canada* un avis portant que les préparatifs nécessaires à la mise en application de cette modification ont été faits.

Codification des modifications

(2) Lorsque la présente loi est modifiée, la Commission est tenue, dans les meilleurs délais après l'adoption de la modification :

a) de la codifier, au besoin, dans des exemplaires de la loi imprimés pour distribution aux fins d'une élection;

b) de corriger et de réimprimer les formules, les lignes directrices, et les directives auxquelles s'applique la modification;

c) de publier un avis dans la *Gazette du Canada* aussitôt que la Commission a accompli les tâches prévues par les alinéas (2)*a*) et (2)*b*).

Entrée en vigueur

608. La présente loi entre en vigueur à la date ou aux dates fixées par décret du gouverneur en conseil.

SCHEDULE I

FORM 1

(Sections 3 and 111)

WRIT OF ELECTION

....

Deputy of the Governor General

ELIZABETH THE SECOND, by the Grace of God of the United Kingdom, Canada and Her other Realms and Territories, QUEEN, Head of the Commonwealth, Defender of the Faith.

To ....
Returning Officer for the constituency of .

....

GREETING:

Whereas, by and with the advice of Our Prime Minister of Canada, We have ordered a Parliament to be held at Ottawa, on .... (*Use only in the case of a general election.*)

WE COMMAND YOU TO

Cause the election of a member of the House of Commons to be conducted for your constituency;

Close the nomination of candidates at 2:00 p.m. on ....;

Hold the election on ...., if necessary; and

Certify the name of the elected member to the Chief Electoral Officer (*in case of a general election, add the following*) as soon as possible and not later than ....

Witness:................................, Deputy of Our Right Trusty and Well-beloved ...., Chancellor and Principal Companion of Our Order of Canada, Chancellor and Commander of Our Order of Military Merit upon whom We have conferred Our Canadian Forces' Decoration, GOVERNOR GENERAL AND COMMANDER-IN-CHIEF OF CANADA.

At Our City of Ottawa, on............................ in the year of Our Reign.

BY COMMAND,
Chief Electoral Officer

ANNEXE I

FORMULE 1

(articles 3 et 111)

DÉCRET D'ÉLECTION

....

Suppléant du gouverneur général

ELIZABETH DEUX, par la grâce de Dieu, Reine du Royaume-Uni, du Canada et de ses autres royaumes et territoires, Chef du Commonwealth, Défenseur de la Foi.

À ....
directeur du scrutin pour la circonscription de

....

SALUT :

Attendu que, sur l'avis de notre premier ministre du Canada, nous avons ordonné qu'une législature commence à Ottawa le .... (*N'utiliser que s'il s'agit d'une élection générale*).

NOUS VOUS ORDONNONS :

de pourvoir à l'élection d'un député à la Chambre des communes du Canada pour votre circonscription;

de fixer la clôture des mises en candidature à 14 h le ....;

de tenir le scrutin le .... si nécessaire;

de faire rapport du nom du député élu au directeur général des élections (*s'il s'agit d'une élection générale, ajouter ce qui suit*), aussitôt que possible et au plus tard le ....

Témoin : ...., Suppléant de notre très fidèle et bien-aimé ...., Chancelier et Compagnon principal de notre Ordre du Canada, Chancelier et Commandeur de notre Ordre du mérite militaire à qui nous avons décerné notre décoration des Forces canadiennes, Gouverneur général et Commandant en chef du Canada.

En notre ville d'Ottawa, le .... en la .... année de notre règne.

PAR ORDRE,
Directeur général des élections

FORM 2

(*Sections 3 and 223*)

FORM OF BALLOT

Front

FORMULE 2

(*articles 3 et 223*)

FORMULE DU BULLETIN DE VOTE

Recto

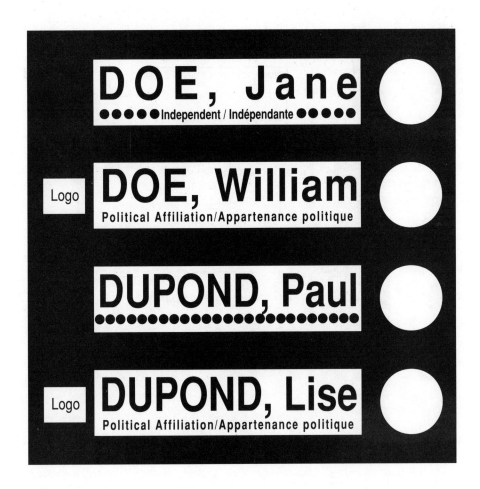

FORM 2 (*Concluded*)

FORM OF BALLOT

Back

FORMULE 2 (*suite et fin*)

FORMULE DU BULLETIN DE VOTE

Verso

No. 1002

....

(*Line of perforations*)

Nº 1002

....

(*Ligne de perforations*)

CANADA

SPACE FOR INITIALS OF D.R.O.

INITIALES DU SCRUTATEUR

GENERAL ELECTION
CONSTITUENCY OF

199__

ÉLECTION GÉNÉRALE
CIRCONSCRIPTION DE

————————

ELECTION DAY / JOUR DU SCRUTIN

Printed by: Imprimé par:

FORM 3

(*Sections 3 and 274*)

FORM OF SPECIAL BALLOT

Front

FORMULE 3

(*articles 3 et 274*)

FORMULE DU BULLETIN DE VOTE SPÉCIAL

Recto

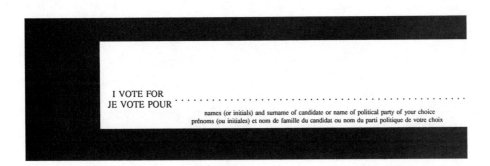

I VOTE FOR
JE VOTE POUR ·
names (or initials) and surname of candidate or name of political party of your choice
prénoms (ou initiales) et nom de famille du candidat ou nom du parti politique de votre choix

Back

Endos

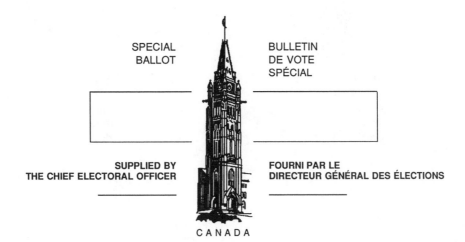

SPECIAL
BALLOT

BULLETIN
DE VOTE
SPÉCIAL

SUPPLIED BY
THE CHIEF ELECTORAL OFFICER

FOURNI PAR LE
DIRECTEUR GÉNÉRAL DES ÉLECTIONS

CANADA

SCHEDULE II

(Section 5)

LIST OF CONSTITUENCIES
CONTAINING ISOLATED AREAS

Province of Ontario
Cochrane–Superior
Kenora–Rainy River
Thunder Bay–Nipigon
Timiskaming

Province of Quebec
Abitibi
Manicouagan

Province of British Columbia
Cariboo–Chilcotin
North Island–Powell River
Prince George–Bulkley Valley
Prince George–Peace River
Skeena

Province of Manitoba
Churchill

Province of Saskatchewan
Mackenzie
The Battlefords–Meadow Lake
Prince Albert–Churchill River

Province of Alberta
Athabasca
Peace River
Yellowhead

Province of Newfoundland
Bonavista–Trinity–Conception
Burin–St. George's
Gander–Grand Falls
Humber–St. Barbe–Baie-Verte
Labrador

Yukon Territory
Yukon

Northwest Territories
Nunatsiaq
Western Arctic

ANNEXE II

(article 5)

LISTE DES CIRCONSCRIPTIONS
COMPORTANT DES LOCALITÉS
ÉLOIGNÉES OU DIFFICILES D'ACCÈS

Province d'Ontario
Cochrane–Supérieur
Kenora–Rainy River
Thunder Bay–Nipigon
Timiskaming

Province de Québec
Abitibi
Manicouagan

Province de la Colombie-Britannique
Cariboo–Chilcotin
North Island–Powell River
Prince George–Bulkley Valley
Prince George–Peace River
Skeena

Province du Manitoba
Churchill

Province de la Saskatchewan
Mackenzie
The Battlefords–Meadow Lake
Prince Albert–Churchill River

Province d'Alberta
Athabasca
Peace River
Yellowhead

Province de Terre-Neuve
Bonavista–Trinity–Conception
Burin–Saint-Georges
Gander–Grand Falls
Humber–Sainte-Barbe–Baie-Verte
Labrador

Territoire du Yukon
Yukon

Territoires du Nord-Ouest
Nunatsiaq
Western Arctic

Royal Commission on Electoral Reform and Party Financing

CANADA

Commission royale sur la réforme électorale et le financement des partis

PROPOSED LEGISLATION	PROPOSITION DE LOI

An Act to amend the Constitution Act, 1867 with respect to the Readjustment of Representation in the House of Commons

Loi modifiant la Loi constitutionnelle de 1867 en matière de révision de la représentation des provinces à la Chambre des communes

Her Majesty, by and with the advice and consent of the Senate and House of Commons of Canada, enacts as follows:

Sa Majesté, sur l'avis et avec le consentement du Sénat et de la Chambre des communes du Canada, décrète :

1. Subsection 51(1) of the *Constitution Act, 1867* as enacted by the *Constitution Act, 1985 (Representation)* is repealed and replaced by the following:

1. Le paragraphe 51(1) de la *Loi constitutionnelle de 1867* dans sa version édictée par la *Loi constitutionnelle de 1985 (Représentation électorale)* est abrogé et remplacé par ce qui suit :

Readjustment of representation in Commons

51.(1) The number of members of the House of Commons and the representation of the provinces therein shall, on the coming into force of this subsection and thereafter on the completion of each decennial census, be readjusted by such authority, in such manner, and from such time as the Parliament of Canada from time to time provides, subject and according to the following rules:

« 51(1) À l'entrée en vigueur du présent paragraphe et, par la suite, à l'issue de chaque recensement décennal, il est procédé à la révision du nombre des députés et de la représentation des provinces à la Chambre des communes selon les pouvoirs et les modalités de temps à autre fixées en tant que de besoin par le Parlement du Canada, compte tenu des règles suivantes :

Révision de la représentation

1. The province of Quebec shall be assigned 75 members.

1. Il est attribué au Québec soixante-quinze députés.

2. Each province, other than Quebec, shall be assigned a number of members equal to the number obtained by dividing the population of the province by a quotient equal to the population of the province of Quebec divided by 75.

2. Il est attribué à toute province autre que le Québec, le nombre de députés résultant de la division du chiffre de sa population par le quotient obtenu par la division du chiffre de la population du Québec par soixante-quinze.

3. Where the number obtained under rule 2 is not a whole number, any remainder in excess of one half shall be counted as one.

3. Si le nombre obtenu en vertu de la règle 2 n'est pas entier, le reste en excès de une demie est compté comme un.

4. The number of members obtained under rule 2 for a province shall not be smaller than either

4. Le nombre obtenu en vertu de la règle 2 ne peut être inférieur à l'un ou l'autre :

(*a*) the number of members assigned to any province with a smaller population; or

a) du nombre de députés attribué à une province moins populeuse;

(*b*) one less than the number of members assigned to the province as a result of the previous assignment of members.

b) du nombre, moins un, de députés attribué à la province à la suite de l'attribution précédente.

5. Where the number of members obtained under these rules is less than the number of members assigned to the province as a result of the previous assignment of members and the province has or is entitled to an aboriginal constituency pursuant to the *Canada Elections Act*, the province is entitled to an extra member.

2. This Act may be cited as the *Constitution Act, 1991 (Representation)* and a reference to the Constitution Acts, 1867 to 1982 shall be deemed to include a reference to the *Constitution Act, 1991 (Representation)*.

5. La province qui a une circonscription autochtone ou qui a droit à une telle circonscription en vertu de la *Loi électorale du Canada* a droit à un député de plus si le nombre de députés qui lui est attribué en application des présentes règles est inférieur à celui résultant de l'attribution précédente. »

2. La présente loi peut être citée sous le titre *Loi constitutionnelle de 1991 (représentation électorale)*. Le renvoi aux lois constitutionnelles de 1867 à 1982 est censé constituer également un renvoi à la *Loi constitutionnelle de 1991 (représentation électorale)*.

Constitution Act, 1867

Clause 1. — This amendment would provide a new method of calculating the number of members of the House of Commons to be elected in each province.

Subsection 51(1) at present reads as follows:

"51. (1) The number of members of the House of Commons and the representation of the provinces therein shall, on the coming into force of this subsection and thereafter on the completion of each decennial census, be readjusted by such authority, in such manner, and from such time as the Parliament of Canada from time to time provides, subject and according to the following rules:

1. There shall be assigned to each of the provinces a number of members equal to the number obtained by dividing the total population of the provinces by two hundred and seventy-nine and by dividing the population of each province by the quotient so obtained, counting any remainder in excess of 0.50 as one after the said process of division.

2. If the total number of members that would be assigned to a province by the application of rule 1 is less than the total number assigned to that province on the date of coming into force of this subsection, there shall be added to the number of members so assigned such number of members as will result in the province having the same number of members as were assigned on that date."

Loi constitutionnelle de 1867

Article 1. — Prévoit un nouveau mode de calcul du nombre de députés de la Chambre des communes à être élus dans chaque province.

Texte actuel du paragraphe 51(1) :

« 51. (1) À l'entrée en vigueur du présent paragraphe et, par la suite, à l'issue de chaque recensement décennal, il est procédé à la révision du nombre des députés et de la représentation des provinces à la Chambre des communes selon les pouvoirs conférés et les modalités de temps ou autres fixées en tant que de besoin par le Parlement du Canada, compte tenu des règles suivantes :

1. Il est attribué à chaque province le nombre de députés résultant de la division du chiffre de sa population par le quotient du chiffre total de la population des provinces et de deux cent soixante-dix-neuf, les résultats dont la partie décimale dépasse 0,50 étant arrondis à l'unité supérieure.

2. Le nombre total des députés d'une province demeure inchangé par rapport à la représentation qu'elle avait à la date d'entrée en vigueur du présent paragraphe si l'application de la règle 1 lui attribue un nombre inférieur à cette représentation. »